D1695372

Karli, none Gool !

Susanne Haller / René Matti

Karli, none Gool!
Karl Odermatt – die Basler Fussball-Legende

Christoph Merian Verlag

Ich überreiche Susanne Haller und René Matti einen grossen
Blumenstrauss für ihre intensive und seriöse Arbeit.

Karl Odermatt dankt herzlich:
Allianz Suisse Generalagentur Markus Burgunder, Füllinsdorf; Asia Town AG (www.asiatown.ch), Mikado Reisen AG (www.mikado.ch), Kaiseraugst; Basler Versicherung, Charles Röthlisberger, Dornach; Besag AG, Generalunternehmung Carlo Campi, St. Gallen/Basel; Architekturbüro Bernhard Bucher, Muttenz; Bernhard Burgener; André Dosé; Alois Erath; FC Basel; Charly Gross; Christine Häfelfinger; Robert Häfelfinger; Brigitte Heid; Egon Jacquemai; Lampen Shop AG, W. + S. Schönenberger, Sissach; Makro Art AG, Grosswangen; Peter Maurer; Bruno Meier Trendtextil GmbH, Möhlin; Garage Lothar Nepple, Lausen; Orgatent AG, Grosswangen; Winnie + Erwin Philippe, 7ty-One Piano Bar, Basel; Doris Rudin-Hirschi; Heinz Zimmermann, Gelterkinden.

Bibliografische Information der Deutschen Bibliothek
Die Deutsche Bibliothek verzeichnet diese Publikation in der Deutschen Nationalbibliografie; detaillierte bibliografische Daten sind im Internet über http://dnb.ddb.de abrufbar.

ISBN 3-85616-179-1

cmv christoph merian verlag

© 2002 Christoph Merian Verlag / Alle Rechte weltweit vorbehalten
Lektorat: Doris Tranter
Gestaltung: Susanne Haller und René Matti
Layout: Peter Affolter SGD und Otto K. Rehorek
Fotoauswahl: Karl Odermatt, Susanne Haller und René Matti
Lithos (Schwarzweiss): Lithoteam AG, Allschwil
Lithos (Farbe): Atelier Urs & Thomas Dillier, Basel
Satz und Druck: Basler Druck + Verlag AG, bdv, Basel
Bindung: Grollimund AG, Reinach / BL
Gesetzt in Humanist und Sabon
Gedruckt auf Biberist Furioso, matt weiss, 115 gm^2

Der Verlag dankt dem Lotteriefonds Basel-Stadt für die Unterstützung.

Inhalt

Karli   7
Gigi Oeri, René C. Jäggi

Der Koffer   9
Susanne Haller, René Matti

1   Die frühen Jahre in Luzern   10
Der 11. August 1942
An der Lädelistrasse 6
Der 17. Dezember 1942
«Bring ja grosse Eier!»
Des Vaters eiserne Hand
Der Kindergartenhort und
   die Ravioli
Die ersten Bälle
1951 – An die Heumattstrasse
   in Basel

2   Die Schulzeit   18
«Wo ist der Tee?»
Der Abwart
Die drei persönlichen Feinde
«Eine sportlich-faire Haltung
   sei das Ziel!»
Vater Odermatt geht
Die Margarethenmatte
Das Abenteuer Lehre
An den Schorenweg

3   Der FC Concordia   28
Der alte Mann auf dem
   Pausenhof
Handgestrickte Pullover als
   Torpfosten
13:1 gegen Allschwil
Die Fussballschuhe verstecken
Seppe, das Vorbild
Karli wird A-Interregionaler
So werden, wie Ferdy Kübler
Zum ersten Mal in der Zeitung

Erster Rausch, Nielen und Mädchen
Von den C-Junioren
   ins A-Interregional
Das Sprungbrett 1. Liga

4   Der Wechsel zum FC Basel   42
Mit Seppe gegen Belgrad
Odermatt-Tausch gegen
   vier FCB-Spieler
Das erste Spiel auf dem Landhof
«Bring die tausend Franken
   zurück!»
Bezaubernde Vreny Businger
Die Nationalmannschaft
Die Rekrutenschule in Liestal
Von Chiasso nach Basel:
   ‹Mucho› Frigerio
Die Weltreise
Hochzeit und Hammerstrasse
Der Lehrabschluss als Offset-
   Drucker

**5   Helmut Benthaus kommt –
   oder: Dienstag ist Arbeitstag**   70
Der Schlaucher
«Dä Siech hett Rächt»
«Dienstag ist Arbeitstag!»
Muchos Hintern
Länderspiele und Weltmeister-
   schafts-Kader
Die Lugano-Erfahrung
Der Cupfinal 1967: Liess sich
   Hauser fallen?
Die Stadion-Genossenschaft

6   «Karli, none Gool!»   94
1967: Der Showdown
   gegen GC im Joggeli
Keine Ferien in Gran Canaria
Die Schweiz besiegt Rumänien

Mucho singt Schlager
Vom Drucker zum Verkäufer
 und Werbeträger
Ein gutes Leben
Mit Cosmos nach Moskau
Der Europacup und Südamerika
Das Wembley-Goal
Hitzfeld aus Lörrach
Odermatt übernimmt

7 Die neue Bewegung 126
Das Döggeli-Turnier in der
 Basler Kunsthalle
Kreise und Bewegungen
Die FCB-/Basler Theater-Lotterie
Rote Politik wird rot-blau
Die Massflankenbanane

8 Geldverdienen und Festen 142
Der Holzschopf
Ein Song, ein Buch, Velorennen
 und Kaugummi-Bildli
Burlington-Schappe und Olympia-
 Kaffeemaschinen
Der Einsatz für die Schweiz
Attika an der Holbeinstrasse
Die Strassensperre im Tessin
Die verlorene Sau und der Ritt
 auf der Kuh
Zu kalt für Cubillas

9 Gewitterwolken am
 rot-blauen Himmel 172
Das verpatzte 50. Länderspiel
Die neue Liebe und die Trennung
 von der Familie
The Beginning of a Beautiful
 Friendship
Benthaus und Müller – die professio-
 nelle medizinische Betreuung
So nicht!
Die berufliche Enttäuschung
Acapulco ist nicht Magglingen

10 Aus Karli wird Käru 190
Der Vertrag
Die Larve muss weg!
Die Erfolge in Bern und Trennung
 von Hedy
Mobbing?
Gute Zeiten mit Konietzka

11 Trainer und Selbst-
 ständigkeit 200
Libero in Herzogenbuchsee
Mit Birsfelden nach den
 Bahamas
Back to the (Congeli-) Roots
Der FC Baudepartement
Weg von der Trainerbank –
 hin zur Selbstständigkeit
Weg vom ‹Holzschopf› –
 hin zum Wein
Schwierige selbstständige Zeiten

12 Return to Sender –
 oder: Zurück zum FCB 216
Neue Lieben und die neue
 Familie
Der Tod von Karlis Mutter
Der Kreis schliesst sich –
 zurück zum FCB
Bernhard Burgener
René C. Jäggi holt Karli
 zum FCB
Der Ball bleibt rund
Der Koch und der Fasnächtler
Odermatts Ausblick

**Nachbetrachtung
von Helmut Hubacher** 234

Die sportlichen Erfolge 236

Dank 238

Bildnachweis 240

Karli

Es gibt und gab in der Geschichte des Schweizer Fussballs nicht allzu viele Hauptdarsteller, die auf Anhieb und mit der Sicherheit eines präzisen Steilpasses allein auf Grund ihrer Vornamen für die ganz grosse Mehrheit identifizierbar sind.

Aber es gibt sie. Oder müsste man eher die Vergangenheitsform gebrauchen: Es gab sie?

Wie Xam für Xam Abegglen, nach dem sogar ein Fussballverein benannt wurde – und nicht etwa einer der unbekannten Clubs im Schweizer Fussball.

Oder Köbi. Köbi steht für Kuhn. Köbi Kuhn. Mehr ist da nicht zu sagen – man weiss Bescheid.

So wie man bei Seppe Bescheid weiss. Seppe wie Seppe Hügi selbstverständlich.

Und dann ist da natürlich Karli.

Kein anderer Basler Fussballer, vielleicht kein anderer im ganzen Land, hat allein schon den Vornamen zum Markenzeichen gemacht. Es bräuchte, um zu wissen, von wem die Rede ist, keinen Odermatt dahinter. Nicht bei Karli, diesem wohl komplettesten Fussballer aller Zeiten, der je den FC Basel vertreten hat. Wobei ‹vertreten› eine krasse Untertreibung ist: ‹verkörpert› wäre da wohl die gerechtere Wortwahl.

Drei sind es, die heute als die FCB-Denkmäler schlechthin gelten: Seppe Hügi ist der erste, Helmut Benthaus der zweite. Und Karli der dritte.

Die Gelehrten streiten sich, wer in jener Ära national der Grösste war: Köbi, der brillante Spielmacher des FC Zürich? Oder Karli, der grossartige Lenker des FC Basel?

Zürcher werden dies, Basler jenes behaupten – Fakt ist: Die beiden stehen quasi als Synonyme für die ganz grossen Zeiten ihrer Vereine.

Und weil halt Basel letztlich doch die klassischere, die euphorischere Fussballstadt ist als Zürich, weil zweitens wir beide, die zu diesem Vorwort geladen wurden, den FC Basel vertreten, und weil drittens dieses Buch von Karli handelt, nehmen wir uns die Freiheit der Subjektivität und meisseln halt einfach eine Behauptung in Stein:

Der Grösste aller Zeiten ist und bleibt Karli. Ganz knapp vor Seppe und Köbi. Zumindest für uns.

Denn Karli war wohl in erster Linie ein grossartiger Fussballer, ein genialer Spielmacher, dessen unnachahmliches Können untrennbar mit der FCB-Erfolgsserie der grossen Benthaus-Ära verbunden ist. Und es immer bleiben wird.

Doch Karli war mehr – und ist es geblieben: Ein offener, sympathischer, unkomplizierter, fröhlicher Mensch, keiner, der sich nach seinem Karriereende in die Bitterkeit flüchtete, keiner, der nur noch den guten alten Zeiten nachtrauert, keiner, der sich beklagt, für den wirklich lukrativen Teil des Fussballgeschäfts zu früh geboren zu sein. Und vor allem auch keiner, der nach dem Schlusspfiff seiner Laufbahn die Liebe zum Fussball und die Liebe zum FCB mit an den Nagel gehängt hat.

Dieser Treue, dieser Verbundenheit mit den Wurzeln verdankt Karli seine bis zum heutigen Tag anhaltende Popularität, die jene vieler aktueller Stars nach wie vor bei weitem übertrifft: Karli ist der Mann, den in Basel und um Basel herum alle kennen – selbst jene, die das Joggeli mit dem Stadtplan suchen müssten. Er ist mit allen per Du, und alle sind mit ihm per Du. Den Herrn Odermatt gab es nie und wird es auch nie geben.

Das ist auch deshalb so, weil er nie abgehoben hat, weil er seine beiden Füsse stets auf dem Boden behielt, und wurde er, der Boden, ihm auch mal vorübergehend etwas unter ihnen, den Füssen, weggerissen, fand Karli stets und immer wieder rasch und mit optimistischem Frohmut die Bodenhaftung.

Für den FCB war Karli über ein Jahrzehnt lang eine fussballerische Glücksfigur, und Karli blieb das für den Verein auch in all den Jahren danach. Noch immer arbeitet er in Rotblau, noch immer ist das Joggeli seine Heimat – heute wohl nicht mehr zwischen den beiden Strafräumen, sondern auf der Geschäftsstelle, in der er in jenem Bereich arbeitet, den es zu seinen Zeiten in diesem Ausmass nie gegeben hat: im Marketing-Bereich. Es bräuchte wohl keinen besonderen Hinweis darauf, dass Karli dem FCB als ‹Türöffner› und Repräsentant noch immer glänzende Dienste leistet.

Und sie noch etliche Jahre leisten wird – auch über seinen 60. Geburtstag, über diesen 17. Dezember 2002 hinaus, der Anlass für dieses Buch war.

Unser Dank gilt zweitens der Autorin und dem Autoren dieses Buches sowie dem Christoph Merian Verlag. Und erstens Karli: für alles, was er zu Gunsten des FCB, zu Gunsten der Stadt und Region Basel und zu Gunsten des Schweizer Sports geleistet hat. So viel eben, wie kaum ein anderer im Bereich des Fussballs. Und noch einiges darüber hinaus.

Basel, im November 2002

Gigi Oeri, Vorstandsmitglied FC Basel 1893
René C. Jäggi, Präsident FC Basel 1893

Der Koffer

Drei Wochen vor Redaktionsschluss kam Karli zehn Minuten zu früh zu unserem Treffen an die Bärenfelserstrasse. Das war ungewöhnlich. Noch ungewöhnlicher war sein Mitbringsel: Halb zog er ihn, halb schob er ihn – den Koffer, dreckig-bräunlich und schmuddlig, eine Mischung aus Karton und Metall, die beiden Messingschlösser zerbeult, verharzt. Das Ding musste mehrere Jahre in einem Keller oder Estrich gestanden haben. Staubschicht um Staubschicht hatte sich darauf gelegt, war durch die Ritzen der zerbeulten Kofferhülle ins Innere gedrungen und hat den Inhalt mit einer weissen Schicht mumifiziert. Karli deponierte den Koffer in der Küche, unter der Treppe beim Aufgang zum ersten Stock. Dort blähte sich der Koffer innert einer Stunde auf, wurde grösser und begann, hämisch in den Raum zu grinsen.

Als Karli weg war, versuchten wir, das einzige noch intakte Schloss zu öffnen. Peng – eine Staubwolke verdeckte die Sicht zum Kochherd. Ab diesem Moment begann für uns eine neue Zeitrechnung: Als sich der weisse Schleier gelegt hatte, tat sich eine Wunderkiste auf, mit Hinweisen auf ein Leben, in das René und ich für die vergangenen wenigen Monate eingetaucht waren, um ein Konzentrat davon zwischen zwei Buchdeckel zu pressen. Wilde Fotos, wie gerufen und passend zu schon geschriebenen Kapiteln – Zeitungsartikel, Schriftstücke, die uns als Dokumentationsmaterial fehlten – alles da! Für unsere Arbeit gab es nun ein Leben vor – und mit dem Koffer. Sein Inhalt zeigte uns den Weg zu den letzten, noch zu schreibenden Kapiteln.

So verwandelte sich unser papierenes Konzept in lebendiges Dokumentieren anhand von Vergangenem – der Koffer hatte für uns alles dazu Wichtige in seinem Bauch aufbewahrt. Wir konnten einfach nur zugreifen – ins volle Leben – in Karlis Leben. Mindestens eines der nun in den Buchläden aufliegenden Karli-Bücher werden wir als Dokument für spätere Tage in den Bauch des Koffers zurücklegen, zu all den andern Papieren. Es wird spätestens dann wieder erscheinen, wenn jemand den Koffer über das einzige noch funktionierende Schloss öffnet – und die Staubwolke sich an einem andern Ort verteilt und gelegt hat.

Fussball ist seit jenem Tag für uns genauso spannend wie Theater und Kino. Danke Karli!

Basel, im November 2002

Susanne Haller
René Matti

Die frühen Jahre in Luzern

Der 11. August 1942

Für die junge Christine Mathis begann der Frühling 1942 in Luzern sehr romantisch. An einer Tanzveranstaltung lernte sie einen bildhübschen jungen Mann kennen, in den sie sich sofort verliebte. Der gute Tänzer stammte wie sie selbst auch aus ärmlichen Verhältnissen. Die beiden Innerschweizer kamen sich bald näher: Für Christine Mathis und Karl Odermatt folgte eine Zeit der Verliebtheit. Die beiden konnten die nicht sehr schöne Wirklichkeit um sie herum vergessen. Es war Krieg. Arbeit und Lebensmittel waren knapp, die Zukunft höchst ungewiss.

Christine Mathis erwartete ein Kind von Karl. Der junge Mann war sprachlos. Nach einigen Turbulenzen und stürmischen Wochen traten sie am 11. August 1942 vor den Traualtar. Christine war im fünften Monat schwanger. Das bedeutete in einer katholischen Umgebung nicht nur eitel Freude. «Sie mussten heiraten», war damals ein vielgehörter, bedeutungsvoller Satz. Die Leute tuschelten. Von Beginn an mischten sich Schwierigkeiten und existenzielle Ängste in die junge Liebe des frischgebackenen Ehepaares. Den Start in die Ehe hätten sie sich entspannter vorstellen können. Immerhin fanden die beiden eine Wohnung.

Karlis Vater im Aktivdienst

An der Lädelistrasse 6

Die Wohnung, welche das Paar in einem Mehrfamilienhaus bezog, lag in einem Arbeiterquartier, an der damaligen Hauptstrasse von Luzern nach Basel. Viele, die dort wohnten, waren arbeitslos. Die Leuchtenstadt Luzern zeigte sich hier an der Lädelistrasse, wohin sich kaum Touristen verirrten, von einer tristen Seite. «Es war eine schäbige Gegend, aber die Wohnung war schön», erinnert sich Karl Odermatt. Die junge Familie Odermatt-Mathis bewohnte den zweiten Stock: «Wir hatten drei Zimmer, eine grosse Küche und ein Abschlusszimmer, das an einen Zimmerherrn vermietet war», sagt Karl Odermatt. Die im selben Haus wohnende Grossmutter erleichterte das

Das Geburtshaus Nr. 6

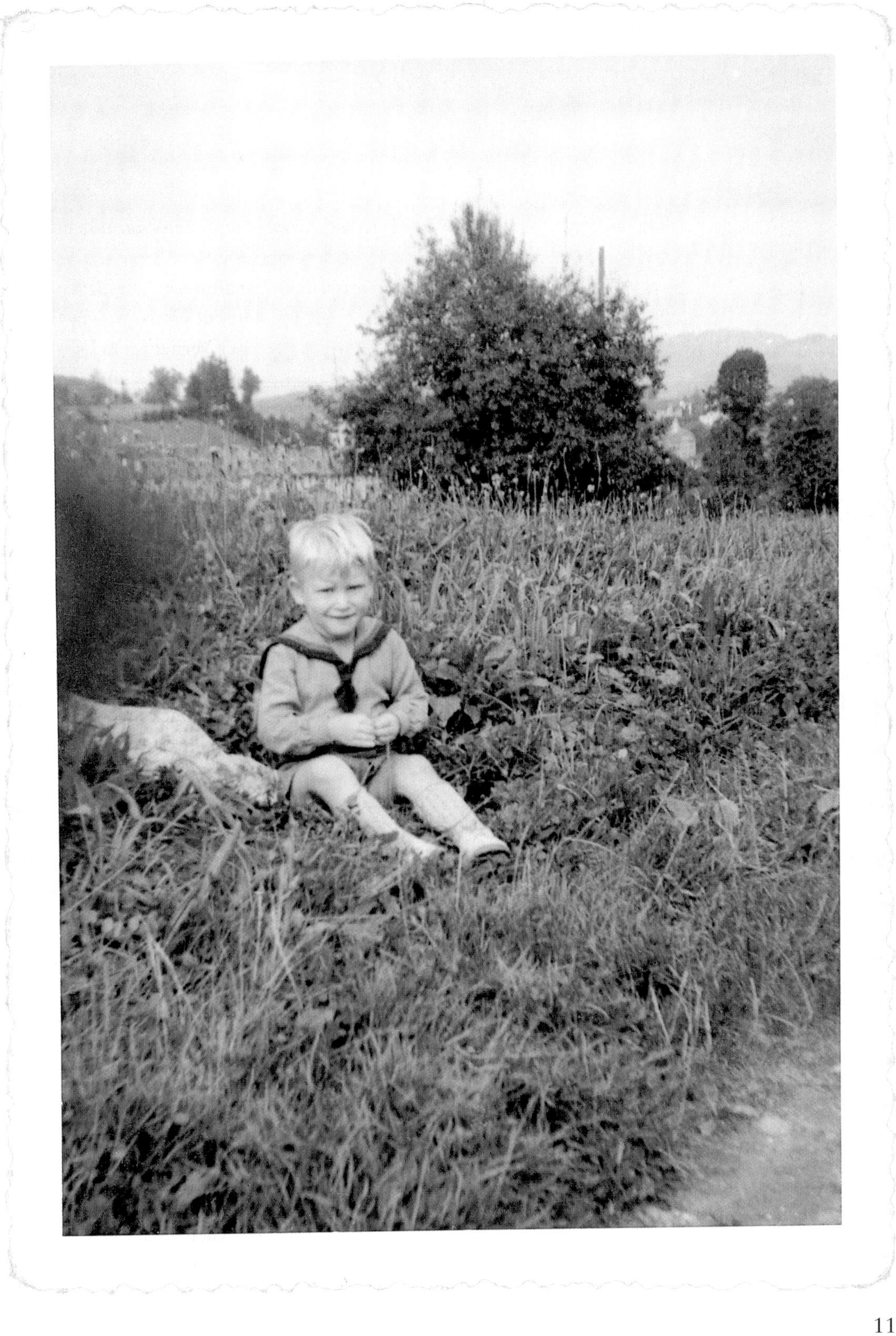

Zusammenleben der jungen Familie nicht gerade – im Gegenteil. Sie mischte sich in viele Angelegenheiten der Ehe ihres Sohnes ein. Das Geld war ständig knapp, und irgendwie schienen Christine und Karl sen. auch nicht so richtig miteinander zu harmonieren.

Der 17. Dezember 1942

Am 17. Dezember 1942 kam das erste Kind der Odermatts zur Welt. Als männlicher Erstgeborener wurde das Baby – wie es damals in vielen Familien üblich war – nach seinem Erzeuger ‹Karl› genannt. In bestem Innerschweizer Idiom wurde es aber bald von allen ‹Kari› gerufen.

Der kleine Kari wurde Grossmutters Liebling. Sie verwöhnte den blonden Buben. Später vererbte sie ihm sogar ein Bankbüchlein mit 50 Franken Einlage. Auch die glücklichen Eltern waren stolz auf den prächtigen Nachwuchs. Bei aller Freude über das neugeborene Baby wurde aber eines rasch klar: Der neue Esser würde die Kosten der Familie nach oben schnellen lassen. Kleidung, Nahrung – das alles war nicht billig. Reichte das Geld bis anhin knapp für das Ehepaar, würde der Neuzugang in der Familie zweifellos dafür sorgen, dass der Gürtel noch enger geschnallt werden musste. So mischten sich unter die Freude sehr schnell ganz profane Sorgen, die das Eheleben stark belasteten.

Karl Odermatt sen. arbeitete nach der Heirat mit Christine Mathis bei der Firma ‹Von Moos› in Luzern als schlecht bezahlter Hilfsarbeiter in der Metallverarbeitung. Den kargen Lohn konnte er etwas aufbessern, indem er grosse Blumenbouquets von seinen Bergtouren heimbrachte und verkaufte. Er war ein begeisterter Bergsteiger. In seinen geliebten Bergen war er weit weg von allen irdischen Sorgen. Er verbrachte einen guten Teil seiner Freizeit mit Wandern und Klettern. Vor allem an den Wochenenden war er viel unterwegs. Das änderte sich auch nicht, als Karl junior und später seine Schwester Ruth geboren wurden.

Karlis Mutter wurde mit ihren Sorgen oft allein gelassen

Die Lösung existenzieller Probleme und die Sorgen um Familie und Jungmannschaft überliess Karl sen. mit Vorliebe der schwer arbeitenden Gattin.

Die Mutter, Christine Odermatt-Mathis, war ebenfalls eine Tochter aus armen Verhältnissen. Mit 16 Jahren verliess sie die Schule und ging arbeiten. Als Karli Odermatt geboren wurde, hatte sie eine Stelle bei der Firma ‹Viscose› in Emmenbrücke. Sie gab das ganze verdiente Geld an den Unterhalt ihrer Familie. Dieses Los trug sie all ihre Lebensjahre hindurch. Karl Odermatts jüngere Schwester Ruth Wahl sagt allerdings dazu:

«Die Mutter hat immer gern gearbeitet. Sie brauchte das. Nur zu Hause sitzen und nichts tun – das hätte sie nicht ertragen können. Sie hätte sich fürchterlich gelangweilt.»

Weil Mutter und Vater arbeiteten, kam der knapp einjährige Kari in einen Kinderhort. Dort war er unglücklich und verängstigt. Er weinte oft. Wenn die Mutter ihn abends abholte, war er überglücklich, sie zu sehen.

Als am 12. Juni 1944 ein zweites Kind zur Welt kam, wurden die existenziellen Sorgen der Familie Odermatt grösser. Fortan mussten die ohnehin

*Karli mit seiner Schwester Ruth:
«Ich war oftmals ein kleiner Egoist»*

schon dünn gesäten materiellen Freuden zwischen den Kindern aufgeteilt werden. Das schmeckte Kari gar nicht. So mag es nicht verwundern, dass damals Karis Verhältnis zu der kleinen Schwester eher ambivalent war.

«Ich war oftmals ein richtiger kleiner Egoist», sagt Karl Odermatt rückblickend. Das Verhältnis zwischen den Geschwistern wurde erst im Verlaufe der späteren Jahre herzlicher und innig. Während ihrer ersten Lebenszeit wurde Ruth bei der kinderlosen Schwester der Mutter untergebracht. Die Eltern besuchten sie regelmässig. Als Mutter und Vater eines Tages wiederum zu Besuch kamen, rief die kleine Ruth nur: «Papi, Papi!» Das machte Karis Mutter so traurig, dass beschlossen wurde, das kleine Mädchen zurück nach Hause in die Wohnung an der Lädelistrasse zu holen. Christine Odermatt gab ihre Arbeit bei der ‹Viscose› auf. Um das Haushaltsgeld aufzubessern, trug sie nachts für einen Verlag abonnierte Zeitschriften aus.

«Bring ja grosse Eier!»

Weil die Mutter nun tagsüber zu Hause war, musste Kari nicht mehr in den verhassten Kinderhort gehen. Trotzdem war es für ihn keine unbeschwerte Zeit. Jetzt wurde er als ‹grosser Bub› in die Pflichten der Familie eingespannt. Er musste kleine Arbeiten verrichten, da und dort im Haushalt helfen und Botengänge machen.

Die Grossmutter schickte Kari regelmässig in den nahen Laden zum Einkaufen. Er musste dort Eier holen. Die kosteten damals einen Batzen das Stück. «Du bringst aber nur grosse Eier», befahl die geizige alte Dame ihrem Enkel. Für den kleinen Kari waren Eier aber Eier. Er liess sich die verlangte Stückzahl geben und trabte zurück zur Grossmutter. Diese verglich die Eier Stück für Stück miteinander. Die kleinsten gab sie ihrem Enkel zurück. Kari musste wiederum in den Laden laufen, wo er, wie befohlen, grössere Exemplare verlangte. Dass die Leute im Laden jeweils tuschelten «... ahh, wieder die Odermatts ...», fiel ihm erst mit der Zeit unangenehm auf. Von da an war es ihm jedesmal peinlich, wenn er zum Eierholen geschickt wurde. «Ich habe mich geschämt.»

Ende Monat musste Kari regelmässig den Pfarrer besuchen. Er nahm einen Milchkessel mit und brachte ihn gefüllt wieder nach Hause – seine Familie besorgte sich auf dem Armenweg Nahrungsmittel. Mit der Zeit empfand er auch dies als Schande. Aber das hätte er sich zu Hause natürlich nie zu sagen getraut.

Des Vaters eiserne Hand

Der blonde Charmeur

Der etwas jähzornige Vater regierte seine kleine Familie mit eiserner Hand. Oftmals setzte es aus nichtigem Anlass Schläge für den kleinen Kari. Auch die Schwester wurde nicht verschont. Sie war allerdings eher der Liebling von Karl sen. und hatte nicht denselben schweren Stand wie der Sohn, der seinem Vater oftmals nichts recht machen konnte.

Seinen Ärger am Arbeitsplatz, seine generelle Unzufriedenheit und seine Verzweiflung über die finanzielle Misere reagierte der Vater oft an seinen Kindern und auch an seiner Frau ab. Sie wurde nicht geschlagen, konnte ihm aber kaum Paroli bieten, wenn er herumtobte. Sie versuchte zwar, ihren Mann davon abzuhalten, die Kinder zu schlagen. Aber sie war ihm physisch und psychisch unterlegen.

An seinem Arbeitsplatz konnte Karl Odermatt sen. keinen Stolz entwickeln: Die Arbeit war stupide und schlecht bezahlt. Deshalb war er oft mürrisch. Befriedigung fand er einzig in seiner Bergwelt, beim Tanzen und manchmal in ausserehelichen Liebschaften. Er war ein leidenschaftlicher Tänzer und sah sich mit seiner blonden Mähne auch ein wenig als Frauenheld. Die Mischung aus langer Arbeitszeit, intensivem Klettern in den Bergen und gelegentlichen Frauen-Eskapaden führte zwangsläufig dazu, dass Karl sen. nicht oft zu Hause war. Er entfremdete sich von seinem Sohn. Kari fragte sich, wenn er seinen Vater heimlich betrachtete, was dieser für ein Mensch sei. «Was habe ich mit ihm zu tun?»

Der Kindergartenhort und die Ravioli

Der verhasste Kinderhort

Im Gegensatz zu seinem Vater hat Kari seine Mutter jedoch stets vergöttert. Sie war seine Bezugsperson, zu ihr hatte er Vertrauen. Aber da sie viel arbeitete, um die Familienfinanzen aufzubessern, blieben die Kinder oft sich selbst überlassen. Deshalb wuchs Kari teilweise auf der Strasse auf. Das änderte sich, als der Sechsjährige in den Kindergartenhort musste. Dieser gefiel dem jungen Knaben gar nicht. Die Zeit dort bezeichnet Karli heute als einjähriges Martyrium. Es gab zwar in dieser katholischen Institution etwas zu essen, aber dieser positive Punkt musste mit vielen Schlägen, Verboten und Reglementierungen zu teuer bezahlt werden. Da war ihm das karge Essen zu Hause lieber. Hier wurde die Familie mit Ravioli grossgezogen. Das sei billig und nahrhaft, versicherte die Mutter jeweils beim Büchsenöffnen.

«Karli übertreibt, wenn er sagt, er sei mit Ravioli gross geworden, zumal es das bei anderen Familien auch gegeben hat», wiegelt seine Schwester Ruth Wahl heute ab. Sie räumt allerdings ein, dass sie, seit sie erwachsen ist, nie mehr Ravioli auf ihren Speisezettel gesetzt hat.

Bei besonderen Anlässen, oder wenn einmal etwas mehr Geld in der Haushaltskasse war, gab es Kartoffelstock mit Poulet. Das war jeweils ein Festschmaus. Karli Odermatt hat lebhafte Erinnerungen daran:

«Der Vater nahm sich die Hälfte des Hühnchens, und die Mutter und wir Kinder teilten uns den Rest zu dritt.»

Fleisch gab es selten. Manchmal brachte der Vater einen Fisch nach Hause, den er illegal aus einem Bach gezogen hatte.

«Schmalhans war Küchenchef bei uns», betont Karl Odermatt, und seine Schwester erinnert sich, dass ihr Bruder ständig Hunger hatte. Brachte die Grossmutter oder sonst eine gute Seele einmal zwei ‹Stückli› für die Kinder mit, dann stürzte sich Kari jeweils mit Gier auf seinen Anteil. Er putzte das süsse Gebäck sofort weg. Seine Schwester war nicht so gierig und sparte ihr ‹Stückli› gerne auf. Sie wollte ihren Bruder ärgern und provozierte ihn damit, dass sie ihr wonniges Stück gespart hatte. Kari platzte jeweils vor Wut und Verlangen fast der Kragen. Er legte sich für diese Gelegenheiten eine bösartige kleine Routine zurecht: Er drückte einen Finger in das ‹Stückli› der Schwester. Die kleine Ruth, trotz aller Entbehrungen schon ganz grosse Dame, fand das jeweils so grauslig, dass sie ihr Gebäck nicht mehr essen wollte.

«Igitt, das ist widerlich!»

Kari lachte und schon war auch das Gebäck seiner Schwester weg. Er verschwendete nie einen Gedanken daran, dass er egoistisch handelte.

«Er hat mich manchmal geplagt. Aber um ganz ehrlich zu sein – ich machte mir nicht so viel aus Süssigkeiten. Deshalb hat es mich nicht so sehr gestört, wenn Karl von der Grossmutter ein Stückli und ich nur ein Stück Brot bekam. Die Mutter fand das allerdings immer sehr ungerecht», erinnert sich Ruth Wahl.

Die ersten Bälle

Kari hatte damals ständig Hunger. Es gab für ihn nicht viel zu lachen – und spannend war das Leben auch nicht gerade. Wäre da nicht eine Beschäftigung gewesen, die er bei andern Kindern auf der Strasse und im Kindergartenhort entdeckt hatte. Die Buben kickten kleine Bälle herum, rannten dem Objekt der Begierde hinterher und schienen sich köstlich dabei zu amüsieren. Zuerst sah Kari äusserst interessiert zu. Schon bald wurde er von seinen Kameraden aufgefordert mitzutun.

Das Spiel begeisterte ihn. Kari war jetzt zum aufgeweckten blonden Jungen herangewachsen. Immer noch nicht besonders ausgewogen ernährt, war er zwar schmächtig, aber zäh. Und er hatte ein angeborenes technisches Talent, was den Umgang mit Bällen jeglicher Art anbelangte. Es fiel ihm von Anfang an leicht, kleine Bälle mittels seiner Füsse in Gang zu halten, oder zwischen zwei Pfosten zu treten. Trotz seiner plumpen Holzschuhe von der Schulpflege, die elegantes Herumrennen nicht zuliessen, kickte Kari jetzt wie besessen. Auch die Prügel, die es zu Hause absetzte, wenn er sein Schülertuch verschmutzte, konnten ihn von diesem faszinierenden Spiel nicht abhalten. Karl Odermatt wusste es zwar noch nicht, aber er hatte seine Passion entdeckt. Dabei lernte er – noch unbewusst –, dass man sich dem Leben verschreiben muss, das man sich aussucht. Und Kari hatte sich von jenen frühen Momenten an dem Fussball verschrieben. Der Fussball traf ihn wie ein Blitz. Es war Liebe auf den ersten Blick. Er wollte nichts anderes mehr tun.

Die neu gewonnene Begeisterung für den Fussball änderte sich nicht, als Kari im St. Karli-Schulhaus in Luzern in die erste Primarklasse eingeschult wurde. Hier gab es noch mehr Buben, die sich fürs ‹Schutten› interessierten. Kari fand Gleichgesinnte. Er verbrachte jede freie Minute damit, Fussball zu spielen. Es war noch alles sehr einfach und verspielt. Die Regeln, nach denen gerannt und gebolzt wurde, hätten vielleicht eher dem Rugby-Spiel entsprochen. Niemand hatte eine grosse Ahnung von fussballerischen Finessen. Aber das spielte keine Rolle. Was zählte, waren die Begeisterung und Hingabe, mit der die Buben hinter den Bällen herjagten. Kari spürte mit jeder Faser seines jungen Körpers, dass da etwas war, was seinem Bedürfnis entsprach. Die Orte, wo sie herumtobten, waren eher Äcker denn Fussballfelder. Aber das hatte Vorteile. Technik war gefragt, wenn man den Ball länger als ein paar Sekunden behalten wollte. Hier lernte Kari dribbeln. Er eignete sich Praxis an im Umgang mit Tennis-, Stoff- und im besten Fall mit Lederbällen. Im schlimmsten Fall mussten sogar Büchsen herhalten. Auch rudimentäres Zweikampf-Verhalten wurde gefördert. «Es ging ganz schön zur Sache», erinnert sich Karl Odermatt an diese frühesten Fussballtage: «Man musste sich durchsetzen können, wenn man den Ball haben wollte. Die eigenen Knochen wurden ebenso wenig geschont, wie diejenigen der Kollegen.» Kari hatte sich auf dem Platz durchzusetzen, wenn er gewinnen wollte. Seinem strengen Vater gegenüber gelang ihm dies nie. Kari musste still sein, kuschen oder sich jeweils etwas einfallen lassen, um dem harten häuslichen Regime zu entgehen. Fussball war hingegen eine Welt, die nur ihm selbst gehörte. Da redeten kein Vater, keine Mutter, keine Grossmutter und keine kleine Schwester mit.

Das St. Karli-Schulhaus in Luzern

1951 – An die Heumattstrasse in Basel

In der Familie sollten sich bald Veränderungen ergeben. Karl Odermatt sen. hatte über seine Kontakte zu anderen Kletterern aus der ganzen Schweiz gehört, dass es in Basel mehr zu verdienen gäbe als in Luzern. Ein Kollege schlug ihm vor, dort im Rheinhafen Arbeit zu suchen. Basel schien im Gegensatz zum eher provinziellen Luzern eine Grossstadt zu sein. Hier lockten die Industrie und der Hafen mit Stellen, wie sie die beschauliche Innerschweiz nicht zu bieten hatte. Karl Odermatt sen. überlegte sich die Sache nicht lange. Der Vorschlag seines Kollegen schien ihm Erfolg versprechend zu sein. Er beschloss, den Versuch zu wagen und sein Glück am Rheinknie zu suchen. In gewohnt patriarchalischer Manier setzte er dabei seine Familie vor vollendete Tatsachen: «Ich gehe nach Basel, um zu arbeiten.»

Karl Odermatt sen. nahm sich ein Zimmer im Haus des Restaurants Bachlettenstube. Dort wohnte er während der Woche und arbeitete im Rheinhafen, Säcke buckeln. Er kam nur noch an Wochenenden nach Hause in die Lädelistrasse. Der Mutter passte das nicht. Sie beklagte sich bei den Kindern immer öfter über die selbstherrliche Art des Vaters. Aber was sollte sie tun? Er hatte eine gute Arbeit im Basler Rheinhafen. Es war zwar ebenfalls eine Hilfsarbeitertätigkeit, dafür gab es am Ende des Monats bedeutend mehr Geld, als er vorher bei ‹Von Moos› in Luzern bekommen hatte. Das gab den Ausschlag.

Nach drei Jahren Pendeln zwischen Luzern und Basel beschloss Vater Odermatt, mit seiner Familie nach Basel zu ziehen. Im Frühjahr 1951 war es so weit: Die Odermatts zogen in die Rheinstadt. «Die Mutter sah diesem Umzug nach Basel mit gemischten Gefühlen entgegen. Sie war asthmagefährdet und hatte Angst, dass ihr in Basel das Atmen schwerer fallen würde als in Luzern», erinnert sich Karl Odermatt. Auch die beiden Kinder waren nicht begeistert. Sie mussten ihre Kameraden in Luzern zurücklassen. Die Kinder wollten ihre Freunde nicht verlassen, wurden aber natürlich nicht um ihre Meinung gefragt. Sie waren neugierig darauf, was auf sie zukommen würde.

Dieses Basel war weit weg – eine andere Welt. Die Odermatts begannen zu packen. Der Herr der Familie hatte bestimmt, dass die Zukunft der Odermatts in Basel liege. Er konnte

Mutter Christine mit Ruth und Karli

nicht ahnen, wie gut er damit die Weichen für Karis Leben – im Hinblick auf dessen spätere Karriere – stellte. Einstweilen wurde ein kleiner Möbelwagen mit den Habseligkeiten der Familie voll geladen. Karl Odermatt sen., die Mutter Christine sowie die beiden Kinder bezogen eine Viereinhalbzimmerwohnung an der Heumattstrasse in Basel.

In Luzern zügelte die Grossmutter aus ihrer Parterrewohnung in die frei gewordenen drei Zimmer, in denen vorher die Familie ihres Sohnes gewohnt hatte.

2 Die Schulzeit

«Wo ist der Tee?»

In Basel begann für Karl Odermatt ein neuer Lebensabschnitt. Aus Kari wurde Karli. Es war mehr als nur eine kleine Namensänderung, die mit dem Umzug der Familie von Luzern nach Basel einherging. Eine neue Schule und neue Freunde traten in das Leben des Neunjährigen. Die Verwandten im Luzernischen traf er jetzt nur noch, wenn er zu Besuch oder zusammen mit der Schwester in die Ferien nach Luzern fuhr. Ein solcher Besuch blieb unangenehm in Karlis Erinnerung haften:

«Der Vater nahm mich einmal mit nach Kriens. Wir waren dort in den Ferien. Er schnallte mir einen Rucksack um.»

Karli war damals etwa elf Jahre alt. Vater und Sohn wanderten durch einen Wald. Plötzlich sagte der Vater: «Schau, das ist der Weg auf den Pilatus. Da steigst du jetzt hinauf. Auf der oberen Matte wartest du auf mich. Du kannst mir einen Tee zubereiten.» Karli nickte. Der Vater marschierte strammen Schrittes los, während Karli ängstlich und sehr einsam durch den Wald schlich. Nach rund vier Stunden kam er endlich an der besagten Matte an. Er setzte sich nieder und ruhte sich einen Moment aus. Dann machte er wie befohlen ein kleines Feuer, um den verlangten Tee zuzubereiten. Karli wartete, doch der Vater kam nicht. Schliesslich trank er den Tee selbst. Danach goss er einen neuen auf. Der Vater war immer noch nicht da. Müde, allein und ängstlich schlief Karli schliesslich ein. Nach einer Weile schrak er hoch. Der Vater war da und hatte ihn am Arm gepackt. «Wo ist der Tee?», schrie er. Schon setzte es wieder Hiebe. Später deutete Karli solche Aktionen als Bemühen, ihn zur Selbstständigkeit zu erziehen. Allerdings löste der Vater damit bei seinem Sohn Angst und Unbehagen aus. Liebe und Verständnis fand Karli bei seinem Vater kaum – auch wenig Anerkennung.

Der Abwart

Anerkennung suchte Karli Odermatt im Kreise seiner neuen Basler Freunde beim Fussballspielen. Die in Luzern entdeckte Liebe zu diesem Sport hatte er nach Basel mitgenommen. Sein Talent half ihm jetzt hier, sich in Windeseile anzupassen und zurechtzufinden. Auch auf den Basler Schulhöfen wurde – zum Schrecken vieler Lehrer – eifrig gebolzt. Karli wurde ins Gundeldinger-Schulhaus eingeschult. Er sprach zwar einen anderen Dialekt als die übrigen Kinder, wurde aber trotzdem rasch in die aus 40 Buben zusammengesetzte Klasse integriert. Karli fiel mit seinen schulischen Leistungen nicht auf, er war in der Primarschule solider Durchschnitt. Ein Zwischenfall ist ihm jedoch heute noch sehr präsent:

«Wir hatten im Schulhaus einen Abwart, den alle fürchteten. Natürlich haben wir in den Pausen und nach der Schule immer auf dem Pausenplatz gekickt. Als Spielgerät diente ein Tennisball. Grosse Bälle wurden vom Abwart gnadenlos zerschnitten. Eines

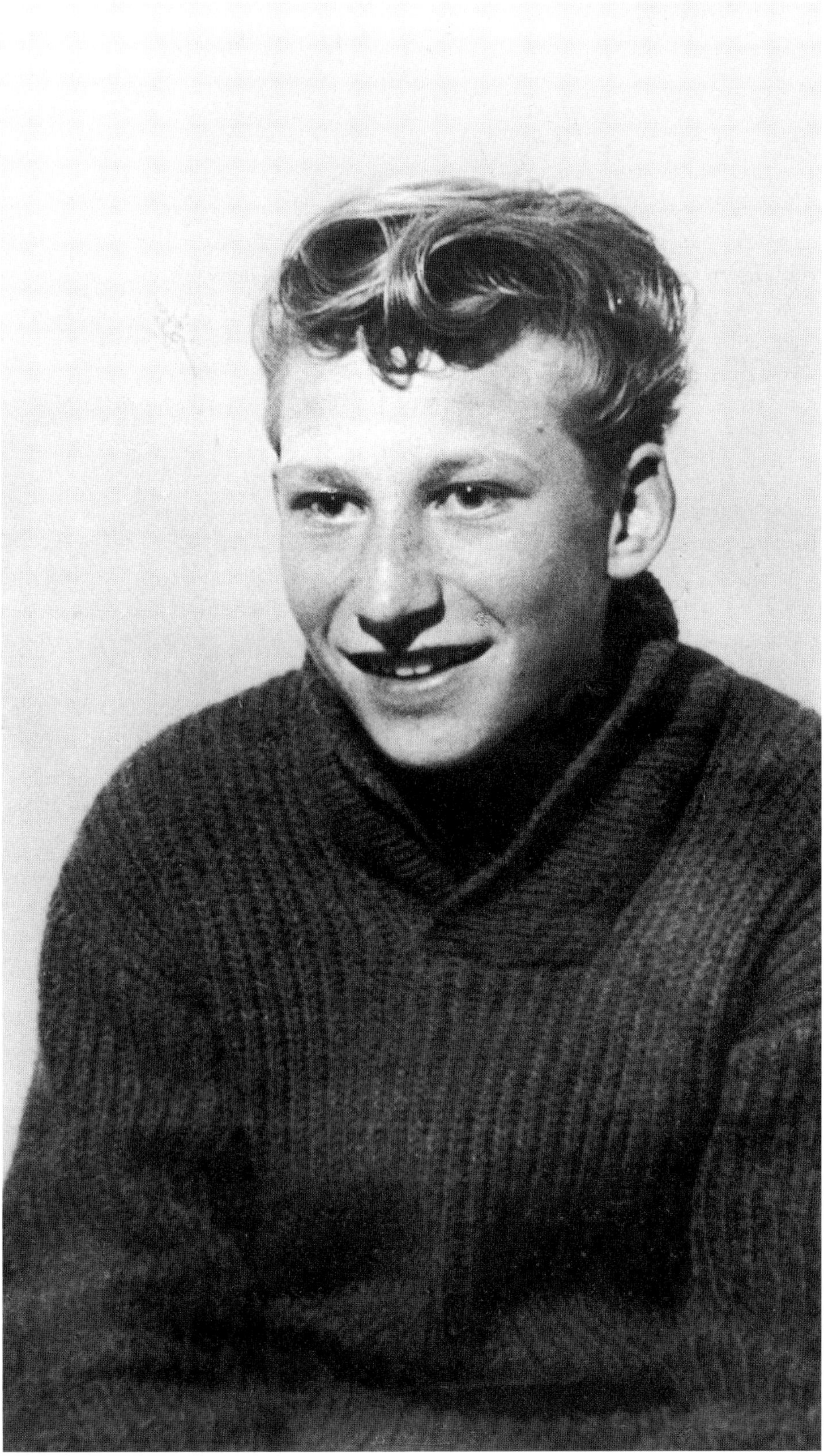

Primarklasse mit Klassenlehrer Grimm im Gundeldinger-Schulhaus

Tages trat unsere Klasse zu einem Match gegen eine andere Klasse an. Wir spielten zu sechst gegen sechs andere Schüler. Plötzlich kam der Abwart in den Hof. Er sah, dass wir Fussball spielten und wollte sich sofort den Ball greifen. Wir spielten einander abwechslungsweise den Tennisball zu, während der Abwart laut fluchend hin und her rannte. Dabei stolperte er und fiel der Länge nach hin. Ein hässliches Knirschen war zu hören: Der Abwart hatte sich den rechten Arm gebrochen. Da ich den Match organisiert hatte, wurde mir die Schuld an diesem Unfall gegeben.»

Karl Odermatt erinnert sich mit Schaudern an die anschliessenden Auseinandersetzungen mit der Schule. Natürlich setzte es zu Hause wieder Hiebe. Doch das tat der Begeisterung für den Fussball keinen Abbruch. Schliesslich ging auch das Schulleben wieder seinen gewohnten Gang.

Die drei persönlichen Feinde

Nach den vier Primarklassen wurde Karl Odermatt in die Realschule ins Thiersteiner-Schulhaus versetzt. Hier begegnete er seinen damaligen drei persönlichen Feinden: Französisch, Singen und Handarbeit. Bienz («er hatte ein gewisses Verständnis für mich»), Lacoste («hat sich immer fürchterlich genervt, wenn wir ihn La Kost nannten») und Gerspach («ich konnte nie singen und hasste dieses Fach») waren die drei Lehrer in den für Odermatt schlimmsten Fächern.

Karli Odermatt sieht sich heute noch im Musikzimmer stehen und das Beresinalied krächzen. Hinten in der Klasse knufften sich die Schüler schadenfroh in die Seite. Alle, die beim Dribbeln auf dem Pausenhof gegen Karli keinen Fuss auf die Erde brachten, feierten ihre Rache und machten sich über den unglücklichen Vorsänger lustig.

Auch im Französisch-Unterricht schien sich die Welt gegen Karli verschworen zu haben. Er war unglücklich. Wenn es wenigstens um die Sprache von Bobbie Charlton oder Denis Law gegangen wäre. Oder eventuell noch Spanisch oder Portugiesisch – da hätte er sich mit Di Stefano oder Pelé verständigen können. Das Italienisch von Juventus Turin oder Inter Mailand wäre zur Not auch noch akzeptiert gewesen. Aber

Französisch. Hatte jemand überhaupt schon einmal von französischen Fussball-Idolen gehört? Die Zeiten von Platini und Zidane lagen noch in weiter Zukunft. Und dass der WM-Pokal ‹Coupe de Jules Rimet› hiess – naja, das war ein zu vernachlässigendes Detail. Karli war jedenfalls nicht begeistert darüber, dass er Verben konju-

Im Thiersteiner-Schulhaus machten sich die schulischen Feinde von Karli zum ersten Mal bemerkbar

gieren musste. Das alles ging an seinen Interessen vorbei. Er dachte an Offside, Corner und Cattenaggio, wenn er sich stattdessen mit Voltaire, L'esprit français und Ähnlichem hätte beschäftigen sollen. All dieses Konjugieren, Deklinieren und Auswendiglernen bedeutete Stress. Es interessierte ihn nicht. In den anderen Fächern wie Deutsch, Geografie oder Rechnen ging es einigermassen gut. Karli zeigte keinen übertriebenen Ehrgeiz. Er lernte nicht mehr als unbedingt nötig und ging den Weg des geringsten schulischen Widerstandes.

Er war weder zu dumm noch lernschwach – die ganze Schule ging für ihn einfach am richtigen Fussballleben vorbei. Allerdings erinnert sich Karli Odermatt, dass die Schulzeit nicht ohne ärgerliche Zwischenspiele seitens der Lehrerschaft ablief: «Die Lehrer wussten natürlich, dass ich gut und gerne Fussball spielte – dass ich lieber auf dem Fussballplatz als in der Schule war. Deshalb brummte man mir mit Vorliebe am Mittwoch Nachhilfe- und Strafaufgaben-Nachmittage auf. Als wieder einmal die Schülerfussball-Meisterschaft anstand, hätten es die Lehrer gerne gehabt, dass ich für unser Schulhaus im Einsatz stehe. Ich aber sagte: ‹Ich kann nicht im Schüler-Team spielen.› ‹Wieso nicht?› ‹Ich muss am Mittwoch immer nachsitzen.› Jetzt waren sie im Dilemma. Sie zwangen mich sozusagen, Fussball zu spielen!» Natürlich hatte das Intermezzo für Karli Odermatt ein schulisches Nachspiel:

«Die Lehrer hatten immer die Möglichkeit, die Noten auf- oder abzurunden. Bei mir haben sie immer abgerundet. Ich war für die doch einfach nur ein blöder Fussballer, der nichts anderes im Kopf hatte.»

«Eine sportlich-faire Haltung sei das Ziel!»

Arthur Fretz, damals Lehrer am Pestalozzi-Schulhaus und FCB-Junioren-Obmann, organisierte die Schulhaus-Meisterschaften. Er legte ein sportliches Verständnis an den Tag, das von pädagogischen Grundsätzen durchdrungen war. Ein Schuss Kraft durch Freude durfte ebenso wenig fehlen, wie der mahnend erhobene Zeigefinger. Obwohl er einen gewissen Ehrgeiz, was den Titel für seine Schule anbelangte, an den Tag legte, proklamierte er im Stile eines Turnvaters Jahn:

«Wir möchten euch, liebe Junioren, nicht nur ein Maximum an fussballerischem Können beibringen, wir hoffen vielmehr, euch für den späteren, harten Existenzkampf vorbereiten zu können. Eine sportlich-faire Haltung in jeder Lebenslage zu bewahren, das sei euer Ziel! Erreichen müsst ihr es selber, wir Erwachsenen können euch dabei bloss behilflich sein!» Wenn die Jungen Fussball spielen wollten, mussten salbungsvolle Worte her. Der gesunde Geist im gesunden Körper wurde mit «flotter Kameradschaft» und einer «gesunden Härte sich selbst gegenüber» garniert. Damit sollte die «spätere Ein- und Unterordnung in der Gemeinschaft» trainiert werden. Die sportliche Betätigung wurde unter dieser Maxime billigend in Kauf genommen.

Gesunder Geist in gesundem Körper!

Fussball war, wenn sie das Spiel zu dulden hatten, für die Lehrer eine ganz andere Art Schule des Lebens. Die Lehrer sahen nicht, dass für Karli Odermatt Fussball keine Schule des Lebens, sondern das Leben überhaupt war. Kaum einer erkannte, dass Karli Odermatt gerade auf dem Fussballfeld eine besondere Intelligenz, überdurchschnittliche Cleverness, grandiosen Überblick und Führungsqualität entwickelte. Alles positive Punkte, die die Lehrer für ihre Schüler als äusserst erstrebenswert taxierten.

Toni Eisenegger, ein Schulkamerad aus der Zeit im Thiersteiner-Schulhaus, erinnert sich, dass der Fussball ganz oben auf der Freizeit-Wunschliste stand. Es funktionierte schon damals nicht ohne ein Belohnungssystem: «Ich erkaufte mir das Mitschutten mit Studentenschnitten: Für eines dieser süssen Dinger durfte ich eine halbe Stunde lang mitspielen. War die Zeit vorbei, musste ich eine zweite bringen. Das machte eine Stunde Fussballspielen mit Karl im Hof, wo ich zu Hause war. Im Laufe der Zeit schützte mein Vater die Kellerfenster, die als Goal dienten, mit Eisenstäben. Ich sehe heute noch, wie Karl aufsetzte und abzog. Der Ball flutschte durch die Eisenstäbe hindurch und zerknallte das dahinter liegende Fenster. Meinen Vater höre ich heute noch brüllen!»

Gut möglich, dass Karli Odermatt mit der Anerkennung und der Befriedigung, die er beim Fussballspiel fand, familiäre Defizite, mangelnde Liebe seitens seines Vaters, materielles Zukurzkommen oder unausgesprochene Gefühle kompensierte. Sport im Allgemeinen und Fussball im Speziellen waren jedenfalls sein Lebensinhalt.

Vater Odermatt geht

In jener Zeit geschah ein weiterer schmerzlicher Einbruch in Karli Odermatts Leben: Vater Karl Odermatt verliess seine Familie. «Er hatte Frauengeschichten.» Karli war 13 Jahre alt, und das Ereignis traf ihn schwer. Er wurde verlassen. Mehr noch: Seine Mutter wurde verlassen. «Mein Vater hat uns im Stich gelassen.»

Karli Odermatt hat dies seinem Vater bis zum heutigen Tag nicht verziehen. Er vermied fortan jeden Kontakt zu ihm. Seltsamerweise entwickelte sich Karl jun. aber, was Gang, Körperhaltung, Körpersprache und auch das Aussehen anbelangt, in ähnlicher Weise, wie sein ungeliebter Vater.

Das fiel seiner Mutter auf, und sie ärgerte sich darüber, wie Karlis Schwester erzählt: «Wenn Karli damals aus dem Haus ging, sich vorne an der Ecke nochmals kurz umdrehte und zurückwinkte, dann glich er ganz dem Vater.»

«Schau – er macht gleich wie der Alte», zischte die Mutter dann boshaft. Mochte er seinem Vater auch in Statur, Gang und blondem Haarschopf ähnlich, eines hatte sich Karli Odermatt damals geschworen: «Wenn ich einmal eigene Kinder habe, werde ich sie besser und liebevoller behandeln. Ich werde sie nicht im Stich lassen.»

Jetzt war Karli aber erst einmal in der Situation, dass sein Vater nicht mehr da war. Es waren zwiespältige Gefühle. Zum einen war etwas Druck weg, zum andern schämte er sich, dass er ein Scheidungskind war. In seiner Schulklasse gab es ausser ihm niemanden, dessen Eltern geschieden waren. So sah sich Karli wiederum in die Rolle eines Aussenseiters gedrängt: «Dabei ging es mir, nachdem der Vater weg war, eigentlich besser.»

Die Prügel aus nichtigem Anlass und die ständigen Reibereien fielen weg. Dafür hörten Karli und seine Schwester noch öfter als zuvor von der Mutter, was für ein schlechter Kerl der Vater gewesen war. Ruth Wahl-Odermatt: «Der Vater kannte natürlich aus seiner dreijährigen Rheinhafenzeit schon viele Leute in Basel, als wir hierher kamen. Darunter waren auch einige Frauen, die ihn jeweils freudig begrüssten, wenn er mit der Mutter hie und da zum Tanzen ging. Das gab immer Ärger. Die Mutter konnte ganz schön eifersüchtig reagieren.»

Schlimm war es, als der Vater einmal drei Tage lang nicht nach Hause kam. Die Mutter machte sich Sorgen und rief bei ihm im Geschäft an. Das wiederum machte den Vater wild. Zu Hause am Küchentisch wurde die Sache ausgetragen. Der Streit eskalierte und endete damit, dass die Mutter die Koffer des Vaters packte und sie vor die Tür stellte. Die Ehe von Christine und Karl Odermatt sen. war vorbei.

Bei der Scheidung bestand der Vater darauf, dass die Mutter ihren Mädchennamen wieder annahm. Das war für Karli furchtbar. Er schämte sich, weil er anders hiess als seine Mutter: «Diese Gemeinheit habe ich ihm nie verziehen. Das fand ich das Allerletzte.» Die Reaktion der Schwester war gemässigter. Sie besuchte – sehr zum Ärger von Karli und der Mutter – nach der Scheidung der Eltern einige Male ihren Vater. «Die beiden haben sich jedesmal fürchterlich aufgeregt.»

Die Mutter musste die Erziehung und Beaufsichtigung der Kinder von nun an alleine übernehmen. Das bedeutete jede Menge Arbeit. Von den 90 Franken Alimenten, die der Vater zu bezahlen hatte, konnte die Familie nicht leben. Es herrschten wieder ärmlichere Verhältnisse in der nun dreiköpfigen Familie Odermatt. Die Kinder waren oft allein. Ruth Wahl: «Nachdem wir nach Basel gekommen waren, hatte die Mutter rund neun Monate lang nicht gearbeitet. Dann fand sie einen Job in der Birkhäuser-Druckerei. Danach arbeitete sie in der Kirschgarten-Druckerei. Später fand sie eine gut bezahlte Stellung bei der Ciba.»

Man liess sich im Hause Odermatt trotz der schwierigen Situation nicht unterkriegen. Die Mutter war eine lebenslustige, fröhliche Frau. Sie war stets für ihre Kinder da und arbeitete hart. Karli verehrte sie Zeit ihres Lebens. Ruth Wahl: «Mutter leistete sich einen Luxus. Sie ging wahnsinnig gerne ins Kino. Jeden Freitag oder Samstag musste sie sich, wenn es die Finanzen zuliessen, einen Film ansehen. Sie besuchte die 19-Uhr-Vorstellung. Karli und mich hat sie im Café Ehinger abgegeben. Die Besitzerin war eine liebe Frau. Wir durften dort manchmal etwas trinken und Television schauen. Wenn der Film fertig war, holte uns die Mutter wieder ab.»

Trotz Hollywood waren die Zeiten hart: «Ich hatte Hunger und war ständig müde», kommentiert Odermatt diese schwere erste Zeit nach dem Auszug des Vaters. Jeweils am Monatsende hatte die Familie finanziell schwierige Zeiten zu durchleben.

Die Margarethenmatte

Wenn es ganz schlimm wurde, ging Karli manchmal zu seinem Freund Rico Mazzola. Er gehörte zu den Buben, die auf der Matte des Margarethenparks herumhingen. Dieter Hosp, damals auch dabei, sagt: «Als Karli die ersten Male auf die Margarethenmatte kam, war er der Jüngste und sah uns Älteren beim Fussballspielen zu. Er durfte am Anfang noch nicht mitspielen, sondern musste uns den Ball holen, wenn dieser weit hinter das Tor flog. Es war sehr bald klar, dass dieser kleine, blonde Junge Fussball spielen konnte. Bald war er voll integriert.» Einige Kollegen, die Karli etwas später

Beim Spiel mit dem Ball sind die Probleme mit dem Vater weit weg

beim FC Concordia wieder treffen sollte, waren auf der Matte des Margarethenparks schon mit dabei: Roby und Dieter Hosp, Rico Mazzola, Heini Degen, Werner Decker. «Rico Mazzola kannte ich auch», erinnert sich der im St. Johann aufgewachsene spätere FCB-Fussballer Carlo Porlezza. «Er war körperlich gut entwickelt und ebenfalls ein grosses fussballerisches Talent. Später gab er das Fussballspielen auf. Er wurde Jurist und Sportlehrer.»

Solotraining auf der Margarethenmatte

Rico Mazzolas Vater besass ein Coiffeurgeschäft in der Nähe der heutigen Industriellen Werke Basel. Bei der Familie Mazzola bekam Karli etwas zu essen. Die Mutter Mazzola bemerkte natürlich, wie dem mageren Karli, wenn er seinen Freund Rico zu Hause besuchte, das Wasser im Munde zusammenlief, wenn vom Essen die Rede war. «Hast Du Hunger?» Karli nickte mit treuem Blick. So bürgerte es sich ein, dass Karli nebenbei verköstigt wurde.

Das Abenteuer Lehre

Während der letzten beiden Schuljahre besuchte Karli Odermatt das Gellert-Schulhaus. Dann stellte sich am Ende der obligatorischen vier Realschuljahre die Frage, wie es im Leben des Teenagers weitergehen sollte. Er war völlig unschlüssig darüber, was er beruflich werden wollte. Ein Leben als Profi-Fussballer bot damals, Ende der 50er Jahre, noch nicht die Perspektive von heute. Karli Odermatt hätte diesen Berufswunsch weder zu Hause noch in der Schule zur Sprache bringen können. Er wäre ausgelacht, oder sogar mit den damals üblichen ‹Tatzen› bestraft worden. Es wurde ent-

In der Gewerbeschule

schieden, den unsicheren Karli ein weiteres, freiwilliges Jahr zur Schule zu schicken. Er absolvierte eine Berufswahlklasse. Seine Mutter wünschte, dass Karli einen handwerklichen Beruf erlernen sollte.

«Lerne Automechaniker oder etwas in diese Richtung. Dann hast du einen Abschluss. Du verdienst Geld und bist jemand. Oder willst du dein ganzes Leben lang nur Fussball spielen?»

Karli hätte gerne genickt, wollte aber die Mutter nicht verletzen. Sie meinte es ja gut. Jemand hatte dann die Idee mit der kaufmännischen Lehre. Karli Odermatt wusste von Beginn an, dass eine KV-Lehre nicht sein Ding sein konnte. Aber er widersetzte sich nicht. Als 16-Jähriger lässt man solche Dinge geschehen. Zum einen wusste er nicht, wie er sich hätte entziehen sollen, zum andern verliess er sich darauf, dass die Erwachsenen zu wissen schienen, was das Beste für ihn sei. Zumal sich die Lehrer und sein restliches Umfeld ebenfalls für dieses kaufmännische Abenteuer begeisterten. So trat Karli Odermatt seine Lehre in der Firma ‹Agence Americaine› an. In der höheren Schule meldeten sich seine persönlichen Feinde mit unvermittelter Härte wieder. Singen und Handarbeit hatte er erfolgreich hinter sich gelassen. Jetzt tauchten nebst Französisch auch noch Buchhaltung, Stenografie und andere Schikanen auf. «Diese Fächer interessierten mich nicht. Weil es mich nicht interessierte, kam ich auf keinen grünen Zweig. Es war ein Gräuel. Ich wusste schon bald, dass ich die Schlussprüfung nie bestehen würde. Ich brachte einfach die Energie nicht auf, die es gebraucht hätte, um zu büffeln. Ich wollte nicht meine ganze Freizeit dafür opfern, hinter Büchern zu hocken.»

«*In der Schule gab es für mich Höhen und Tiefen...*»

«Karl, nach vorne an die Tafel.»

«Wie bitte?»

Wenn Karl Odermatt nach vorne ging, dann schoss er Tore ... Es ging ihm ähnlich wie andern Fussballern. Der deutsche National-Spieler Thomas Hässler formulierte es so: «In der Schule gab es für mich Höhen und Tiefen. Die Höhen waren der Fussball.» Die kaufmännische Schulwelt und die Fussballwelt waren für Karli Odermatt beim besten Willen nicht auf einen sinnvollen Nenner zu bringen.

«*...die Höhen waren der Fussball*»

Nach drei schlimmen Jahren, kurz vor der Prüfung, entschloss sich Karli, das Leiden, das keinen Sinn mehr machte, zu beenden.

Glücklich beim Spiel

Mit klopfendem Herzen ging er zu seiner Mutter: «Ich gehe nicht mehr hin. Ich gebe meine Lehre auf.» Die Mutter war entsetzt. Was sollte aus ihrem Sohn bloss werden? Auch die Schwester ärgerte sich über ihren Bruder: «In der Zeit, in der er sich mit seinen Lehrern herumschlug, hätte er ein Doktorat machen können. Ich selbst konnte keine Lehre machen.» Ruth Wahl besuchte, 15-jährig, nach der Schule für ein Jahr ein Institut in Paris. Danach fand sie eine Stelle bei der ‹Hoffmann-LaRoche›. Sie belegte Weiterbildungs- und Abendkurse und arbeitete später bei der Firma Doetsch-Grether im Büro. Wie es mit Karli Odermatt weitergehen sollte, wurde lange diskutiert. Heute schaut dieser nüchtern und illusionslos auf die damalige Zeit zurück und zieht eine bittere Bilanz:

«Ich hatte eine schwierige Jugend. Wir waren arm. Ich hatte Probleme mit meinem Vater. Ich mochte die Schule nicht und ich hatte fast drei Jahre mit einer Lehre vergeudet, die mir letztendlich nichts brachte.» Karli Odermatt war enttäuscht und ratlos. Ausser Fussball interessierte ihn herzlich wenig. Guter Rat war teuer. Es war existenziell wichtig, Geld zu verdienen, um seiner Mutter zu helfen, die Familie durchzubringen:

«Die schnellste Möglichkeit, Geld zu verdienen, war, irgendwo als Hilfsarbeiter anzuheuern. Ich sah mich um und bekam einen Job bei der ACV-Druckerei auf dem Wolf.» Daraus sollte sich etwas später dann die Möglichkeit ergeben, doch noch einen Lehrabschluss zu machen.

An den Schorenweg

Im Jahr 1962, als Karli knapp 20 Jahre alt war, zügelte die Familie Odermatt dann an den Schorenweg. Dort wohnte der damalige FC Basel-Trainer Georges Sobotka. Dieser war mit La Chaux-de-Fonds sehr erfolgreich gewesen und löste beim FCB den Ungarn Jenö Vincze ab. Ruth Wahl erinnert sich:

«Der Umzug an den Schorenweg war gewiss ein Aufstieg, was das Wohnen betraf. Aber natürlich war die Wohnung auch teurer. Sobotka hat das nicht bedacht. Er sagte nur, wir müssen hierhin ziehen, er wohne auch da. Aber dass wir das kaum bezahlen konnten – das kam ihm nicht in den Sinn.» Die Tatsache, dass Karli nun im selben Haus wohnte wie der damalige Trainer des FC Basel, zeigt, dass sich inzwischen auf dem fussballerischen Sektor für Karli Odermatt einiges getan hatte.

Georges Sobotka

3 Der FC Concordia

Der alte Mann auf dem Pausenhof

Noch während der Zeit im Thiersteiner-Schulhaus stellten sich die Weichen für den 12-jährigen Karli Odermatt in Richtung Fussballer-Karriere. Wie jeden Tag spielte er im Pausenhof mit seinen Freunden Fussball. Hie und da sahen ein paar Erwachsene zu. Einige fühlten sich gestört, weil die Knaben die Sitzbänke auf dem Teerplatz als kleine Fussballtore zweckentfremdeten. Andere betrachteten das Treiben der Jugendlichen mit Wohlwollen. Ein älterer Herr sprach Karli an:

«Ich schaue dir jetzt seit ein paar Tagen zu. Du musst unbedingt organisiert Fussball spielen. Du bist ein grosses Talent. Das hier ist nicht das Richtige für dich. Du musst dein Talent besser nutzen.»

Karli traute der Sache nicht. Noch waren ausschliesslich der Pausenhof und die Schulkollegen seine Fussball-Welt. Organisiert in einem richtigen Club Fussball spielen – das wäre eine feine Sache gewesen. Wie hätte er das seinem Vater beibringen sollen? Dieser spielte selbst Fussball in der Satus-Mannschaft des FC ACV. Aber das hiess ja noch lange nicht, dass sein Sohn dasselbe tun durfte. Fussball war ein steter Grund für Hiebe und Schreiereien im Hause Odermatt.

Handgestrickte Pullover als Torpfosten

Die Mutter strickte wunderschöne Pullover...

Auch die Mutter war nicht immer glücklich über die Freizeitbeschäftigung ihres Sohnes. Karlis jüngere Schwester erinnert sich: «Die Mutter war eine passionierte Strickerin. Sie hat uns Kindern wunderschöne Pullover gestrickt. Karli hat diese voller Stolz übergestreift. Dann ging er Fussball spielen. Auf dem Platz zog er seinen Pullover aus und legte ihn auf den Boden, um damit einen Torpfosten zu markieren. Natürlich vergass er nach der Hitze des Gefechts, seinen Pullover mitzunehmen. Ich musste öfter mit dem Fahrrad losfahren und Karlis Pullover suchen gehen.» So wurde an Karlis Passion herumgenörgelt. Wie sollte er seinen Eltern klar machen, dass er jetzt einem richtigen Club beitreten wollte? Zumal das ja Geld für Mitgliederbeiträge, Kickschuhe und Dress kosten würde.

Doch der Gedanke, organisiert Fussball spielen zu können, liess ihn nicht mehr los. Er nahm seinen ganzen Mut zusammen. Schliesslich brachte er das Thema zu Hause vorsichtig zur Sprache. «Spinnst du? Wer soll das bezahlen? Und überhaupt,

29

wie sehen deine Schuhe schon wieder aus!» Es setzte wieder einmal Prügel. Das Thema schien vom Tisch. Doch der alte Mann auf dem Pausenhof liess nicht locker. Er wollte unbedingt, dass Karli zu einem Probetraining komme. «Also gut – ich komme hin!»

13:1 gegen Allschwil

Am nächsten Mittwoch ging Karli zum Probetraining. Zu Hause sagte er nichts davon. Beim Concordia-Training auf den St. Jakobs-Plätzen wurde er freundlich von einem Herrn empfangen, der sich als ‹Herr Georges Gröflin› vorstellte.

Marcel Dogor, etwas jünger als Karli, spielte damals bei den C-Junioren von Congeli. Er sagt über Georges Gröflin: «Er war eigentlich ein unscheinbares älteres Männlein. Er hatte alle Congeli-Junioren unter sich, und er war wie ein Vater für uns. Eine Respektsperson zwar – aber alle hatten ihn unheimlich gern. Er verstand ausserordentlich viel von Fussball, und er hatte einen unheimlichen Blick und Riecher für Talente.»

Die Concordia-Junioren 1953; Karli kniend, zweiter von links

Heini Degen, der später auch beim FC Breite und als Ersatzgoalie beim FCB spielte, ergänzt: «Georges Gröflin war jemand, der wirklich für uns Congeli-Junioren da war. Zu ihm konnte man mit all seinen Sorgen kommen. Er war der richtige Mann, um die Fussball-Begeisterung von uns Jungen zu koordinieren. Er selbst konnte allerdings nicht Fussball spielen.» Das bestätigt auch der ehemalige Congeli- und FCB-Goalie René Jeker:

«Gröflin war ein netter, lieber Mann. Er konnte eigentlich nicht viel dafür, dass bei ihm und den Congeli so viele grosse Fussball-Talente heranwuchsen. Er war mehr ein guter Onkel, keinesfalls ein taktischer Fussballtrainer. Für diesen Job hatte Gröflin den Willi Regenass. Der war eher der brummelige und härtere Typ, der die Junioren antrieb.»

Dieter Hosp, der ältere Bruder des internationalen und langjährigen Lausanne-Spielers Roby Hosp, Ende der 60er Jahre selbst kurze Zeit Präsident des FC Concordia, weiss, weshalb die Gundeli-Jugend grösstenteils bei Concordia landete: «Im Winter

Der FC Breite 1962; oben: Graf, Senn, Hügi, Kunz, Wannaz, Bürgin, Gschwind, Kindler, König; unten: Erzer, Tschirky, Manz, Degen, Furger, Zolin, Berger

fand das Training im Gundeldinger-Schulhaus statt. Das hatte natürlich auch Tradition. Damals hatte der FC Concordia im Heiligholz einen eigenen Fussballplatz.»

In diese Tradition wurde Karli Odermatt jetzt eingebunden: Er bekam von Georges Gröflin einen Ball und musste zeigen, was er konnte. Er jonglierte, gab ein paar mächtige Schüsse auf ein kleines Goal ab und spielte bei einem Trainingsmatch mit. Schon bei diesem ersten Probetraining machte er einen grossen Eindruck auf den Juniorenbetreuer. Georges Gröflin sah sofort, dass dieser kleine, blonde Rabauke über viel Talent verfügte. Er war ein ungeschliffener Diamant und wusste noch nichts von Taktik oder von Fussball-Systemen. Mit dem Ball am Fuss konnte er jedoch einige bemerkenswerte Dinge anstellen.

«Karl, du kannst bei uns ein guter Fussballer werden. Komm nächsten Mittwoch unbedingt wieder!» Karli strahlte über das ganze Gesicht. Er freute sich während der ganzen Woche auf das nächste Training. Am folgenden Mittwoch stellte Georges Gröflin dem aufgeregt lauschenden Karli in Aussicht: «Du kannst nächste Woche als C-Junior bei uns mitspielen.»

Karli war begeistert, aber im selben Augenblick platzte der Traum. Er dachte an seinen Vater, und er fragte sich, woher dieser das Geld für Dress und Kickschuhe nehmen sollte. Verlegen nuschelnd brachte er diese Einwände vor: «Das ist alles kein Problem – wir stellen dir die Sachen vom Club zur Verfügung».

Karli war überglücklich. Und tatsächlich stand er ein paar Tage später als C-Junior bei Congeli auf dem Feld. Dies hat er nie mehr vergessen: «Wir spielten gegen

Kleinhüningen und gewannen 8:1. Ich habe sechs Tore geschossen. Beim zweiten Spiel besiegten wir Allschwil mit 13:1.» Diesmal steuerte Karli acht Treffer bei. Der junge blonde Kicker schlug bei den Blau-Weissen wie eine Bombe ein. Ein damaliger Mitspieler weiss es noch ganz genau: «Karli war damals schon zwei Klassen besser als alle andern.» Bei Congeli spielten einige Söhne von älteren aktiven Congeli-Spielern. Einer war der Basler Komiker Marcel Dogor. «Ich war damals sehr schnell. Ich weiss noch, dass ich Karli in Breitenbach nach einem Flügellauf einen Flankenball serviert habe. Dieser hat die Hereingabe souverän verwertet. Von jenem Moment an war ich für ihn gesetzt. Karli war damals schon derart stark, dass er mitbestimmte, wer spielte. Die Mannschaftsaufstellung wäre zwar die Sache eines Betreuers namens Ziereisen gewesen, aber schlussendlich sagte Karli, wen er im Team gebrauchen konnte, und wen nicht.»

Concordia-Trainingslager in Magglingen

Die Fussballschuhe verstecken

Die Congeli-Junioren waren damals eine Macht. Federführend und tonangebend mit dabei war jetzt auch Karli Odermatt. Marcel Dogor: «Karli war nicht nur ein begnadeter Fussballer, sondern er konnte uns mitreissen. Er war ein Stimmungsmacher und ein guter Kamerad. Treu und aufrecht.»

Viele Freunde aus der damaligen Zeit gehören auch heute noch zum engeren Umfeld von Karl Odermatt – so die Zwillinge Werner und Heini Büchler. Sie sollten im Leben von Karli eine wichtige Rolle spielen. Doch vorerst trennten sich ihre fussballerischen Wege. Der Torhüter Werner Büchler wechselte zu Birsfelden und stieg mit diesem Team 1954/55 in die 2. Liga auf. 1957 verpflichtete er sich für zehn Jahre nach Delsberg und kehrte anschliessend zum FC Allschwil zurück. Sein Bruder Heini wechselte von Congeli zu Birsfelden. Danach wollte er ebenfalls zu Delsberg übertreten, wurde aber für ein Jahr gesperrt. Deshalb schloss er sich dem FC Baudepartement an, der in den 60er Jahren als Arbeitersportverein unter der Flagge des Satus spielte. Karli Odermatt wurde bei Congeli zum Mannschaftsführer gewählt, getraute sich allerdings zu Hause nicht, von seinen Erfolgen als Junioren-Fussballer zu sprechen. Die Fussballschuhe, die er von Georges Gröflin erhalten hatte, wurden jeweils sorgfältig versteckt.

Seppe – das Vorbild

Bei den Congeli-Junioren schloss Karli Odermatt neue Freundschaften – die neuen Kumpane führten ihn in eine faszinierende Welt ein. Gemeinsam besuchten sie nun auch die Spiele des FC Basel. Karli erinnert sich noch genau an das erste Mal, als er die Rot-Blauen auf dem Landhof spielen sah: «Der FCB spielte gegen GC und ging 1:6 ein. Ich sah Freddy Bickel und beim FCB natürlich Seppe Hügi spielen. Das war ein grossartiges Erlebnis.»

Auf dem Landhof lernte Karli, sein Taschengeld aufzubessern: «Darf ich Ihre leere Bierflasche haben?» Das Zurückgeben der leeren Flaschen und das Einkassieren des Depotgeldes war ein eifrig gepflegtes Ritual vieler Buben. Roby Hosp, am 13. Dezember 1939 geboren, wurde zu einem der ersten Fussballhelden des jugendlichen Congeli-Talentes. Als Söhne eines fussballbegeisterten Vaters und ehemaligen FCB-Kassiers waren alle drei Hosp-Söhne – Dieter, Roby und Niggi – gute Fussballer bei den Congeli-Junioren. Das grösste Talent besass Roby Hosp. Sein älterer Bruder Dieter erinnert sich: «Das erste Spiel für die C-Junioren musste Roby noch mit Turnschuhen bestreiten. Es gab damals noch keine Fussballschuhe in seiner Kindergrösse.»

Seppe Hügi

Roby Hosp hat es in seiner Fussball-Karriere weit gebracht. Er ist, neben Odermatt, zweifellos der talentierteste Spieler, den die Juniorenabteilung des FC Concordia hervorgebracht hat. 12 Jahre Stammspieler beim Nati-A-Club Lausanne-Sports und 23 Länderspiele zeugen von seinem Können. Roby Hosp erinnert sich an seine Congeli-Fussballzeit mit Karl Odermatt: «Ich habe nicht sehr lange mit ihm bei den Junioren gespielt. Wir waren kurz bei den C-Junioren und dann auch bei den Interreg-Junioren zusammen. Ich sah natürlich, dass dieser Kleinste und Jüngste ein enormes Potenzial hatte. Wir haben später in der Nationalmannschaft zusammen gespielt. Und natürlich einige Male mit Basel und Lausanne gegeneinander.» 1959 wechselte Roby Hosp erst leihweise, dann fest zu Lausanne-Sports. Der FC Concordia bekam den stolzen Betrag von 20 000 Franken als Transfersumme: «Ich wollte eigentlich nur für ein Jahr nach Lausanne, um dort Französisch zu lernen – ich kann es immer noch nicht, deshalb bin ich immer noch dort. Ich lebe jetzt seit 43 Jahren in Lausanne und bin kaum mehr in Basel.»

Karli mit dem späteren Nationalspieler Roby Hosp und Hugo Salathé

Im neuen St. Jakob-Stadion sah Karli Odermatt sein erstes Länderspiel. Es war die Stadion-Eröffnungspartie vor der WM 1954. Das war für Karli Odermatt ein nachhaltiges Erlebnis: «Ich kletterte wie viele andere unter dem Zaun hindurch. Das Stadion war mit 60 000 Zuschauern hoffnungslos überfüllt. Ich stand beim Bahndamm oben, angelehnt an einen Eisenpfosten und wurde von der Menge fast erdrückt, bekam Platzangst und begann zu weinen.» Ein Zuschauer bugsierte den verängstigten 12-Jährigen über den Zaun nach draussen. Karli schlich danach beim Stadion herum und lauschte auf die Zuschauer-Sprechchöre. «Aufgrund des Geschreis im Innern des Gebäudes konnte ich mir die Resultate zusammenreimen.» Die eigentlichen WM-Spiele verfolgte Karli dann zu Hause am Radio und bei den Eltern seines Freundes Rico Mazzola, die einen Schwarzweissfernseher besassen.

Karli und sein Idol Seppe Hügi

Karli fand in jener Zeit seine ersten Idole, – Sportler – in erster Linie Fussballer. Ihn beflügelten vor allem Spieler von Congeli wie Roby Hosp, Heini Degen, Hampe Stocker, Markus Pfirter oder die Gebrüder Heini und Werner Büchler. Sein grösster Held wurde allerdings Seppe Hügi. «Ich habe ihn extrem bewundert. Wenn wir Buben Fussball spielten und sich jeder in seiner Fantasie als Fussball-Star sah, ‹war› ich Seppe Hügi.» Karli scheute keine Mühe, so gut zu werden wie sein Vorbild.

Mike Speidel, dessen Vater ein bekannter internationaler Schiedsrichter war, stiess vom FC Nordstern zu den Congeli-Junioren: «Ich bin vier Jahre älter als Karli. Damals spielte ich bei den A-Interreg-Junioren, während er noch im C kickte. Die Jüngeren trainierten damals am frühen Mittwochnachmittag. Zwischen 17 und 18 Uhr kamen wir Älteren, während die Kleinen abzottelten. Nur Karli Odermatt blieb stets auf der Matte und knallte weiter seine Schüsse auf das Tor. Das ging regelmässig so weiter, bis Georges Gröflin zu ihm sagte: ‹So Karli, jetzt ist es aber genug. Du musst nach Hause gehen und deine Schulaufgaben machen.› Dann zog er jeweils zögernd und missmutig von dannen.»

Karli Odermatt trainierte in jeder freien Minute. Roby Hosp sagt dazu: «Als Knaben haben wir nicht im eigentlichen Sinne des Wortes methodisch trainiert. Wir haben einfach in jeder freien Minute Fussball gespielt.»

Karli Odermatt trieb dies bis zum Exzess: «An der Nauenstrasse gab es damals Garagentore. Ich habe stundenlang den Ball gegen diese Tore geschossen. Ich habe immer darauf geachtet, dass der Ball möglichst nie den Boden berührte. So habe ich Technik trainiert.»

Der Trainingsfleiss von Karli Odermatt machte sich auf dem Fussballfeld bezahlt. Die C-Junioren-Mannschaft von Congeli mit Karli wurde Meister. Der blonde Jüngling, der jetzt schon besser spielte als alle anderen, holte sich die Krone des Torschützenkönigs. Sein Selbstvertrauen stieg. Zumal Karli jetzt die B-Junioren-Klasse überspringen sollte und gleich in der höchsten Junioren-Klasse eingesetzt wurde. Aus dem Pausenhof-Bolzer war über Nacht ein A-Interregional-Fussballer geworden.

Karli wird A-Interregionaler

«Ich weiss noch genau, wie ich einmal an einem Samstag ein C-Junioren-Spiel bestritt. Da hiess es auf einmal: ‹Du kommst am Sonntag mit nach Thun!› Mit einem Autobus fuhren wir alle zusammen hin. Ich sass bei meinem ersten A-Junioren-Spiel auf der Ersatzbank. Plötzlich sagte Gröflin, ich solle meinen Trainingsanzug ausziehen: Ich wurde eingewechselt und schoss bei unserem 3:5-Sieg drei Tore. Das war mein Einstand im A-Inter.»

Die Concordia-Junioren 1957; oben: Jecker, Decker, Hosp, Müller, Furger, Heer, Gröflin; unten: Hochuli, Füri, Degen, Odermatt, Speidel

Mike Speidel, den damals viele Leute für den älteren Bruder des ebenfalls strohblonden Karl Odermatt hielten, ergänzt: «Wir A-Interreg-Fussballer fuhren an ein Turnier nach Memmingen. Karli durfte als C-Junior mitfahren. Das war eine grosse Sache für ihn.»

Werner ‹Pips› Decker, eine weitere Congeli-Legende, spielte ebenfalls mit Karl Odermatt: «Er hat alle Oster- und Pfingstlager von Congeli mitgemacht – von den Junioren bis in die erste Mannschaft von Concordia. Ich bin im Gundeli aufgewachsen und bekam da meinen Übernamen. Ich war der Kleinste, und als eines Tages wiederum die Mannschaften gewählt wurden, sagte einer der Älteren: ‹Macht der kleine Pipser auch mit?› Das hörte mein Bruder und erzählte es weiter und so bekam ich meinen Übernamen, der mir heute noch anhängt.» Später wurde Werner Decker Trainer und bildete junge Fussballer aus. Darunter waren auch Hakan und Murat Yakin.

Karli Odermatt lebte jetzt in der Welt des Sports, wofür sogar sein Vater ein gewisses Verständnis zeigte. Der ehemalige FCB-Spieler Carlo Porlezza kennt dafür sogar den Grund:

Die ACV-Mannschaft mit Vater Odermatt (siebter von links)

«Ich erinnere mich gut an Karlis Vater. Dieser spielte zusammen mit meinem Vater, Carlo Porlezza sen., in jener ACV-Mannschaft. Karl Odermatt sen. arbeitete damals im Kohlenhof des ACV. Jeweils morgens erschien er als sauberer blonder Mann zur Arbeit – und am Abend kam er aus dem Geschäft und war von oben bis unten schwarz. Er lieferte Kohlen in die Haushaltungen und sah nach getaner Arbeit entsprechend aus!»

Auch Ruth Wahl hat Erinnerungen an die Spiele der Satus-Meisterschaften: «Wir gingen manchmal hin, wenn Vater spielte. Mutter und ich verfolgten Vaters Spiel, während Carlo und Karli in einer Ecke zusammen Fussball spielten.»

So werden, wie Ferdy Kübler

Sport gewann sogar für Karl Odermatt sen. an Wichtigkeit. Ihn faszinierte, dass man als berühmter Sportler ‹jemand› war. Einmal sagte er mit Bewunderung in der Stimme zu seinem Sohn:

«Wenn du einmal so wirst wie Ferdy Kübler, dann bist du ein grosser Mann.» Karl Odermatt lächelt, wenn er sich an diesen Satz erinnert und erzählt: «Ich hätte damals immer gerne ein ‹Tigra›-Rennvelo gehabt. Aber das blieb ein Traum.» Dafür ging er zusammen mit seinen Kollegen den Velogeschäften nach, um sich zu erkundigen, ob sie Bilder von Rad-Rennfahrern bekommen könnten. Man war viel in Sachen Sport unterwegs.

Zum ersten Mal in der Zeitung

Marcel Dogor erinnert sich daran, dass Karli Odermatt ein ausgezeichneter Tischtennis-Spieler war. Er hatte eben ein Talent, mit allen Bällen umzugehen:

«Karli hatte einmal ein kleines Tischtennis-Turnier gewonnen. Er war begeistert, dass sogar die damalige National-Zeitung kurz darüber berichtete. Er, der später ganze Zeitungsseiten mit seinen Taten füllte, freute sich wie ein Kind darüber, dass er seinen Namen schwarz auf weiss lesen konnte. Es war das erste Mal, dass er in der Zeitung erwähnt wurde.»

Damals war Basel eine richtige Sportstadt. Überall war etwas los. In zahlreichen Sportarten mischten Basler Mannschaften vorne mit. Entsprechend gross war das Zuschauer-Interesse. Karli Odermatt erinnert sich: «Wir waren oft bei EHC Basel-Spielen auf der Basler Kunsteisbahn oder bei den Handball-Derbies in der alten Basler Halle der Mustermesse – FCB-Spiele waren sowieso ein Muss.»

Karli bewunderte zu dieser Zeit die Velo-Rennfahrer Maspes, Timoner, Plattner, die Handballer Stebler und Dürrenberger, oder die Eishockeyaner Handschin, Hofer, Zimmermann oder Mike Speidel, den er ja von Congeli kannte. Dieser Mike Speidel war einer der wenigen Sportler, die es jemals geschafft haben, im Fussball (FC Basel) und gleichzeitig auch im Eishockey (EHC Basel) auf höchstem Niveau zu spielen: «Als Eishockeyspieler habe ich beim EHC Binningen angefangen. Danach spielte ich beim EHC Basel und später bei den Young

Karli als Tischtennis-Spieler!

Der EHC Basel war Ende der fünfziger Jahre eine Eishockeymacht

Sprinters. Im Fussball kam ich via Nordstern, Congeli und über den FC Olten zum FC Basel. 1959 kam der damalige FCB-Spielkommissions-Präsident zu mir und sagte: ‹Sie sind doch Linksfüssler, wollen Sie nicht zu Basel kommen?› Der bisherige linke Flügel des FCB, Gody Stäuble, damals liebevoll der ‹Furz in der Laterne› genannt, wechselte zum FC Biel.»

37

Mike Speidel kam zu Basel. Das ging so lange gut, bis der FCB-Trainer Georges Sobotka im Sommer 1962 zu ihm sagte: «Sie spielen auch noch Eishockey. Das geht bei mir nicht. Sie spielen nur noch Fussball. Sie bekommen dafür 300 Franken im Monat dazu bezahlt.» Da Mike Speidel aber weiterhin Eishockey spielte, stellte ihn Sobotka nur noch als Ersatz auf. Der Allrounder wechselte daraufhin in die französische Schweiz. Er spielte fortan im Sommer für den FC Cantonal Neuenburg und im Winter für die Young Sprinters: «Der FCB hat 5000 Franken für mich bekommen. Im Eishockey wurde ich für ein Jahr gesperrt. Es war damals nicht so einfach, den Verein zu wechseln.»

Karli Odermatt lernte Boxer wie Ruedi Vogel oder Bela Horvath persönlich kennen und sah einige Male auch die Catch-Legende René Lasartesse. Aber natürlich waren es immer die Fussballer, die in seiner Fan-Gunst an erster Stelle standen: Seppe Hügi, Kiki Antenen, Jacky Fatton, Pelé, di Stefano, Puscas, Garincca und Bobby Charlton.

Erster Rausch, Nielen und Mädchen

Karli wuchs zu einem jungen Mann heran. In diese Tage fiel sein erster Rausch:

«Ich war mit ein paar Kollegen an der MUBA unterwegs und schon um 12 Uhr war ich total betrunken. Zu Hause habe ich über den Balkon gekotzt. Meine Mutter musste das Zeug nachher mit heissem Wasser von der Wand herunterspülen.»

Auch die ersten Nielen wurden in diesen Tagen in der Wolfsschlucht geraucht.

Im Zeichen der Zeit: die Elvis-Tolle

«Mir wurde schlecht.»

Die blonden Haare waren, ganz im Zeichen der Zeit, zu einer Elvis-Tolle frisiert. Karli interessierte sich für die aufregende, neue Musik aus den Staaten, aber sie konnte den Fussball nicht verdrängen. Das schafften auch die Mädchen nicht, die sich jetzt langsam für den gutaussehenden Jugendlichen zu interessieren begannen. Mädchen waren für ihn jedoch kein Thema. Hier mal ein kleiner Flirt und da vielleicht auf der Herbstmesse ein flüchtiger Kuss auf der Himalaya-Bahn. Mehr war nicht drin, zumal weder über Aufklärung noch über Sexualkunde zu Hause oder in der Schule geredet wurde. In den hochmoralischen, restriktiven ‹Fifties› wurde all das totgeschwiegen.

Das änderte sich bald. Karli freundete sich mit dem etwas älteren René Jeker an. Mit ihm zusammen war er dann auch in Sachen Mädchen unterwegs.

Heini Degen und Karli beim Flirten

Bild oben. Den Nachmittag auf der Heimreise blieben wir in Friedrichshafen. Hugo und ich am Bodensee.

Nochmals am Bodensee. V.l.n.r. Hansuli Baumgartner, Karli Odermatt, Hans Vogel und ich.

Bild unten: Hugo und ich in einer Gartenwirtschaft.

Bild unten. Karli und ich auf dem Bodensee.

Aus dem Tagebuch von René Jeker

Von den C-Junioren ins A-Interregional

René Jeker war ein talentierter Torhüter. Er spielte zuerst mit seinem Bruder Robert A. Jeker bei den Old Boys und wechselte danach zu den Congeli-Junioren, spielte in der Schweizer Junioren-Nationalmannschaft und stand in über hundert Nati-A-Partien im FCB-Goal:

«Ich spielte von 1958 bis 1963 beim FC Basel. Wir bekamen 200 Franken im Monat fix – dazu noch die Siegesprämien. Beim FCB stand damals Werner Schley im Tor. Dann wurde Kurt Stettler aus Luzern geholt, und Werner Schley wechselte

René Jekers tollkühne Hechtsprünge

nach Zürich. Damit hatte der FC Basel nur noch einen Torwart. Bei Congeli hingegen gab es zu jener Zeit etwa sieben talentierte junge Goalies. Einer davon war Heini Degen, mit dem ich aufgewachsen bin.»

Das Talent von René Jeker drang bis zum FCB. Das damalige FCB-Vorstandsmitglied Ruedi Wirz rief bei Jekers zu Hause an, und so wechselte der Congeli-Torhüter 1958 zum FC Basel:

«Meinen ersten Nati-A-Match spielte ich gegen den FC Chiasso. Beim FCB-Cupsieg 1963 gegen GC war ich als Ersatzgoalie mit dabei. Aber damals stimmte für mich schon die Chemie nicht mehr. Ich wechselte danach zu Winterthur und später noch zu Porrentruy.»

1961: Cupspiel FC Concordia–FC Breite 1:2 ...

René Jeker war ein Goalie, der spektakuläre Paraden und tollkühne Hechtsprünge für das Publikum zeigte: «Ich war mit Karli gut befreundet. Wir hatten uns im Thiersteiner-Schulhaus und bei Congeli kennen gelernt. Ich bin mit Roby Hosp zusammen zur Schule gegangen. Rund zwei Jahre lang gingen Karli und ich viel miteinander aus. Wir haben jeweils am Samstag-Nachmittag zusammen auf der Luftmatte trainiert. Anschliessend ging es mit Tischtennis in der ‹Agence Americaine› weiter. Um 18 Uhr haben wir uns dann mit zwei Freundinnen getroffen. Danach gingen wir zusammen ins Kino. Im Nachhinein muss ich feststellen, dass ich die damalige Freundin ernster genommen hatte, als Karli seine Herzensdame. Ich bin mit der damaligen Freundin noch immer verheiratet. Karli hingegen fand schon bald einmal, dass man die Freundin eigentlich nach einer gewissen Zeit auswechseln müsse.» Karli meint: «Es hat den Mädchen imponiert, wenn man am Ball glänzen konnte. Wenn Mädchen zusahen, spielte man ganz gerne auch fürs Publikum.» Doch vorerst wurde die ganze Kraft in den Sport gesteckt. Überschüssige Energie hatte Karli Odermatt sowieso keine – die floss ins Fussballspiel. Zu den ganz grossen frühen Momenten in Karli Odermatts noch junger Congeli-Karriere gehörte in der Saison 1960/61 der sensationelle 2:1-Cupsieg gegen den grossen FC Basel.

...Heini Degen triumphiert nach dem Sieg

Das Sprungbrett 1. Liga

In der darauf folgenden Saison stieg der FC Concordia wieder in die 1. Liga ab. Karl Odermatt verdiente seine Aktivspieler-Sporen als Erstligist ab, ein Weg, der für talentierte Spieler gar nicht so schlecht ist. Die 1. Liga bietet eine gute Grundlage und stellt das richtige Sprungbrett dar. Intuitiv wusste Karl Odermatt, dass er ein grosses Talent, und Fussball seine Passion war. Er hatte die Kraft und die mentale Stärke, dieses geschenkte Potential zu optimieren, und er war wild entschlossen, dieses Wissen und die Energie in Taten umzusetzen. Und er stand am Anfang einer grossen Karriere. Roby Hosp sagt dazu:

«Karli war schon früh ein vollkommener Fussballer. Er war nicht nur Spielmacher, sondern gleichzeitig auch Torschütze und eine grosse Persönlichkeit auf dem Platz. Er konnte Pässe schlagen, die ganz genau dort ankamen, wo er sie haben wollte, und die genau für den richtigen Moment getimt waren.»

Akrobatische Direktabnahme von Romano Zolin beim 3:0 des FC Basel gegen den FC Breite

4 Der Wechsel zum FC Basel

Mit Seppe gegen Belgrad

Am Mittwoch, 12. Oktober 1960 fand im St. Jakob-Stadion in Basel ein Länderspiel statt, das hohe Wellen schlug. Die Schweiz gewann gegen Frankreich 6:2. Sämtliche Schweizer Tore wurden von FCB-Spielern erzielt. Hans Weber schoss den ersten Schweizer Treffer – die nächsten fünf Tore gingen allesamt auf das Konto von Seppe Hügi. Auch der knapp 18-jährige Karli Odermatt war unter den Zuschauern. Er war begeistert von der grossartigen Leistung seines Fussball-Idols. Drei Tage nach diesem legendären Länderspiel wurde eine Schweizer Cup-Runde ausgetragen: Der FC Basel traf auf den Stadtrivalen FC Concordia, in dessen Reihen als jüngster Spieler Karli Odermatt auf dem Rasen stand:

Seppe Hügi

«Der FC Concordia war in der vorherigen Saison aus der Nationalliga B abgestiegen und musste jetzt im Cup gegen den FCB antreten. Kaum jemand gab uns eine Chance. Der FCB mit den vom Länderspiel noch euphorischen Hügi und Weber in seinen Reihen war haushoher Favorit. Die Frage war nur, wie hoch wir verlieren würden!»

Doch – wie so oft im Cup – kam es ganz anders. Die Unterklassigen siegten nach einer Abwehrschlacht in strömendem Regen mit 2:1. Im Congeli-Team standen Paul Preisser, Werner Decker, Heinz Wirz, Peter Füri und Hans-Peter Stocker. Werner Decker erinnert sich:

«In der Halbzeit stand es 1:1. Heinz Wirz hatte das Tor für uns erzielt. Nach der Pause erzielte ich unseren Siegestreffer. Basel konnte nicht mehr ausgleichen, obwohl das Cornerverhältnis 35:0 für sie stand. Nach dem Spiel kam der Elektrounternehmer Selmoni zu uns in die Kabine und gab jedem Spieler 50 Franken Prämie.»

Werner Decker, der auch Captain der Amateur-Nationalmannschaft war, wechselte etwas später zusammen mit Seppe Hügi zum FC Zürich. Im ersten Spiel mit dem FCZ verloren die beiden Basler in Lausanne 9:1. Der FCZ wurde am Schluss der Saison trotzdem Schweizer Meister. Seppe Hügi spielte allerdings nur diesen

Seppe Hügi und Romano Zolin

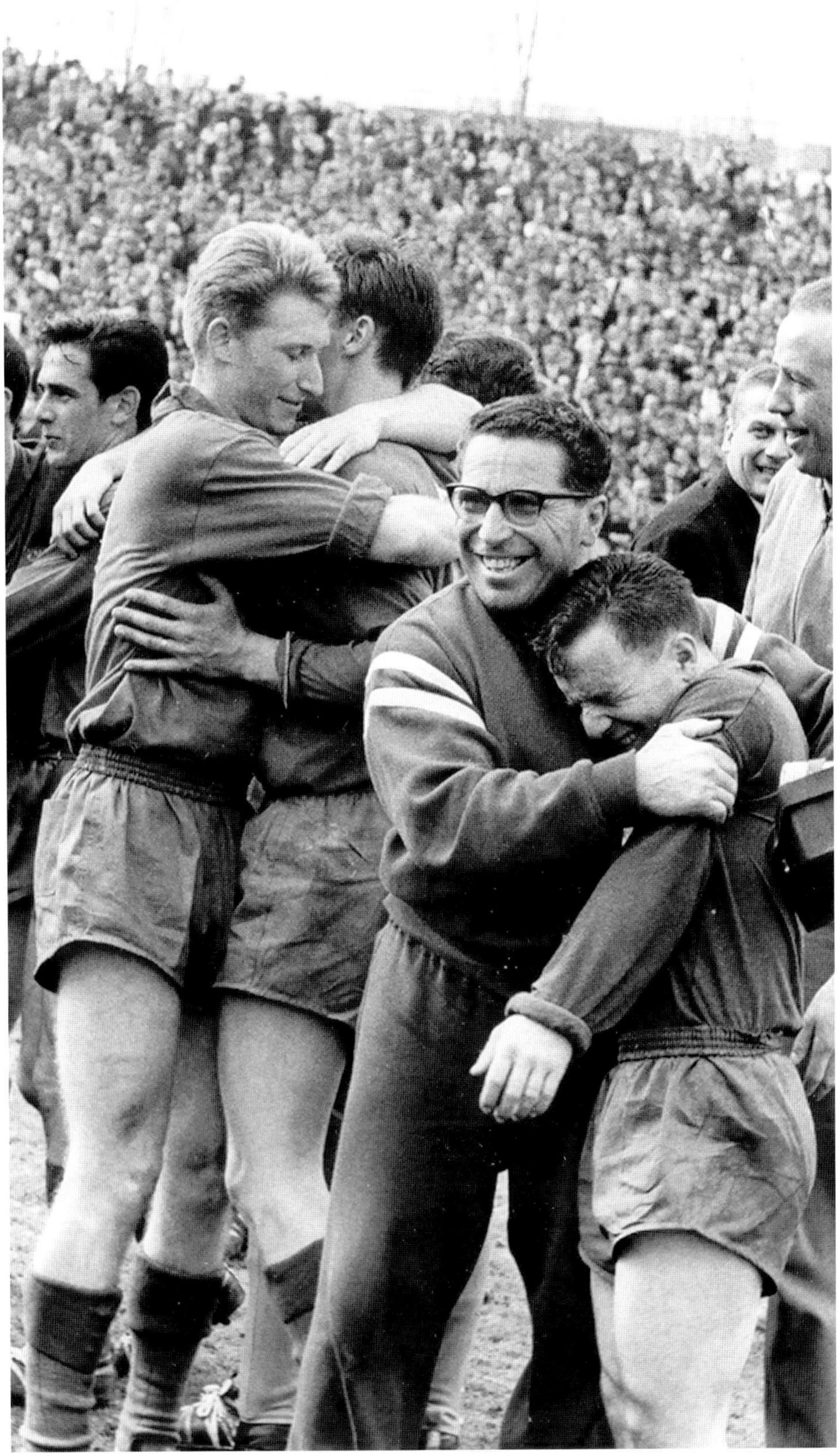

einen Match mit dem FCZ. Er wechselte danach zu Porrentruy und später zum FC Laufen. Beim FC Basel hingegen wurde Seppe Hügi vom aufstrebenden Youngster Karli Odermatt abgelöst.

Blueme-Fritz ehrt Seppe und Hans Hügi

Odermatt-Tausch gegen vier FCB-Spieler

Den Verantwortlichen des FCB fiel während des denkwürdigen Cup-Spiels natürlich auf, welches Talent in den Reihen des FC Concordia schlummerte. Eine weitere Gelegenheit, auf sein Können aufmerksam zu machen, bekam Karli Odermatt mit dem Aufgebot, in der Städteauswahl zu spielen. Dieses Stadtteam war damals im so genannten Messestädtecup engagiert. Die Mannschaft stand unter den Fittichen des FC Basel, dessen Spieler einen grossen Teil der Auswahlmannschaft stellten. Ergänzt wurde das Team jeweils durch einige talentierte Fussballer des FC Nordstern, der Old Boys oder des FC Concordia. Nun spielte auch Karli Odermatt in jener Städtemannschaft:

«Bei dieser Gelegenheit stand ich mit Seppe Hügi in derselben Mannschaft. Wir traten in Basel gegen Belgrad an und erreichten ein 1:1. Ich habe unser einziges Tor geschossen – auf Pass von Seppe Hügi. Zum Rückspiel in Belgrad ist jedoch Seppe Hügi gar nicht erst mitgereist. Er meinte, dass wir sowieso keine Chance hätten, und blieb einfach zu Hause. Sowas wäre heute undenkbar!» Resultatmässig bekam

Die Basler Städteauswahl

Seppe Hügi Recht. Die Basler Auswahl verlor mit 1:4. In der Fussballkenner-Szene von Basel wurde ab jenem Zeitpunkt immer lauter darüber geredet, dass beim FC Concordia ein blonder Jüngling spiele, der das Zeug zum ganz grossen Fussballer habe. Die Kunde vom grossen Talent drang bis zum FC Basel und hier zu dessen Trainer Georges Sobotka.

Dazu Karli Odermatt:

«Der FCB hatte zur damaligen Zeit nicht viel Geld. Deshalb wurde mein Wechsel zum FC Basel auf recht abenteuerliche Weise bewerkstelligt: Congeli erhielt 40 000 Franken bezahlt, dazu wechselten vier Spieler zu Concordia (Thüler, Denicola, Oberer und Burri)».

So kam Karli, knapp zwanzigjährig, im Sommer 1962 zum traditionsreichen Stadtclub. Er war glücklich, auch wenn seine Mutter dem Wechsel ihres Sohnes zum FCB vorerst noch keine grosse Bedeutung beimass: «Willst du eigentlich immer nur Fussball spielen? Hast du nichts anderes im Kopf?» Karl Odermatt wollte immer nur Fussball spielen

Trainer Georges Sobotka

Neu beim FC Basel

und er hatte nichts anderes im Kopf. Zumal er jetzt beim FC Basel auch schon etwas Geld verdiente: «Ich bekam damals fünf Franken pro Training. Das machte bei den drei wöchentlichen Trainingseinheiten rund 60 Franken im Monat. Dazu kamen 130 Franken Prämie für jeden Sieg.» Karli Odermatts Mutter erhielt vom FC Basel 5000 Franken für die Einrichtung der neuen Wohnung, welche die Familie auf Betreiben des FCB-Trainers Sobotka am Schorenweg in Basel bezog:

«Er wohnte auch dort und wollte mich wohl etwas unter Kontrolle haben!» Der tschechische Trainer war von La Chaux-de-Fonds nach Basel gekommen, erkannte Odermatts Talent und förderte den jungen Spieler sehr.

Karli hatte es nicht leicht beim FC Basel. In der Mannschaft herrschte eine strenge Hierarchie – und naturgemäss war der Benjamin im internen Team-Hick-Hack weit unten auf der Skala: «Zu Bruno Michaud musste ich am Anfang Herr Michaud sagen. Er war eine Respektsperson für mich. Später wurden wir dann die besten

Freunde. Ich bewunderte ihn und schätzte seinen trockenen Humor und seine abgebrühte Art, Fussball zu spielen. Er war ein ‹Monsieur› auf dem Feld.»

Auch der FCB-Torhüter Kurt Stettler war ein ‹alter Mann› für Karl Odermatt. Es ärgerte Stettler, wenn ihn Karl Odermatt im Training umdribbelte. Odermatt schmunzelt noch heute, wenn er sich erinnert:

«Bei einem Trainingsmatchli habe ich Kurt Stettler einmal uralt aussehen lassen, indem ich den Ball elegant über ihn lupfte, um ihn anschliessend seelenruhig ins Tor zu schieben.» Das ärgerte Stettler mächtig: «So etwas macht man nicht mit mir!» Er rannte unter dem herzhaften Gelächter der anderen Spieler dem kichernden Odermatt hinterher: «Er wollte mir einen Tritt in den Hintern verpassen!»

Bruno Michaud –
nicht nur auf dem Platz ein Monsieur

Das erste Spiel auf dem Landhof

Langsam wurde Karl Odermatt in das Kader des FC Basel integriert. Er spielte nun im Team mit Kurt Stettler, René Jeker, Edi Vogt, Bruno Michaud, Hans-Peter Stocker, Hans Weber, Carlo Porlezza, Otto Ludwig, Markus Pfirter, Heinz Blumer, Bruno Gatti, Peter Füri, Fritz und Sepp Kiefer.

Im September 1962 war es dann soweit: Karl Odermatt bestritt sein erstes Meisterschaftsspiel gegen den FC Lugano auf dem ehrwürdigen Landhof. Dort, wo er als jugendlicher Fan unzählige Partien des FCB verfolgt hatte, betrat er jetzt als stolzer Akteur den für ihn heiligen Rasen. Es wurde ein Auftakt nach Mass, denn Karli schoss bei seiner ersten Partie zwei Tore. Der blonde Jüngling schlug ein wie eine Bombe. Die Akzeptanz bei den älteren Kollegen wuchs zusehends.

Gemeinsames Mittagessen vor dem
Spiel im Basler Restaurant Solitude

Das FCB-Team mit Karli als Rookie schlug sich in der Meisterschaft wacker und machte im Cup Furore. Nacheinander wurden Black Stars (4:0), YB (0:2), Burgdorf (7:1), Chiasso (1:2) und Lausanne (1:0) besiegt. Der FC Basel stand im Cupfinal 1963.

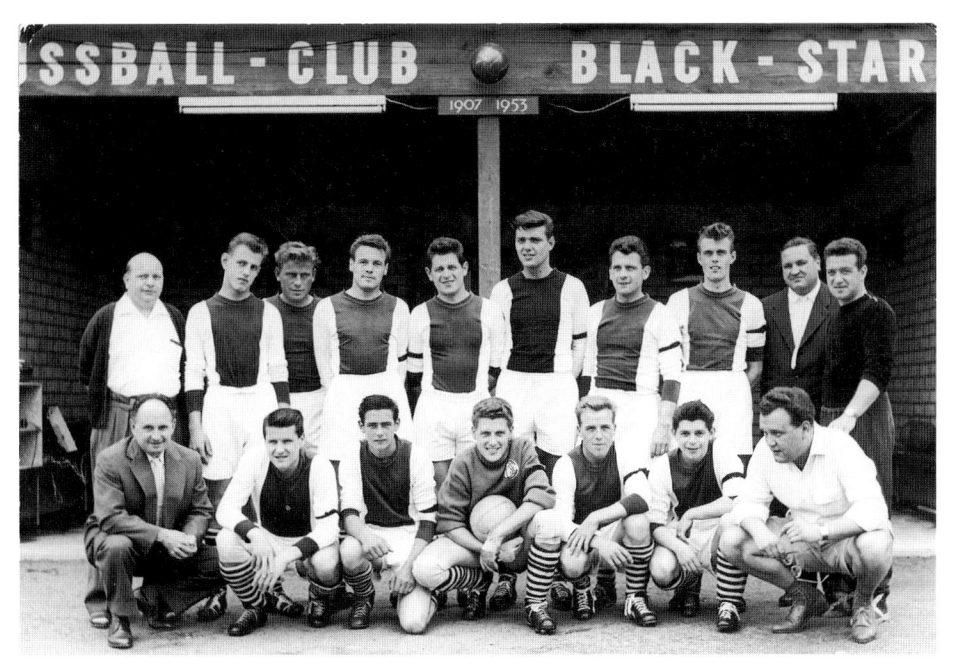

Der FC Black-Stars. Kniend dritter von links: Bruno Gatti

In dieser Cupsaison kam es zu einer kuriosen Situation mit einem Spieler: Bruno Gatti schied im Dress der Black Stars in der ersten Cuprunde aus und gewann später den Pokal in den Farben des FC Basel. Dazu Bruno Gatti:

«Mit neun Jahren habe ich bei den Black Stars-Junioren angefangen Fussball zu spielen. Der Vater von Bruno Michaud war Präsident dieses Vereins. Auch Bruno hatte bei den Black-Junioren angefangen, ging aber schon früh zum FCB. Ich war in der Nordwestschweizer Auswahl und wechselte dann kurz zu Young Fellows. Zurück bei Black Stars hatte ich 1962/63 eine super gute Saison mit vielen Toren. Der Coach ‹Channe-Walter› und Georges Sobotka kamen immer wieder auf den Buschwylerhof.

Das FCB-Kader in Spiez

Die siegreiche Cup-Mannschaft 1963

Die Ehrenrunde

Karlis erster Pokal. Im Bild links Mannschaftsarzt Dr. Max Marti

Nach unserer 0:4-Cup-Niederlage gegen den FC Basel sagte der damalige Black Stars-Präsident Oskar Kummle zu mir, ich solle am nächsten Donnerstag auf den Landhof zum Training kommen. So wurde ich zum FCB transferiert. Ich sah dabei keinen Rappen. Black Stars hat, soviel ich weiss, 8000 Franken für mich bekommen. Damit wurde das Restaurant auf der Sportanlage Buschwylerhof gebaut. Ich habe dann noch gratis mitgearbeitet.»

Das erste Spiel in den Farben des FCB bestritt Bruno Gatti im Cup gegen den FC Burgdorf. Einige Zeit später stand er im Cupfinal: Der Gegner hiess Grasshoppers und war Favorit. Karl Odermatt:

«Die traten mit vielen Stars an. Wir waren die Aussenseiter.» Bruno Gatti ergänzt: «Die Fussballer, die bei GC auf der Ersatzbank sassen, hätten bei uns wohl alle in der ersten Mannschaft gespielt.» Das Team von Trainer Georges Sobotka und Coach Kurt ‹Channe-Walter› überzeugte mit einem begeisternden Match und gewann durch Tore von Otti Ludwig und Heinz Blumer mit 2:0. Karli Odermatt hatte seine erste nationale Trophäe gewonnen und gab seine erste Ehrenrunde im Wankdorf-Stadion. In Basel wartete ein triumphaler Empfang auf ihn und die erfolgreiche FCB-Mannschaft.

«Wir kamen mit dem Zug zurück nach Basel, und am Bahnhof ging es schon los», erinnert er sich. «Die Fasnachtsclique ‹Vereinigte Kleinbasler› empfing uns mit Trommel- und Piccolo-Klängen und geleitete uns in einem wahren baslerischen Triumphmarsch zum Stadtcasino. Ich wurde den langen Weg vom Bahnhof bis zum Barfüsserplatz auf den Schultern von Fans getragen und war richtig glücklich, als wir endlich beim Casino ankamen.» Wie es sich gehörte, zeigten sich die Spieler auf der Terrasse des Stadtcasinos. Der eroberte Sandoz-Pokal wurde geschwenkt, den Fans zugewinkt. Danach ging es zum vereinsinternen Bankett. Dabei steckte der Vereins-Präsident Karli Odermatt die Siegesprämie von 1000 Franken zu.

Mit den VKB zum Stadt-Casino

Das Cup-Siegerbankett im Stadt-Casino

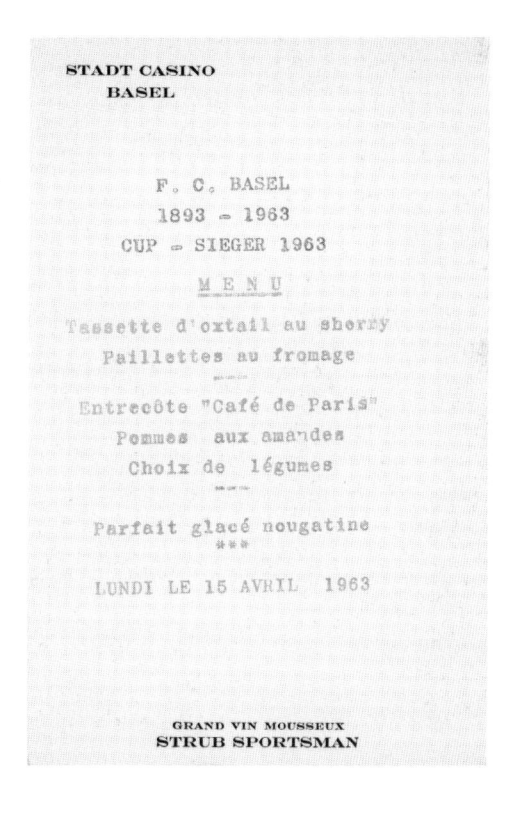

```
STADT CASINO
   BASEL


       F. C. BASEL
      1893 - 1963
    CUP - SIEGER 1963
         M E N U

  Tassette d'oxtail au sherry
     Paillettes au fromage

  Entrecôte "Café de Paris"
     Pommes aux amandes
     Choix de légumes


    Parfait glacé nougatine
            * * *
    LUNDI LE 15 AVRIL 1963




          GRAND VIN MOUSSEUX
        STRUB SPORTSMAN
```

51

«Bring die tausend Franken zurück!»

Als Karli Odermatt gegen drei Uhr morgens übermüdet aber glücklich nach Hause kam, weckte er seine Mutter, um ihr die frohe Kunde vom Cup-Sieg und die Tausendernote zu überbringen. Doch Mutter Odermatt reagierte entsetzt:

«Wo hast Du dieses Geld gestohlen? Bring das sofort wieder zurück!» Karli stammelte etwas von FCB, Cupsieg und Prämie, aber die Mutter war kaum zu beruhigen. Sie konnte es nicht fassen, dass mit Fussball so viel Geld verdient werden konnte, und gab ihr Misstrauen erst auf, als ihr der Präsident Lucien Schmidlin telefonisch bestätigte, dass sich ihr Sohn die 1000 Franken auf dem Fussballfeld redlich verdient hatte.

Bruno Gatti erinnert sich, dass die offizielle Prämie für den Cupsieg für alle Spieler einheitlich 650 Franken betragen habe: «Der Kinobesitzer Ceppi hat von sich aus jedem Spieler noch je hundert Franken aus der eigenen Tasche geschenkt!»

Nun begann Karl Odermatts Fussballkarriere ernsthaft. Er sammelte Erfahrungen in Alpencup-Spielen, wo er gegen renommierte Spieler wie Omar Sivori (Juventus Turin), oder in Messestädtecup-Spielen gegen Franz Beckenbauer, Gerd Müller, Sepp Maier (Bayern München) antreten durfte. Eher locker ging es hingegen zu, wenn Karli in seiner Freizeit mit dem FC Kreditanstalt spielte. Das war eine Firmen-Plauschmannschaft, in der auch der heutige Messe Schweiz-Verwaltungsratspräsident Robert A. Jeker mitspielte. Karl Odermatt hat gute Erinnerungen an diesen FC Kreditanstalt:

«Einmal spielten wir in Frankfurt gegen die Dresdner Bank. Wir gewannen 5:4. Auf dieser kurzen Reise habe ich in Deutschland zum ersten Mal Spargeln gegessen und Moselwein

Die Juventus-Fans bejubeln Omar Sivori

getrunken. Robert A. Jeker, mit dessen jüngerem Bruder René ich befreundet war, hatte mir das erste Bankkonto eingerichtet. Er war damals Filialleiter der schweizerischen Kreditanstalt am Spalenberg. Er beriet mich in finanziellen Dingen und begleitete mich lange Zeit sehr unterstützend.»

FC-Kreditanstalt: Robert A. Jeker stützt sich auf Karli

Bezaubernde Vreny Businger

Auch in Sachen Liebe sah die Welt rosig aus. Karl Odermatt hatte während der Mustermesse in Basel eine bezaubernde junge Frau kennen gelernt. Vreny Businger war an der Riehenstrasse in Basel aufgewachsen. Ihr Vater betrieb im Hause des Grossvaters an der Utengasse eine Holz- und Kohlenhandlung. Vater Businger war grosser FCB-Fan und regelmässiger Match-Besucher auf dem Landhof.

«Nach meiner Schulzeit wurde ich in ein Institut nach Cressier geschickt. Während der Schulferien im April 1963 besuchte ich mit einer Freundin die Mustermesse in Basel. Meine Freundin deutete auf eine Gruppe junger Männer: ‹Schau, dort stehen einige FCB-Spieler.› Ich kannte keinen der Männer. Wir traten kichernd näher und amüsierten uns. Schliesslich luden wir die Spieler zu einem Eiercognac ein. Dabei war meine Freundin tonangebend. Ich war eher schüchtern. So habe ich Karli

Sehr verliebt

kennen gelernt. Als ich meinem Vater erzählte, dass ich mich in den Fussballer Karl Odermatt verliebt hatte, war er sehr erfreut. Karli und mein Vater verstanden sich immer sehr gut – er war für Karli, der zu jener Zeit keinen Kontakt mehr zu seinem Vater haben wollte, so etwas wie ein Vater-Ersatz. Karlis Mutter war eine gepflegte, schöne Frau, die immer sehr hart arbeitete. Ich habe sie sehr gemocht.»

Die Nationalmannschaft

Fussballerisch ernster wurde es, als Karl in die Nationalmannschaft berufen wurde. Beim 1:8 in Basel gegen England durfte sich Karl Odermatt das Leibchen mit dem Schweizer Kreuz ein erstes Mal überstreifen:

«Ich war stolz, als ich mein erstes Aufgebot für das Nationalteam bekam.»

«Damals spielte man wirklich noch für das Schweizer Kreuz auf der Brust», sagt Roby Hosp, der den Nationaldress 23 Mal getragen hat. Geld war in der Nationalmannschaft noch keines zu verdienen, wie sich der Alt-Internationale erinnert:

«Ich absolvierte mein erstes Länderspiel am 9. Januar 1960 in Neapel. Wir verloren dort 3:0 gegen Italien. Einige Tage vor dem Spiel hatte sich das Kader in Bern versammelt. Wir fuhren mit dem Zug nach Neapel. Dort blieben wir zehn Tage, dann ging es zurück nach Bern. Kurz nach dem Lötschbergtunnel verteilte ein Funktionär an alle Spieler ein Couvert, in dem 300 Franken waren. Einige Tage später kam die Abrechnung vom Verband. Aufgelistet waren die Tagesgelder, die Matchprämie und die Zugspesen. Am Schluss des Briefes hiess es: Saldo zu unseren Gunsten: Fr. 1.40, und dann folgte die Aufforderung, man solle doch bitte den erwähnten Betrag mittels beigelegtem Einzahlungsschein auf das Konto des Fussballverbandes überweisen!»

Bei Karli Odermatts National-Debüt ging es also vorwiegend um die Ehre. Der blonde Debütant verbrachte einen ungemütlichen Abend im Dress mit dem Schweizerkreuz:

Zum ersten Mal im Nationaldress

Trainings-Camp der Amateur-Nationalmannschaft

«Dieses erste Spiel in der Nationalmannschaft war gleichzeitig auch mein schlimmstes Erlebnis als Spieler mit der Mannschaft. Es war grausam, ausgerechnet beim Debüt und ausgerechnet vor eigenem Publikum jene 1:8-Schlappe zu kassieren. Am Donnerstag nach dem Spiel, beim Training, war ich sehr deprimiert und meinte zu Georges Sobotka: ‹Ich kann am Sonntag nicht spielen.› Daraufhin nahm Sobotka mich total zerstörten Jung-Nationalspieler zur Seite: ‹Du trainierst jetzt, wie wenn nichts gewesen wäre, ganz normal, und nachher schauen wir weiter.›»

Am nächsten Sonntag fand ein FCB-Heimspiel gegen den FC Sion statt. Die Basler deklassierten die Walliser und gewannen 8:1. Karli Odermatt kommentiert jenes Resultat philosophisch:

Drei Basler in der Nati: Karl Odermatt, Hans Weber und Bruno Michaud

«Ironie des Schicksals: Ich lief im FCB-Dress auf, spielte einen guten Match und erzielte sogar ein paar Tore. Wir gewannen das Spiel mit demselben Resultat, mit dem wir vor ein paar Tagen gegen die Engländer verloren hatten. An diesem Tag wurde mir zum ersten Male bewusst, dass sich im Sport alles immer weiter dreht. Ich habe diese Erkenntnis später auf das Leben übertragen: Nichts bleibt so, wie es ist.»

Auch das zweite Länderspiel, das Karli Odermatt im Jahre 1963 bestritt, stand für ihn nicht unter einem glücklichen Stern. Er war zwar stolz, dass er unter den Augen von General Charles de Gaulle im Prinzenpark in Paris im Nationaldress einlaufen durfte. Das Ende des Matches (2:2) erlebte er jedoch nicht mehr bei vollem Bewusstsein: Der französische Torhüter vereitelte eine Torchance für Karli Odermatt, indem er diesen mit gestrecktem Bein ins Gesicht traf.

«Ich erwachte erst im Hotelzimmer wieder und konnte mich später nicht mehr erinnern, wie ich hierher gekommen war. Ich erlitt eine Gehirnerschütterung, die mir noch einige Zeit zu schaffen machte.»

Die Rekrutenschule in Liestal

Beim FCB und in der Nationalmannschaft lief alles nach Karlis Wünschen – bis zu jenem 17-wöchigen Unterbruch: Der junge Mann musste nach Liestal in die Rekrutenschule einrücken:

Neue Kameraden in der RS

Hier schläft er!

«Das hat mir mächtig gestunken.» Noch interessierte sich kaum jemand für den schmächtigen Jüngling und dessen fussballerisches Können. Karli Odermatt wurde aber das Gefühl nicht los, dass gerade die sportlichen jungen Männer besonders hart angefasst würden. Es gab keine Ausnahmen für Sportler – im Gegenteil.

Karli hätte an einem Sonntag mit dem FCB gegen La Chaux-de-Fonds antreten müssen. Ausgerechnet an jenem Sonntag wurde er zur Wache eingeteilt. Er brachte den Einwand vor, dass er am Sonntag einen wichtigen Match habe.

«Sie können am Sonntag um 14 Uhr abtreten.» Karli Odermatt rief seinen Trainer Sobotka an und schilderte ihm die Situation. Dieser sagte: «Wenn du erst um 14 Uhr abtreten kannst, bist du erst gegen 15 Uhr auf dem Landhof. Dann brauchst du nicht mehr zu kommen.» Karl Odermatt blieb zähneknirschend in der Kaserne.

Der damalige Radio-Reporter Hans Sutter erfuhr von dem Intermezzo und kommentierte in seiner Radioreportage: «Der FC Basel muss ohne sein grosses Talent Karl Odermatt spielen, weil dieser zur Zeit in der Rekrutenschule ist und für das Spiel keinen Urlaub bekam.» Am Montag musste der Rekrut Karl Odermatt bei Oberst Wellauer erscheinen, der ihn anschnauzte: «Soso, Sie meinten, uns am Radio veräppeln zu müssen. Was glauben Sie eigentlich, wer Sie sind?»

Eine Larve der besonderen Art!

Karl Odermatt gab sich unschuldig und erklärte, dass er seinem Trainer für das sonntägliche Spiel habe absagen müssen, weil er zur Sonntagswache eingeteilt worden sei. «Hmmm.»

Am nächsten Sonntag war wiederum ein Fussballspiel angesagt. Odermatt wollte am Samstagmorgen mit seiner Kompanie eben Richtung Seltisberg ausrücken, als es hiess: «Odermatt – Sie können nach Hause gehen!»

«Aber ...» «Nichts da, das ist ein Befehl.» Die unschuldige Bemerkung von Hans Sutter am Radio hatte Wunder gewirkt. Fortan konnte Karl Odermatt trotz soldatischer Pflichten seinen Aufgaben beim FCB nachkommen. Trotzdem sagt er: «Die Rekrutenschule empfand ich als Schikane. Am Ende der 17 Wochen wurde verlangt,

Die Vereidigung

dass ich weitermachen sollte. Ich bekam grosse Schwierigkeiten, weil ich dezidiert absagte, und musste von Pontius zu Pilatus rennen, um denen klar zu machen, dass ich keine Zeit hätte, nochmals 21 Wochen Dienst zu tun.»

Von Chiasso nach Basel: ‹Mucho› Frigerio

Karli Odermatt kehrte ins Zivilleben zurück und war heilfroh, den Kampfanzug mit der Sportkleidung tauschen zu können. Beim FCB wurde er sofort wieder zum Stammspieler und erhielt eine weitere Möglichkeit, sich in internationalem Rahmen zu bewähren. Dass auf dieser Ebene ein anderer Wind blies, bekam Karli brutal zu spüren, als er im Cup der Cupsieger gegen Celtic Glasgow antreten musste. Die Schotten machten nicht viel Federlesen mit den hilflosen Baslern. Am 25. September 1963 endete das erste Spiel in Basel mit einer 1:5-Niederlage – und am 9. Oktober verlor der FCB das Rückspiel in Glasgow mit 5:0.

Celtic Glasgow–FC Basel; Captains bei der Wimpelübergabe

Carlo Porlezza und Karl Odermatt im Schottenlook

In jenem Herbst kehrte mit Roberto ‹Mucho› Frigerio ein Fussballer zum FCB zurück, der in den folgenden Jahren zu einer Basler Legende werden sollte. Schon Robertos Vater, ebenfalls unter dem Namen ‹Mucho› bekannt, war Profi-Fussballer. Der Sohn erinnert sich an seinen gleichnamigen Vater:

«Mein Grossvater, mit einer Kolumbianerin verheiratet, war Schweizer Konsul in Kolumbien, wo 1914 mein Vater zur Welt kam. Aus jener Zeit stammte der Übername ‹Mucho›, den ich später von meinem Vater vererbt bekommen habe: ‹Muchacho› bedeutet in der spanischen Sprache ‹junger Mann› – daraus wurde später die Abkürzung ‹Mucho›.

Roberto ‹Mucho› Frigerio    *Alex ‹Mucho› Frigerio, 1914–1979*

1921 starb der Grossvater. Da die Grossmutter in der Schweiz einen Rentenanspruch hatte, kehrte die Familie nach viermonatiger Schiffsreise nach Europa und in die Schweiz zurück.

«Mein Vater war damals acht Jahre alt. Die Familie erhielt in Lugano eine Villa, die natürlich ‹Villa Columbia› getauft wurde – und mein Vater, Mucho sen., wurde zu einem berühmten Fussballer. Er spielte erst bei der AC Bellinzona und später beim FC Chiasso. Danach unterzeichnete er einen Profi-Vertrag in Frankreich. Die Familie zog nach Le Havre, wo ich am 16. November 1938 zur Welt kam.»

Bei Kriegsbeginn 1939 kehrte die Familie Frigerio in die Schweiz zurück, wo Roberto jun. zu einem ebenso talentierten Fussballer heranwuchs. Seinen Einstand in der Nationalliga A gab ‹Mucho› mit dem FC Chiasso ausgerechnet in Basel: «Am 6. März 1955 reisten wir mit dem Zug nach Basel. Ich dachte, ich würde bei den Chiasso-Reserven spielen, aber mein Trainer stellte mich im ersten Team auf. So betrat ich den Landhof-Rasen erstmals als knapp 16-jähriger Nationalliga A-Spieler!» Das Spiel wurde für Frigerio ein ganz grosser Erfolg: Der

Mucho in vollem Einsatz

Mucho stürmt...

FC Chiasso gewann mit 0:2 – der junge ‹Mucho› war an beiden Toren beteiligt: «Ein Schuss von mir wurde von einem Basler Verteidiger mit der Hand abgewehrt. Der nachfolgende Penalty führte zum 0:1. Unser zweites Tor erzielte ich selbst mittels einer fantastischen Direktabnahme.»

Jene sportlich beeindruckende Einlage hinterliess in Basel grosse Bewunderung, und im Jahre 1958 wurde das Jungtalent vom FC Basel engagiert:

«Ich kam nach Basel und spielte unter dem ungarischen Trainer Vincze. Wichtiger für mich war allerdings, dass ich mit Seppe Hügi in derselben Mannschaft spielen durfte. Er war für mich der grösste Fussballer, den es in Basel damals gab. Ich habe ihn sehr bewundert und viel von ihm gelernt. Nie werde ich vergessen, wie Seppe einmal, nachdem ich einen Fehlpass gespielt hatte, auf dem Platz zu mir sagte: ‹Spielst du gerne Fussball?› Ich nickte, und er meinte lapidar: ‹Warum lernst du es dann nicht?›»

1960 wechselte Mucho zu La Chaux-de-Fonds, 1963 spielte er mit Roby Hosp bei Lausanne-Sports, um im Herbst desselben Jahres zum FC Basel zurückzukehren. Während jener Zeit spielte der FC Basel sehr inkonstant, hatte viele Höhen und Tiefen und höchstens zu Hause eine kleine Macht – auswärts kassierte er einige Niederlagen.

Die Weltreise

Start zur Weltreise

Besser erging es den Spielern auf ihrer Weltreise vom 10. Januar bis zum 11. Februar 1964. Odermatt schwelgt in Erinnerungen: «Es war eine traumhafte Reise – ich bin zum ersten Mal in meinem Leben so weit geflogen.»

Eigentlich sollte der FC Zürich diese Reise machen. Aber die Zürcher sagten kurzfristig ab. Der FCB sprang ein, und am 10. Januar fuhr die 32-köpfige FCB-Delegation nach Frankfurt. Via Karachi ging es nach Bangkok und danach nach Hongkong. Dort besiegten die Basler die einheimische Mannschaft mit 2:3.

«Bei diesem Spiel erlitt Peter Füri einen Schienbeinbruch. Er wurde daraufhin zurück nach Zürich geflogen.» Für die andern ging es von Hongkong weiter nach Kuala Lumpur. Im Beisein von König Persekutuan Tanah Melayu siegte der FCB über die Malaysische Nationalmannschaft mit 5:2. Bei einem zweiten Spiel gelang den Malaysiern ein 2:2-Unentschieden: «Der Schiedsrichter war ein Witz. Wenn wir ein Tor erzielten, musste der Ball tatsächlich im Netz zappeln, sonst spielten die Malaysier weiter, und der Schiedsrichter winkte auffordernd dazu.»

Ein drittes Spiel gegen denselben Gegner in Singapur gewann der FCB dann wieder mit 4:2. Die Reise ging weiter nach Australien, wo der FCB gegen den FC Prague zu einem weiteren 2:2-Unentschieden kam: «Bruno Michaud trat in eine Bodenunebenheit und blieb mit einer Bänderzerrung am Knie liegen. Das Verletzungspech verfolgte uns. Das könnte natürlich auch daran gelegen haben, dass wir nicht allzu viel Schlaf bekamen. Die nächtlichen Ausflüge strapazierten uns.» Im Olympia Park

Ankunft in Tahiti

in Melbourne wurde der FC Basel von einer Victoria-Auswahl 3:2 besiegt. In Auckland in Neuseeland gewannen die Basler gegen die dortige Nationalmannschaft mit 4:1.

Mucho Frigerio hatte zwar den Basler Cupsieg verpasst, kam jedoch gerade rechtzeitig zum FCB zurück, um die legendäre Weltreise mitzumachen: «Das war ein fantastisches Erlebnis! In Australien waren wir nach einem Spiel zu einem Bankett eingeladen. Nach dem Essen stand ein Offizieller auf und sagte: ‹Nun bringen wir noch einen Toast auf die Königin Elisabeth II aus!› Karli Odermatt fragte Bruno Michaud und mich daraufhin mit unschuldiger Miene: ‹Wieso gibt es nach dem Essen noch einen Toast?›»

Auf der Trauminsel Tahiti kam der FCB gegen das einheimische Team nicht über ein torloses Remis hinaus. Danach ging es nach Honolulu und via San Francisco nach Los Angeles. Hier traf Karli Odermatt seine Freundin Vreny Businger wieder: «Ich hatte damals die Chance, für fünf Monate bei meinen Verwandten in Amerika zu wohnen, um Englisch zu lernen. So konnte ich Karli für ein paar Tage in Los Angeles sehen. Er hatte dort zwei Spiele zu bestreiten und flog dann mit der Mannschaft zurück nach Basel. Ich blieb vier Monate in den Staaten. Wir schrieben uns während dieser Zeit viele Briefe.»

Im mexikanischen Grenzstädtchen Tijuana verlor der FCB 1:2 gegen die ehrgeizigen Mexikaner. Schliesslich wurden die Basler im letzten Spiel auf diesem Trip von einer kalifornischen Auswahl 2:1 besiegt.

Ein glückliches Paar

Hans Weber – genannt ‹Der Engländer›

Freunde und Angehörige bereiteten den zurückkehrenden Weltreisenden einen grossen Empfang im Basler Bahnhof. Im folgenden Jahr musste der FC Basel ein trauriges Ereignis verarbeiten: Der langjährige FCB-Spieler und Internationale Hans Weber verstarb am 10. Februar nach kurzer, schwerer Krankheit. Karl Odermatt, der mit dem beliebten Fussballer beim FCB, im Nationalteam und in der Messestädte-Auswahl gespielt hatte, sagt: «Wir nannten Hans Weber, den ‹Engländer›, weil er immer voller Energie und Power spielte. Was niemand wusste: Hans hatte Krebs. Ich habe ihn kurz vor seinem Tode im Spital besucht. Das vergesse ich nie mehr. Er hielt meine Hand und sagte: ‹Mach weiter so, Karli. Du wirst ein ganz Grosser.› Zwei Tage später starb er. Das war ein Schock für uns alle beim FCB – und auch für die Stadt.»

Trotzdem ging das Leben weiter. Karl Odermatt spielte bei dem folgenden Hans-Weber-Gedenkspiel. In der Meisterschaft dümpelte der FC Basel jetzt im Mittelfeld dahin. Siegen auf dem Landhof folgten glanzlose Auswärtspartien – eine wenig erfreuliche Zeit. Für Karl Odermatt kam noch Verletzungspech hinzu:

«Bei einem Spiel in Schaffhausen wurde ich am Bein verletzt. Ich ging zum Arzt und bekam einen niederschmetternden Befund: Meniskus.» Es stellte sich die Frage, wer die Operation durchführen sollte:

«Ich ging in die Sprechstunde zu Professor Willenegger nach Liestal. Dieser beschied, kalt lächelnd, dass er mich auf keinen Fall operieren wolle: ‹Sie kön-

Verletzungspech!

nen mit diesem Knie die nächsten 40, 50 Jahre problemlos leben – allerdings nicht mehr Fussball spielen, aber das ist kein hinreichender Grund für eine so schwierige, risikoreiche Operation.›» Karl Odermatt war schockiert, wollte so schnell nicht aufgeben: «Ich versuchte es im Claraspital. Der spätere Professor Meier tat eine wunderbare Arbeit. Das Knie wurde geheilt. Später machten zwei Ärzte die nötige Nachbehandlung.» Karl Odermatt war überglücklich – er konnte weiter Fussball spielen.

Hochzeit und Hammerstrasse

Im privaten Bereich gab es nun einige Veränderungen. Vreny Businger erzählt: «1965 wurde ich schwanger. Ich arbeitete zu jener Zeit bei der Firma Birkhäuser. Karli war noch in der Lehre beim VSK. Es war finanziell nicht gerade die optimale

Die Trauung mit Vreny

Jacqueline wird getauft

Zeit, ein Kind zu bekommen.» Karl Odermatt und Vreny Businger heirateten am 28. Mai 1965 und bezogen eine kleine Zweizimmerwohnung an der Amerbachstrasse in Basel. Vreny Odermatt-Businger: «Ich arbeitete noch bis in den September hinein. Am 25. November 1965 kam unser

Ein liebevoller Vater

erstes Kind Jacqueline zur Welt. Später zogen wir in eine Dreizimmerwohnung an der Hammerstrasse.»

Die kleine Familie war trotz grosser existenzieller Sorgen glücklich. Vreny Odermatt-Businger sagt: «Es war eine gute, tolle Zeit. Ich bin mit meinem Vater zu den FCB-Heimspielen gegangen. Jacqueline konnte ich für die Zeit zu meiner Mutter zum Hüten bringen. Karli war damals sehr bescheiden, das hat mich an ihm immer sehr fasziniert. Er fuhr mit dem Fahrrad.» Bruno Gatti bestätigt dies: «Ich besass damals schon ein Auto, Karli hatte keines. Ich habe ihn nach dem Training oft nach Hause gefahren. Wenn wir unsere monatliche Auszahlung abholten, habe ich ihn ebenfalls öfter mit meinem Auto mitgenommen. Hundert Franken pro gewonnenem Punkt und fünf Franken Trainingsgeld für jede Einheit gab es für mich. Damals musste jeder Spieler einzeln im FCB-Büro auf dem Landhof vorsprechen. Keiner durfte wissen, was der andere bekam. Wenn wir unser Geld hatten, fuhr ich mit Karli zu seiner Mutter. Dort haben wir zu dritt einen Jass geklopft, und Karli hat seiner Mutter etwas Geld gegeben.»

Karli blickt optimistisch in die Zukunft

Der Lehrabschluss als Offset-Drucker

Nicht nur auf dem familiären und sportlichen, sondern auch auf dem beruflichen Feld war Karli zu jener Zeit erfolgreich. In der VSK, wo er nach dem missglückten kaufmännischen Abenteuer als Hilfsarbeiter angefangen hatte, war es ihm im Jahre 1962 ermöglicht worden, eine Lehre als Offset-Drucker zu machen. Er durchlief sämtliche Ausbildungsstufen und besuchte die grafische Fachschule. Im Frühjahr 1966 schloss er seine Lehre als Offsetdrucker erfolgreich mit der Note 4,9 ab, obwohl ihm sein Lehrmeister Ulrich Lienhard gehässig prognostiziert hatte: «Die Lehrabschlussprüfung bestehst du nie!» Ulrich Lienhard war Karl Odermatt und dem Fussball nicht sehr zugetan, obwohl er sich später über Karl lobend äusserte:

Angehende Schwarzkünstler

«Wenn ich als ehemaliger Lehrmeister von Karl Odermatt einen kurzen Abriss über die berufliche Tätigkeit des Genannten gebe, so tue ich es deshalb gerne, weil Karl trotz seines hohen fussballerischen Niveaus stets den Wert seiner Berufslehre als Offsetdrucker und später auch den Wert seines Berufsstandes erkannte. Besonders der Zeitfaktor innerhalb seiner beruflichen und sportlichen Tätigkeit verursachte dem Lehrling, Berufsmann und jungen Fussballer einiges Kopfzerbrechen.»

Die Lehre wurde Karli Odermatt auf Initiative des VSK-Direktors Grock und des Präsidenten der ACV-Genossenschaft und Nationalrates Herzog ermöglicht. Rückblickend meint Karl Odermatt:

«Ich bekam mehr Geld als den eigentlichen Lehrlingslohn. Sonst hätte ich diese Lehre nicht machen können. Ich musste ja meine Mutter finanziell unterstützen. Deshalb war ich den Herren, die mir diese Lehre ermöglichten, sehr dankbar. Zumal ich ja auch wegen des Trainings und der Spiele immer wieder Ausfallstunden hatte. Das wurde toleriert. Trotzdem war ich am Schluss nicht sicher, ob ich die Prüfung gepackt hatte.»

Aber die Prüfungsexperten, die bei der Praxisprüfung zu zehnt um die Maschinen des berühmten Fussball spielenden Offsetdruckers standen, meinten: «Du hast die gestellten Aufgaben fantastisch gelöst.» «Ich bekam mein Schlusszeugnis und wurde, wie es die Tradition verlangt, in einem Brunnen gegautscht, war mächtig stolz und freute mich sehr darüber, dass meine Mutter so glücklich über diesen Lehrabschluss war.» Karl Odermatt arbeitete noch einige Zeit beim VSK. Mit guten Wünschen – auf «dass über seinem Tun und Schaffen ein heller Druckerstern – der Stern eines edlen, alten Handwerks» stehen möge, wurde er als Lehrling verabschiedet.

Beim FC Basel begann ein frischerer und kälterer Wind zu pfeifen. Die Zeiten des halbherzigen Halbprofitums, des nebenher Arbeitens und Trainierens waren endgültig vorbei.

In der Sobotka-Zeit stiess neben Roberto ‹Mucho› Frigerio und dem grossen Talent Karli Odermatt mit Marcel Kunz ein weiterer Fussballer zum FCB, der das folgende grosse Team mitprägen sollte. Der Torhüter Marcel Kunz, am 24. Mai 1943 geboren, stammt aus Gerlafingen: «Ich spielte im Juni 1963 ein gutes Turnier mit der Schweizer Amateur-Fussballnationalmannschaft. Während jener Zeit spielte ich mit dem FC Gerlafingen in der 1. Liga. Lucien Schmidlin und sein FCB-Vizepräsident Ernst Weber führten die Verhandlungen. Ich wurde nach Basel transferiert und bekam dafür keinen Rappen. Im November 1963 zog ich nach Basel. Ich bekam monatlich 60 Franken Trainingsgeld und arbeitete nebenher in der Papierfabrik Ziegler in Grellingen. Mein erstes Spiel für den FCB absolvierte ich in Grenchen – wir gewannen mit 1:0 im Cup. 1964 wurde ich in der Rückrunde die Nummer 1 im Basler Tor und brach mir beim 1. Match in Schaffhausen die Elle und die Speiche meines Unterarms.» Damit war die Karriere von Marcel Kunz vorerst ins Stocken geraten.

Der FC Basel hatte ab der Saison 1965/66 auch einen neuen Trainer engagiert – einen Deutschen aus Köln, den Karl Odermatt in den ersten Wochen und Monaten als knallharten, durchgreifenden Schleifer empfand: «E richtige Schwoob», wie viele dachten. Helmut Benthaus war nach Basel gekommen.

Marcel Kunz

Helmut Benthaus

Autogramme von Marcel Kunz und Karl Odermatt stehen hoch im Kurs

Die Pfeifer der Vereinigten Kleinbasler im FCB-Einsatz

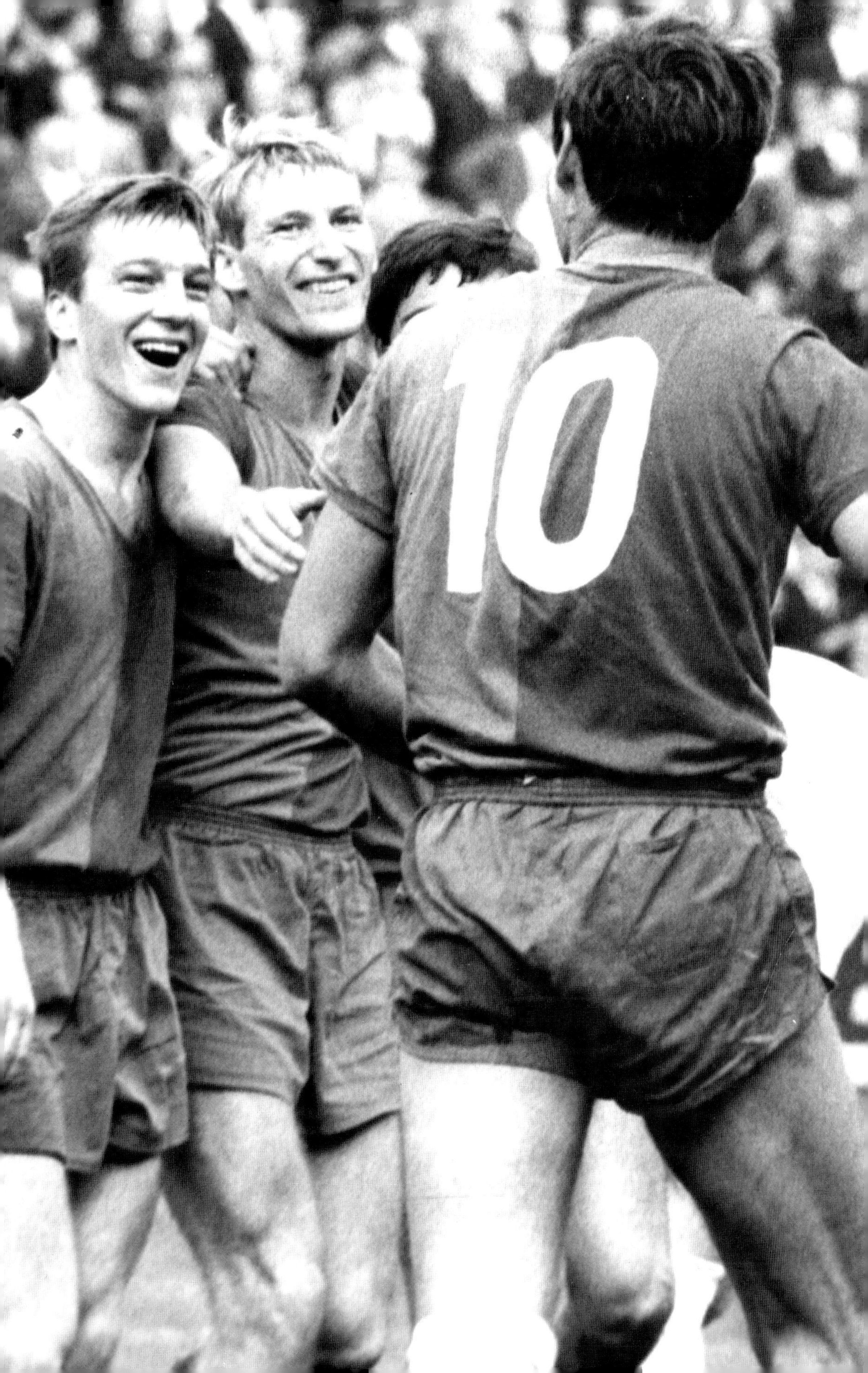

5 Helmut Benthaus kommt – oder: Dienstag ist Arbeitstag!

Der Schlaucher

Mit Helmut Benthaus als Trainer begann die neue Ära des FCB. Helmut Benthaus, bis dahin ein hervorragender Standardspieler des FC Köln und der deutschen National-Mannschaft, hatte sich an der Sporthochschule in Köln zum Sportlehrer ausgebildet. Ihm ging der Ruf eines guten Pädagogen und seriösen Sportlers voraus, der die für dieses Amt notwendigen menschlichen Eigenschaften besitzt.

Helmut Benthaus zu seinem Wechsel nach Basel: «Ich war gerade 29 Jahre alt geworden und spielte in der Bundesliga für den 1. FC Köln. Es fing alles mit einem Telegramm an.» Der FCB-Präsident gratulierte Helmut Benthaus in diesem Telegramm zum erfolgreichen Abschluss der Studien an der Sporthochschule in Köln und zum Trainerdiplom. Gleichzeitig bot Lucien Schmidlin dem Kölner Fussballer eine Stelle als Spielertrainer beim FC Basel an. Helmut Benthaus bedankte sich höflich für die Glückwünsche aus Basel und machte den FCB-Präsidenten darauf aufmerksam, dass er noch für ein Jahr an Köln gebunden sei. Lucien Schmidlin wusste es allerdings besser. Er hatte schon mit dem Präsidenten des 1. FC Köln Franz Kremer verhandelt. Der Bundesligist war bereit, Helmut Benthaus nach Basel ziehen zu lassen.

Der Perfektionist

Nach reiflicher Überlegung entschloss sich Helmut Benthaus, das Angebot aus Basel anzunehmen, ein Entschluss, den er in der Folge nicht bereuen sollte. Für den FC Basel wurde es ein absoluter Glücksfall. Helmut Benthaus blieb 17 Jahre als Trainer in Basel, und mit seinem Namen ist die bisher erfolgreichste Zeit des FC Basel verbunden. Der Start von Helmut Benthaus in Basel verlief allerdings eher harzig. Der deutsche Profi staunte über die provinzielle Beschaulichkeit, die hier herrschte: «Ich kam von Köln, von der Bundesliga – aus professionellen Verhältnissen. Das heisst, zweimal am Tag Training, ärztliche und physiotherapeutische Massage. Dann bin ich nach Basel gekommen. Und da war gar nichts. Alles war sehr amateurhaft.»

Hätte er auf seinem militärisch kurzgeschorenen Kopf mehr Haare gehabt, wären sie dem Perfektionisten aus Köln wohl zu Berge gestanden. Der ehrgeizige Deutsche traf auf selbstzufriedenes Basler Mittelmass.

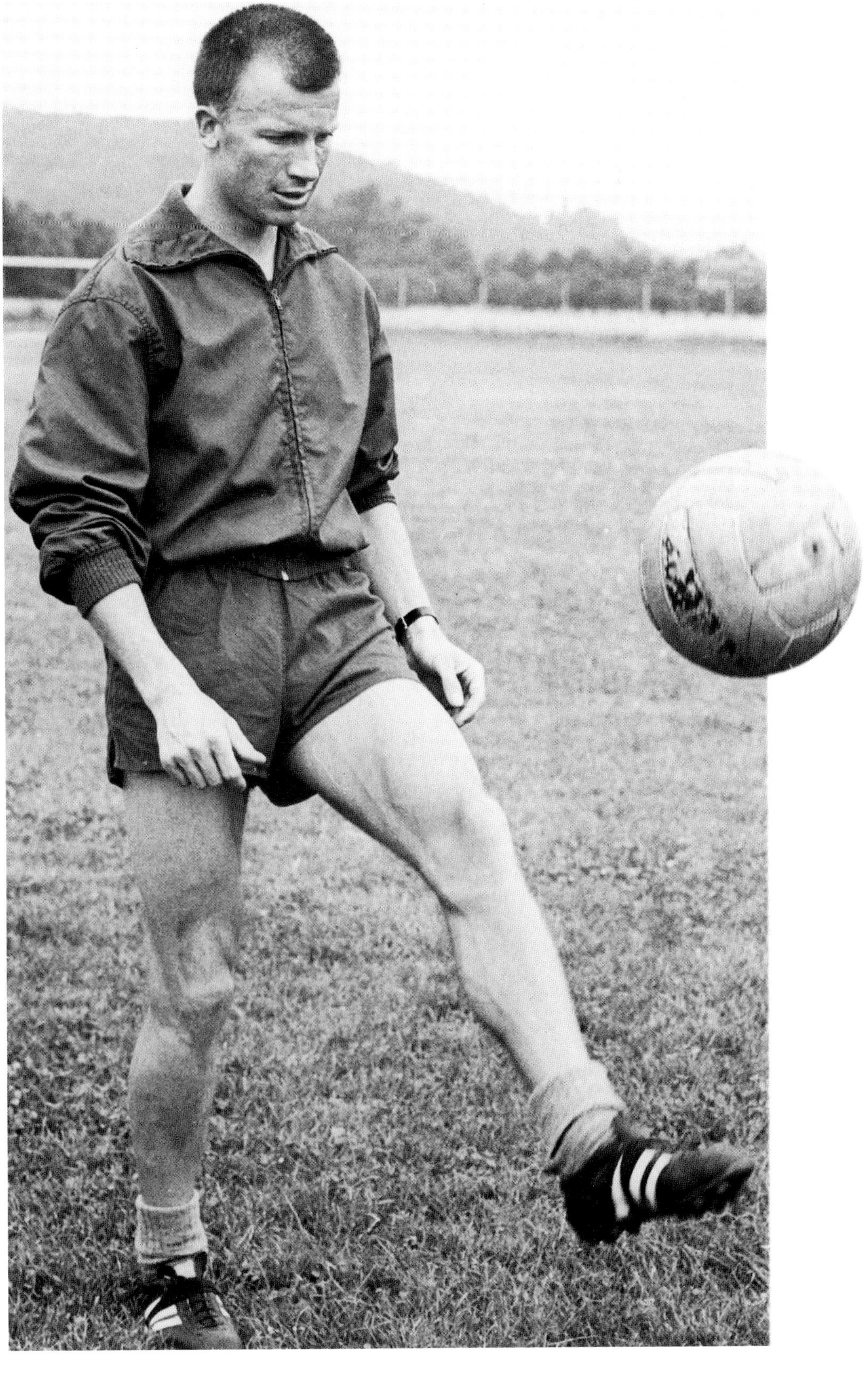

«Dä Siech hett Rächt!»

Helmut Benthaus erkannte das Potenzial, das im Kader des FC Basel steckte, wenn er auch der Meinung war, dass verschiedene Spieler auf falschen Positionen eingesetzt waren. Er übernahm die Mannschaft des FC Basel und begann, nicht nur selbst mitzuspielen, sondern auch zu korrigieren. Das zeigte rasch Früchte. Bald bilanzierte Lucien Schmidlin seitens des FC Basel optimistisch: «Benthaus verstand es, seinen neuen Kameraden ein dynamisches Mannschaftsspiel beizubringen, das den Zuschauern gefiel und für die Zukunft zu den schönsten Hoffnungen berechtigte.» Diese sollten in der Folge nicht enttäuscht werden. Schon während der ersten Benthaus-Saison 1965/66 resultierte ein 6. Rang.

Helmut Benthaus betrachtete das erste Jahr in Basel als Aufbaujahr ohne hochgestochene Ambitionen. Die Ziele wurden intern gesteckt und sie hiessen Kondition und Disziplin. Unter ihm wurde das Training intensiviert, das Geschehen auf und neben dem Platz professionalisiert. Das passte den Spielern, die eine etwas betulichere Gangart von Georges Sobotka her gewohnt waren, anfangs gar

Spielertrainer Benthaus

«Wir spielen flach...

... und gewinnen hoch!»

nicht. Früher wurde unter dem lockeren Motto «Wir spielen flach und gewinnen hoch» trainiert. Bei Helmut Benthaus wurde kein Schlendrian mehr geduldet. Karl Odermatt erinnert sich: «Wir waren unter Georges Sobotka zwar eine fussballerisch recht starke Mannschaft, aber wir hatten keine Kondition. Wir waren Amateure. Helmut Benthaus brachte System ins Spiel. Schon nach kurzer Zeit sahen wir Ergebnisse. Deshalb nahmen wir es in Kauf, dass wir ein Jahr lang unten durch mussten.»

Viele Leute aus dem Umfeld des FC Basel betrachteten die neuen Methoden von Benthaus zuerst etwas skeptisch, zumal die ersten Spiele unter dem neuen Trainer nicht nur erfolgreich ausfielen. Die Spieler waren vom Training derart geschlaucht, dass sie auf dem Platz kaum grosse Leistungen schafften. Die Trainingsmethoden des Helmut Benthaus machten jedenfalls schon bald die Runde in den interessierten Kreisen der Stadt. Hans-Jörg Hofer, damaliger Grossrat und Präsident der Partei der Arbeit erinnert sich, dass der Basler Altinternationale und ehemalige Trainer Paul Bader ihn im Cosmos-Reisebüro besuchte und meinte: «Das wird nie etwas unter diesem Benthaus. Die Basler wollen ‹bällele›. Er macht die Spieler zu guten Läufern, aber nicht zu Fussballern.» Später mussten Bader, Hofer und alle Zweifler dem neuen Trainer und seinen knallharten Methoden zustimmen: «Dä Siech hett Rächt gha.» Odermatt und andere Spieler bezweifelten den Sinn, Runde um Runde um den Platz gejagt zu werden, anstatt Fussball zu spielen. Aber Helmut Benthaus beharrte auf seiner Methode: «Du wirst schon sehen, Odermatt, das zahlt sich spätestens in der nächsten Saison aus.»

Natürlich behielt der Deutsche Recht. Helmut Benthaus sagt dazu: «Ich war selbst konditionell da, wo man sein musste. Fussball ist ja immerhin auch ein Ausdauersport. Ich habe einen Masseur gesucht und im Laufe der Zeit einiges verändert. Änderungen bringen manchmal auch unangenehme Entscheidungen mit sich. Man

Hauser, Michaud, Benthaus – Strategiegespräch

kommt in den Ruf, über Leichen zu gehen. Aber ich bin alles andere gewesen als ein Schlaucher. Ich habe einfach gemacht, was gemacht werden musste – das ging so lange, bis ein konditionelles Ziel erreicht war. Da tut einem der Körper manchmal weh! Ich habe jedoch nie Schwierigkeiten gehabt. Die Mannschaft hat dies voll mit durchgezogen.»

«Dienstag ist Arbeitstag!»

Helmut Benthaus führte in Basel ein System mit stürmenden Verteidigern und verteidigenden Stürmern ein. Das war für die schweizerische Konkurrenz etwas völlig Neues und es brachte auch für die Zuschauer ein gänzlich neues Spektakel. Karl Odermatt erinnert sich, dass er und seine Kollegen manchmal lieber gefestet als trainiert hätten:

«Wir wollten als Fussball-Kameraden oftmals etwas zusammen unternehmen, was Benthaus zu verhindern suchte. Einige von uns Kaderspielern waren einmal an einem Montag an der Muba. Benthaus kam in die Degustation und sah uns. Wir winkten ihm mit unseren Weissweingläsern zu. Er brummte: ‹Morgen ist Dienstag, und Dienstag ist Arbeitstag.›» Da der Montag oft trainingsfrei war, hatte die Clique um Odermatt und Michaud die Nacht vom Montag zum Dienstag auch schon benutzt, um auf die Pauke zu hauen. Gilberto Versari, ein ehemaliger Binninger- und FCB-Senioren-Goalie sagt dazu: «Am Montag haben wir uns zuerst in der Walliserkanne getroffen. Dort wurde gegessen. Dann ging es hinüber in die Stöcklibar, wo geknobelt wurde. Danach ab ins Hazyland bis in den frühen Morgen.»

Zu jener Zeit verkehrte Karl Odermatt intensiv mit dem bewährten FCB-Verteidiger und späteren Nationalmannschafts-Trainer Bruno Michaud. «Bruno Michaud liebte ich sehr. Ich mochte seinen trockenen Humor und seine nonchalante Art, Fussball zu spielen. Dabei konnte er allerdings knallhart sein und einem Gegenspieler schon mal zuraunen: ‹Wenn du das nächste Mal in meinen Strafraum kommst, dann hast du ein blaues Auge.› Und wirklich. Nach dem nächsten gegnerischen Angriff hielt sich ein Gegenspieler den Kopf, von Michauds Ellbogen ‹unabsichtlich› getroffen. Es war unglaublich. Bruno Michaud war ein herrlicher Typ. Mit ihm ging ich öfter spätabends auf ‹Kätzlijagd›. Dabei sind wir uns nie in die Quere gekommen. Er stand auf den etwas älteren, molligen Typ, ich hingegen bevorzugte die schlanken, jüngeren Fräuleins.»

Helmut Benthaus regierte seine Truppe mit eiserner Hand: «Montag war ein Tag, über den die Spieler frei verfügen konnten. Ich habe allerdings erwartet, dass die Spieler etwas für ihre aktive Erholung machen würden, um am Dienstag wieder fit zu sein. Das erste Wort, welches ich auf Schweizerdeutsch sagen konnte, war ‹Zyschdig›. Ich habe hochdeutsch gesprochen. Wahrscheinlich habe ich gesagt: ‹Am Zyschdig wird wieder geschafft!›»

Wer nicht spurte, hatte Probleme mit ihm. Fussball war in Basel nicht mehr intensives Hobby, sondern knallharte Arbeit. Eiserne Disziplin war jetzt gefragt.

«Bruno Michaud liebte ich sehr»

Bruno Michaud

Muchos Hintern

Der Hintern bleibt immer hinten!

«Mit Bensgy, wie wir ihn nannten, bin ich gut klar gekommen. Ich habe mich als Tessiner der hiesigen Mentalität angepasst – die hier ansässigen Italiener haben mich allerdings immer als einen der Ihren gefeiert. Benthaus hat damals den Begriff des professionellen Fussballspielers geprägt. Hätte ich ihn als Trainer mit seinen Methoden drei, vier Jahre früher gehabt, wäre aus mir ein noch besserer Fussballer geworden. Ich war – zugegeben – etwas langsam, jedoch kopfballstark», erinnert sich Mucho Frigerio.

Benthaus jedoch warf dem Stürmer Mucho oftmals vor, er sei zu unbeweglich. «Mucho, du kannst dich drehen wie du willst: Der Hintern bleibt immer hinten!» Diese Kritik ärgerte Mucho. Die Stunde der Rache kam in La Chaux-de-Fonds, wie sich Karl Odermatt und Werner Decker erinnern: «Es war ein hartes, umkämpftes Spiel, das wir schliesslich 2:0 gewannen. Mucho erzielte die beiden Tore, eines davon mit einem spektakulären Hechtköpfler. Nach dem zweiten Treffer war er nicht mehr zu halten. Er rannte zu Helmut Benthaus, kniete vor ihm nieder und brüllte: ‹Der mit dem dicken Hintern hat zwei Tore geschossen!›» Helmut Benthaus nickte stoisch und nahm seine Mannen auch beim nächsten Training wie gewohnt hart an die Kandare.

Karl Odermatt bescheinigt seinem Trainer Helmut Benthaus, dass er ihn mächtig vorangebracht hat. Vor allem auch auf dem Gebiet der Fitness, wo Karl Odermatt einige Defizite hatte: «Helmut Benthaus befahl mir, Krafttraining zu machen. Heute machen das alle Sportler, aber damals war das noch neu und eigentlich verpönt.» Helmut Benthaus jagte seine Fussballer die Landhof-Tribüne hinauf und hinunter. Den Ball trug er dabei unter dem Arm und sagte kalt lächelnd: «Den bekommt ihr später – jetzt wird erst einmal Kondition gebüffelt!» Karl Odermatt sagt rückblickend: «Meine Kondition wurde sehr schnell immer besser. Ich wurde fitter und breiter. Ich bekam einen richtigen Kasten, wie man damals sagte, wenn der Latissimus sich zu dehnen begann.»

Aus dem ‹Finettli› (Robi Hosp) zu Concordia-Zeiten und der ‹Sprysse› während der Sobotka-Ära wurde unter Benthaus ein stattlicher Kerl, der sich in Zweikämpfen durchzusetzen wusste. Dies bestätigt Helmut Benthaus:

«Karli Odermatt, vor 1965 ein grosses Talent, entwickelte sich zu einer Vaterfigur für die Mannschaft. Er war der absolute Aufsteller und Motivator. Er konnte auf dem

Muchos spektakuläre Hechtköpfler

Platz Stimmungen erzeugen. Er konnte mitreissen. Wenn die Stimmung im Team schlecht war, sagte ich zu ihm: Komm, stell die auf! Dann hat er irgendwelche Anekdoten und Geschichten aus dem Leben erzählt. Innerhalb von wenigen Minuten lachten alle – er selbst am lautesten. Man musste einfach mitlachen, es ging gar nicht anders. Er war unser bester Spieler. Beim Spiel war er ehrgeizig wie kein zweiter. Er war ja von Grund auf einer jener Strassenfussballer, die als Bub nichts anderes im Kopf hatten, als Fussball zu spielen. Der konnte keinen Ball rollen sehen, ohne ihn zu kicken. Karli ist einer von denen. Er konnte aufgrund seines Ehrgeizes und seiner spielerischen Möglichkeiten die Mannschaft zu Spitzenleistungen mitreissen.»

Aus dem ‹Finettli› und der ‹Sprysse›...  ...*wurde ein stattlicher Kerl*

*Am lautesten
lachte er immer selbst*

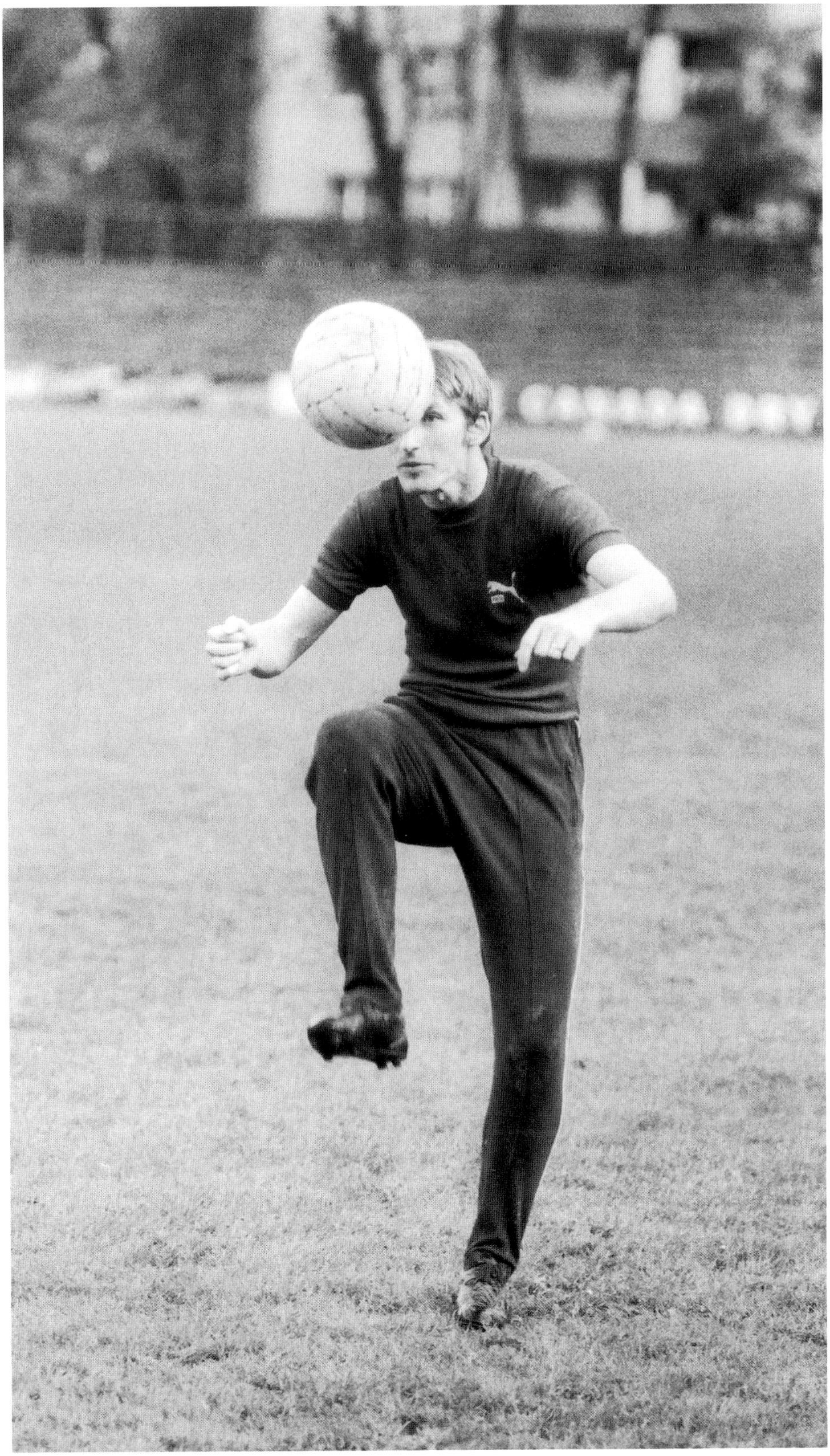

Länderspiele und Weltmeisterschafts-Kader

Die neu gewonnene körperliche Robustheit und das damit einhergehende Durchsetzungsvermögen brachten Karli Odermatt auch nationale Erfolge. Er gelangte in den Länderspielen gegen Holland, die Sowjetunion und Mexiko zu internationalen Ehren. Zudem stand er für die Weltmeisterschaft 1966 in England im Kader.

Doch nicht nur auf dem Fussballplatz war es Zeit für Änderungen. Der bisherige Präsident Lucien Schmidlin, der Helmut Benthaus nach Basel geholt hatte, trat an der Generalversammlung vom 12. August 1966 zurück. Immerhin blieb er der Clubleitung noch für ein weiteres Jahr als Vizepräsident erhalten. Für die nächsten Clubjahre des FC

Karli und Bruno Michaud

Vreny Odermatt zu Besuch bei der Nati in England

Basel übernahm Dr. Harry Thommen das Szepter. Gleich sein erstes Präsidialjahr wurde zur ‹Goldenen Saison›: Der FC Basel brillierte in Cup und Meisterschaft, und in Basel brach eine rot-blaue Euphorie aus. Dazu Karli Odermatt: «Mit Benthaus war der Erfolg gekommen. Wir sahen jetzt, dass sich die Schinderei beim Training lohnte. Ich selbst machte unheimliche Fortschritte. Benthaus förderte mich ausserordentlich.

Karli im internationalen Einsatz

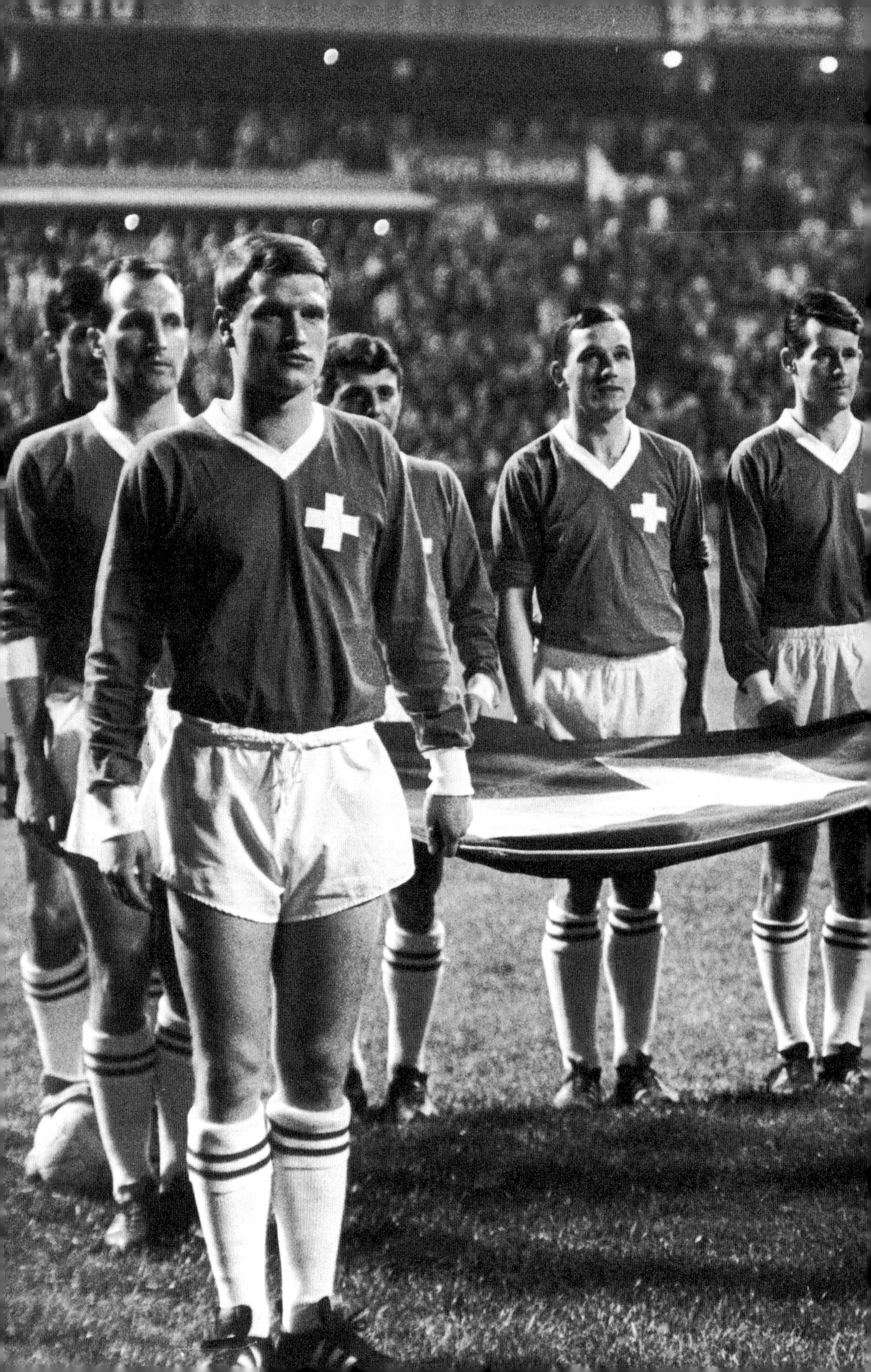

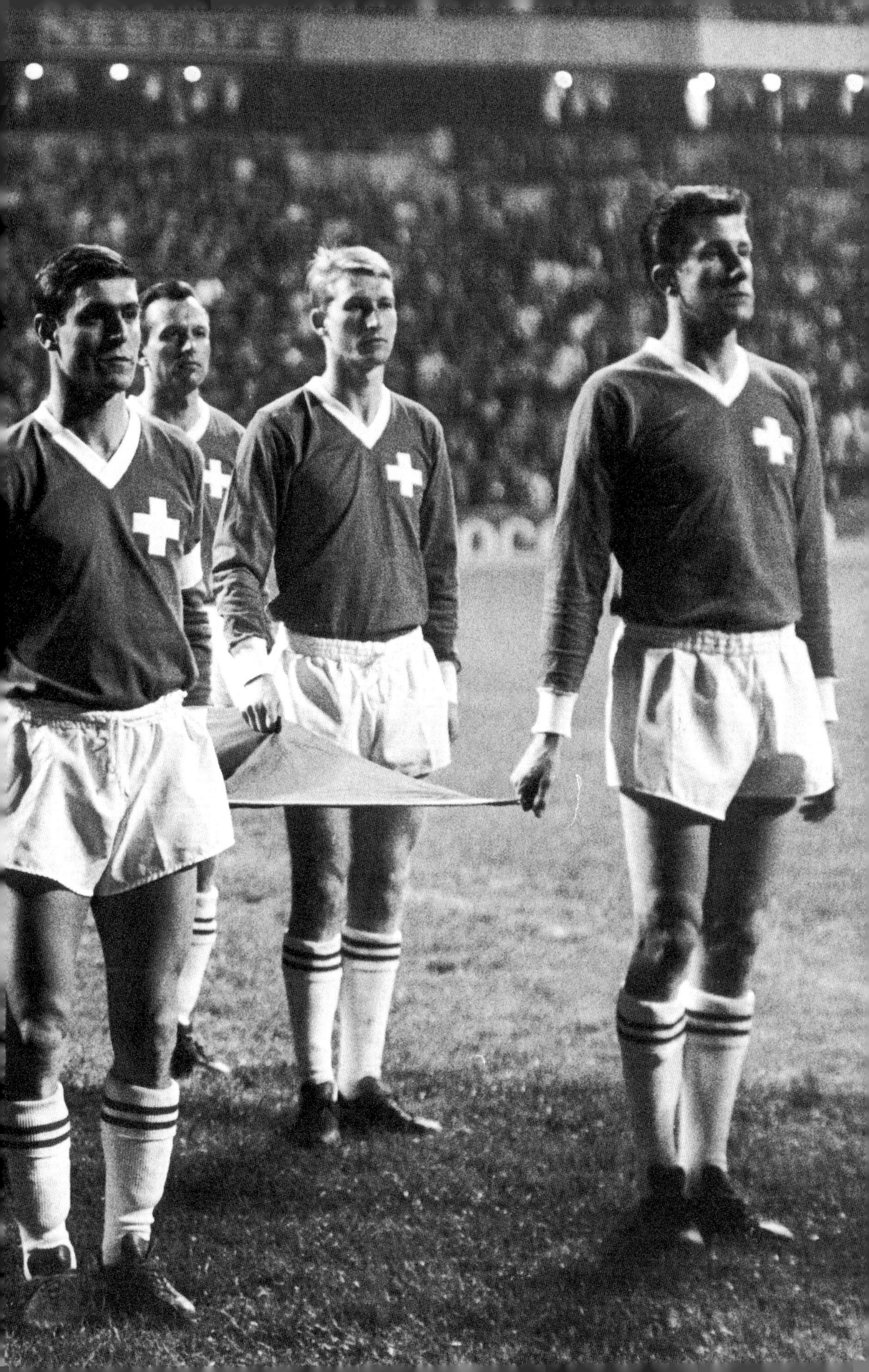

Auch das Kollektiv des FC Basel wurde besser und stilsicherer. Wir wurden eine Macht im Schweizer Fussball.»

Die Lugano-Erfahrung

Dies zeigte sich auch im Cup, in dem nacheinander Blue Stars Zürich (6:0), der FC Zürich (3:2), der FC Biel (2:2 und 0:2 im Wiederholungsspiel) ausgeschaltet wurden. Danach kam es zum denkwürdigen Cup-Halbfinal in Lugano. Das Spiel im Cornaredo-Stadion endete am 27. März 1967 0:0. Karl Odermatt schwelgt in Erinnerungen:

Dr. Harry Thommen, Regierungsrat Dr. Edmund Wyss, ein Nationalliga-Funktionär, Lucien Schmidlin (von links)

«Wir kämpften im Tessin bis zum Umfallen. Nach 120 Minuten stand es immer noch 0:0. Das hatten wir zu einem grossen Teil unserem Torhüter zu verdanken. Marcel Kunz hatte den Laden dicht gemacht. Er brachte die Luganesi mit seinen unglaublichen Paraden schier zur Verzweiflung. Für Marcel war dies eines der besten Spiele, das er für uns abgeliefert hatte.»

Das Spiel im Cornaredo war aber nicht nur in sportlicher Hinsicht denkwürdig. Ein anderer Aspekt bleibt Karl Odermatt ebenfalls unvergesslich:

«Seppe Hügi hatte mir einmal erzählt, dass die FCB-Spieler nach einem Lugano-Match mit einem Boot auf den Luganersee flüchten mussten, weil sie von erbosten einheimischen Fans bedroht wurden. Diese Geschichte konnte ich fast nicht glauben. Dies Unvorstellbare geschah je-

Einzug der Gladiatoren

Ein Autobus holte die Spieler ab

doch auch bei unserem Cup-Halbfinal in Lugano. In der Pause verpasste der Lugano-Spieler Verano unserem Tony Schnyder auf dem Weg in die Kabine einen rüden Tritt in den Hintern. Dieser verletzte den Berner in den Basler Reihen so schwer, dass Tony Schnyder nicht zur zweiten Halbzeit antreten konnte. Nach der bösen Tätlichkeit entwickelte sich ein Tumult rund um die Garderobenräume. Die Polizei griff ein, knüppelte auch leicht auf die aufgebrachten Basler ein. Es war eine unschöne Szene. Voll kämpferischer Wut kamen wir wieder auf den Platz – und wir hielten die Luganesi, die damals eine äusserst heimstarke Mannschaft waren, in Schach. Nach dem Spiel holte uns ein Autobus im Stadion ab und fuhr uns nach Bellinzona, denn wir konnten in Lugano nicht in den Zug für die Rückfahrt steigen, weil dort 3000 Lugano-Fans warteten, die uns am liebsten massakriert hätten!»

Trainer Benthaus bespricht die Lage mit Captain Odermatt

Abfahrt zum Cupfinal

Ein Wiederholungsspiel in Basel war nötig. Es fand am Mittwoch, 12. April 1967 vor 53 000 Zuschauern im übervollen St. Jakob-Stadion statt. Das Spiel ging in die Geschichte ein und wurde zur Legende. Karl Odermatt:

«Es war unglaublich. Ein volles, tobendes Haus, das uns motivierte, den FC Lugano 2:1 niederzuringen. Ich schoss schon nach acht Minuten die 1:0-Führung, die Otto Luttrop später ausglich. Benthaus erzielte den Siegestreffer.»

Der Cupfinal 1967: Liess sich Hauser fallen?

Der FC Basel stand nach den dramatischen Lugano-Spielen im Cupfinal. Karl Odermatt:

«Wir bezogen ein Trainingsquartier in Spiez. Später habe ich erfahren, dass ich im selben Bett wie der legendäre, leider kürzlich verstorbene deutsche Captain der 54-Weltmeister-Mannschaft,

Die Cupsieger

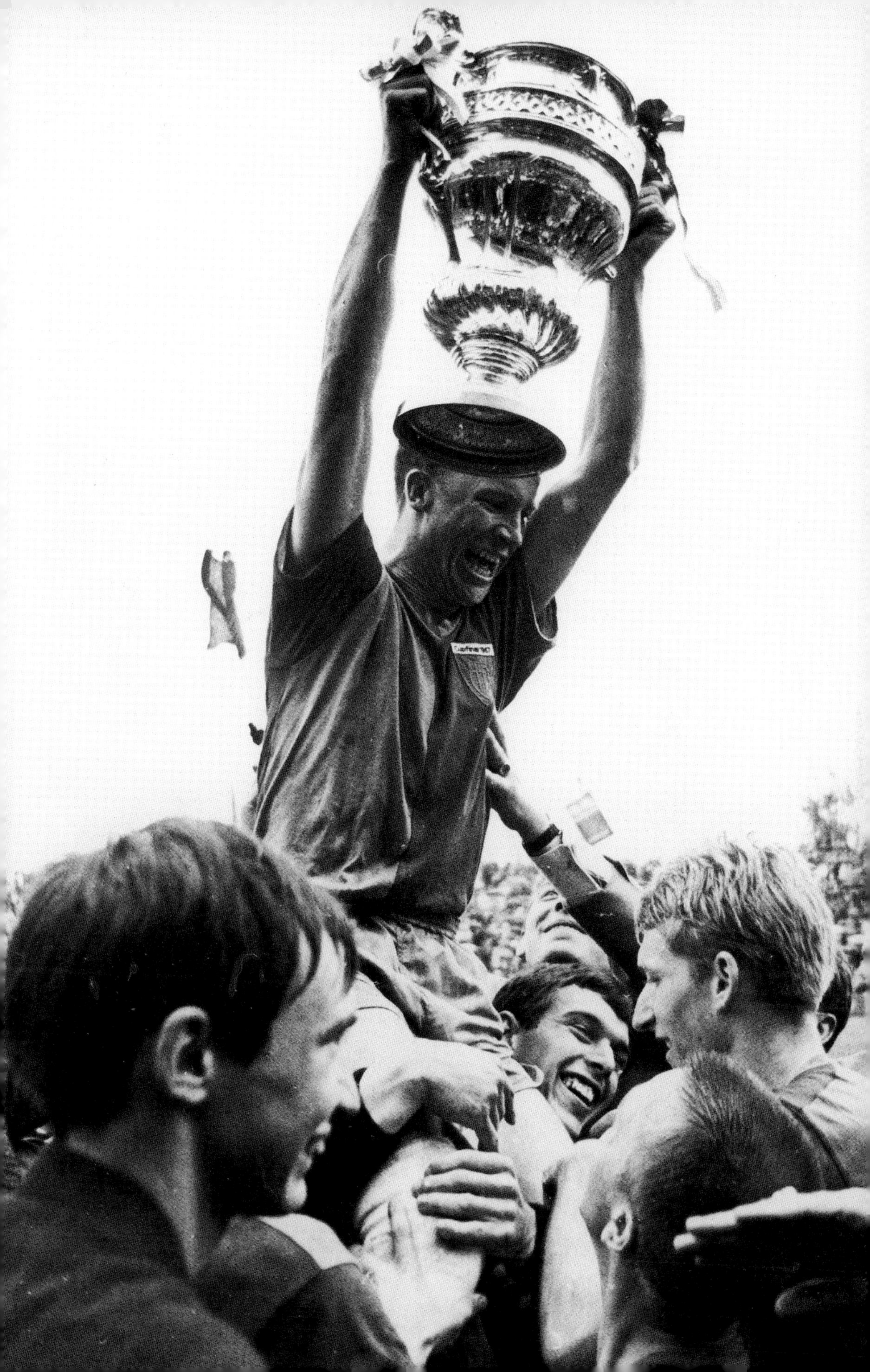

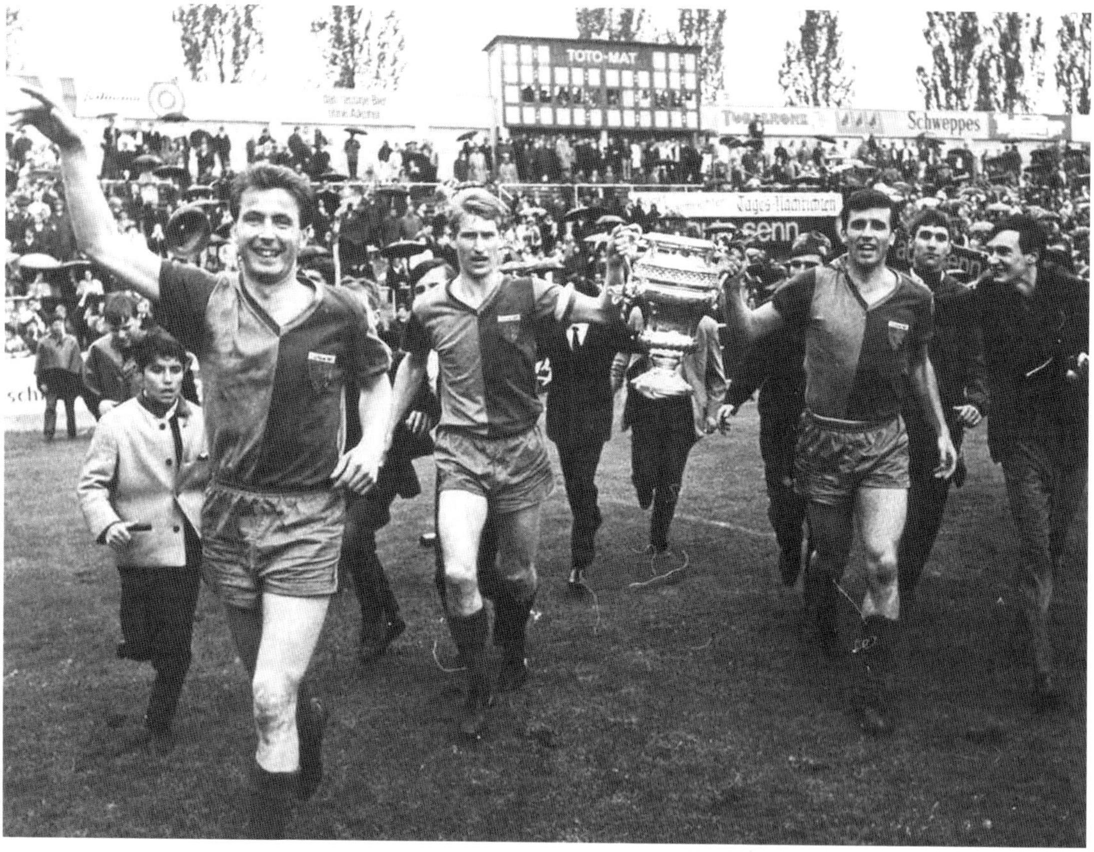
TOTO-MAT
Schweppes

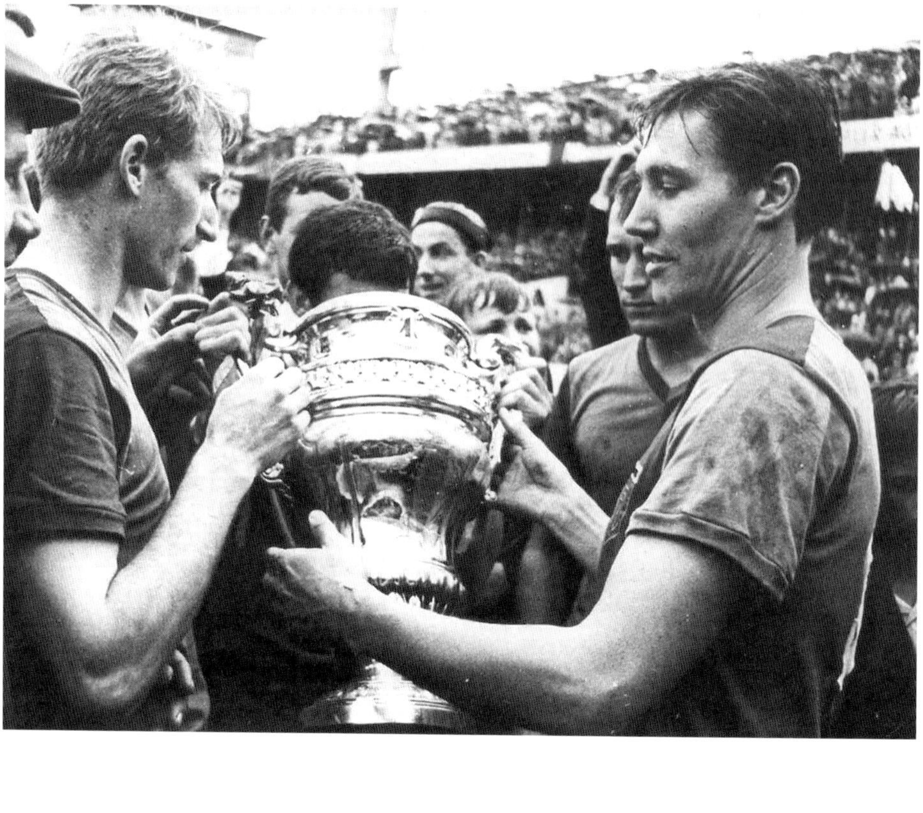

Tony Schnyder, Marcel Kunz, Helmut Benthaus und Karl Odermatt

Fritz Walter schlief.» Das war wohl ein gutes Omen, denn die FCB-Mannschaft mit Stocker, Schnyder, Kiefer, Wenger, Pfirter, Benthaus, Frigerio (Moscatelli), Hauser, Michaud, Kunz, Odermatt gewann diesen Cupfinal am Pfingstmontag 1967.

Im Jahresbericht des Schweizerischen Fussballverbands SFV war daraufhin zu lesen: «Schon in der 11. Minute erzielten die Basler durch Hauser den Führungstreffer, und es schien, als ob dieser Vorsprung gehalten werden sollte. Die Basler beherrschten das Spielgeschehen in der ersten Halbzeit mit ganz wenigen Ausnahmen souverän. Zum Glück kam es schon zwei Minuten nach der Pause zum Ausgleich durch Dürr, wobei ein Basler den Ball noch abgefälscht hatte. Nun hatte Lausanne-Sports bedeu-

Die Ehrenrunde der Cupsieger

tend mehr vom Spiel, das in grossem Stil und besten Fussball bietend auf und ab wogte. Hüben und drüben wurden so genannte ‹Hundertprozentige› nicht verwertet. In der 88. Minute passierte das eindeutige, aber sicherlich unglückliche Foul von Grobéty an Hauser, was den Schiedsrichter veranlasste, auf den Elfmeterpunkt zu zeigen. Nun herrschte zeitweise auf dem Spielfeld ein Tohuwabohu, und nachdem die Spieler von Lausanne-Sports

Karl Odermatt, Seppi Kiefer und Bruno Michaud

die Partie nicht mehr aufnehmen wollten, pfiff Schiedsrichter Göppel das Spiel ab. Basel ging mit einem 2:1-Sieg vom Platz und erhielt nachträglich das Spiel am grünen Tisch mit 3:0 Forfait zugesprochen. Es ist wirklich schade, dass dieser Cupfinal, der spielerisch in der zweiten Halbzeit beste Fussballpropaganda war, mit diesem Misston enden musste.»

Natürlich gab jener FCB-Cupsieg viel zu reden. Die Lausanner waren nicht glücklich über die Art und Weise, wie der Basler Sieg zustande gekommen war. Roby Hosp sagt dazu:

«Es war natürlich nie und nimmer ein Penalty. Grobéty hat Hauser zwar ein wenig gestossen, und der fiel hin, wie vom Blitz getroffen. Aber in dieser Situation in der 88. Minute beim Stand von 1:1 darf der Schiedsrichter keinen Penalty geben. Nachdem der Strafstoss von Hauser verwandelt worden war, sagte unser Trainer Karl Rappan, wir sollen nicht wieder anspielen. Dann haben wir uns aus Protest auf den Platz gesetzt. Sitzstreik. Das war unsere spontane Idee.» Karl Odermatt hat bessere Erinnerungen an diesen denkwürdigen Fussballmatch: «Es war ein gutes Spiel, das wir schlussendlich verdient gewonnen haben. Ich denke, es war ein Foul von Grobéty. Ich habe gesehen, wie er Hauser in den Rücken gestossen hat. Normalerweise wäre ich unser Penaltyschütze gewesen. Aber obwohl der Gefoulte eigentlich den Strafstoss nicht selbst schiessen sollte, hat Hauser den Ball genommen und den Penalty mit einem knallharten Schuss in die Mitte des Tores verwandelt.» Auch Helmut Benthaus ist noch heute davon überzeugt, dass der Penalty gerechtfertigt war: «Hauser war wahrscheinlich der beste Kopfballspieler in der Schweiz, und er hatte eine Torchance. Dabei wurde er von hinten gefoult. Also blieb dem Schiedsrichter nur der Penaltypfiff.»

Ernst B. ‹Ätti› Thommen

Überschattet wurde der Cupfinal durch den Tod des Sport-Toto-Direktors Ernst B. Thommen. Der Vater des FCB-Präsidenten Harry Thommen war am Pfingstsonntag bei einem Autounfall ums Leben gekommen.

«Das hat uns einen Schock versetzt. Wir hatten ihn alle gut gekannt. Bei mir kam dazu, dass meine Mutter damals in der Kirschgarten-Druckerei, die Ernst B. Thommens Sohn Harry gehörte, gearbeitet hat. Einen Tag vor dem wichtigen Cupmatch haben wir erfahren, dass Ernst B. ‹Ätti› Thommen in der Hard in seinem Auto tödlich verunfallt war. Das war nicht leicht zu verkraften.»

Die Stadion-Genossenschaft

Der damalige PdA-Grossrat und FCB-Fan Hans-Jörg Hofer bestätigt, dass Ernst B. Thommen ein integrer Mann und angenehmer Zeitgenosse gewesen war: «Er war zusammen mit alt Regierungsrat Edmund (Mundi) Wyss federführend bei der Realisierung des Stadions St. Jakob. Das Stadion ist in den 30er Jahren als Notstandsarbeit beschlossen worden. Dann kam der Krieg. Ende der 40er Jahre wurde der Schweiz die Austragung der 1954er Fussball-Weltmeisterschaft zugesprochen. Es gab eine Volksabstimmung. Das Volk sagte Nein zum Stadionbau. Mundi Wyss gründete daraufhin eine private Genossenschaft – das Stadion wurde auf die Weltmeisterschaft hin fertig gestellt. Der ‹Ätti› Thommen hatte auch die Idee des Sport-Totos aus Schweden mitgebracht.» Trotz des tödlichen Unfalls von Ernst B. Thommen und des etwas unbefriedigenden Endes

Dr. Andreas Moppert (links), Willy Monigatti, Dr. Edmund Wyss

Dr. Edmund Wyss beglückwünscht 1973 als Regierungspräsident die siegreiche Mannschaft im Hof des Basler Rathauses

In der Basler Innenstadt herrschte...

des Cupfinals feierten die Basler Fans den Sieg überschwänglich. Karl Odermatt in der Rückblende:

«Es kam zu unglaublichen Szenen in der Stadt. Es ging fast zu wie am Morgenstreich.» Damals waren die Fans noch nicht so durchgestylt wie heute. Fahnen in Rot-Blau gab es nur wenige, ausser man stellte sie selbst her, und manche mieteten sich auch bei Fahnen-Tschudi weisse Fahnen mit einem schwarzen Baslerstab.

...eine Stimmung wie am Morgenstreich

6 «Karli, none Gool!»

1967: Der Showdown gegen GC im Joggeli

Rot-blaue Euphorie auf dem Basler Marktplatz...

...und beim Denkmal

Im zweiten Teil des Double-Jahres 1967 ging es am 11. Juni um die Schweizer Meisterschaft. Der finale Showdown gegen GC im Stadion St. Jakob war spannend bis zum Schluss: Als der FCB nach 34 Minuten 2:0 vorne lag, begannen die Zuschauer zu feiern. Aber GC schaffte den Ausgleich in der zweiten Halbzeit. Basel brauchte den einen Punkt, und Laufenburger, Kiefer, Michaud, Mundschin, Pfirter, Odermatt, Schnyder, Benthaus, Frigerio, Hauser und Wenger konnten das Remis halten.

Der FCB wurde Meister und hatte im zweiten Jahr unter Helmut Benthaus das Double geschafft! In der Stadt herrschte rot-blaue Euphorie und die Fussballer wurden wie Helden gefeiert.

Mit jenem Double begann eine neue FCB-Zeitrechnung. In Zusammenarbeit mit dem Basler Theater entstanden einmalige Synergien und Symbiosen, völlig neue Publikumskreise wurden angesprochen und Menschen gingen zu den Spielen ins Stadion St. Jakob, die bisher kaum je an einem Fussballmatch gesehen wurden. So wurde der FCB zum lokalen Kulturgut.

Die neue Qualität des FC Basel unter Helmut Benthaus hatte aber auch Auswirkungen auf die Nationalmannschaft, die nun eine stattliche Basler Delegation auswies: Odermatt, Kunz, Michaud, Pfirter, Schnyder, Stocker wurden zu Länderspielen aufgeboten.

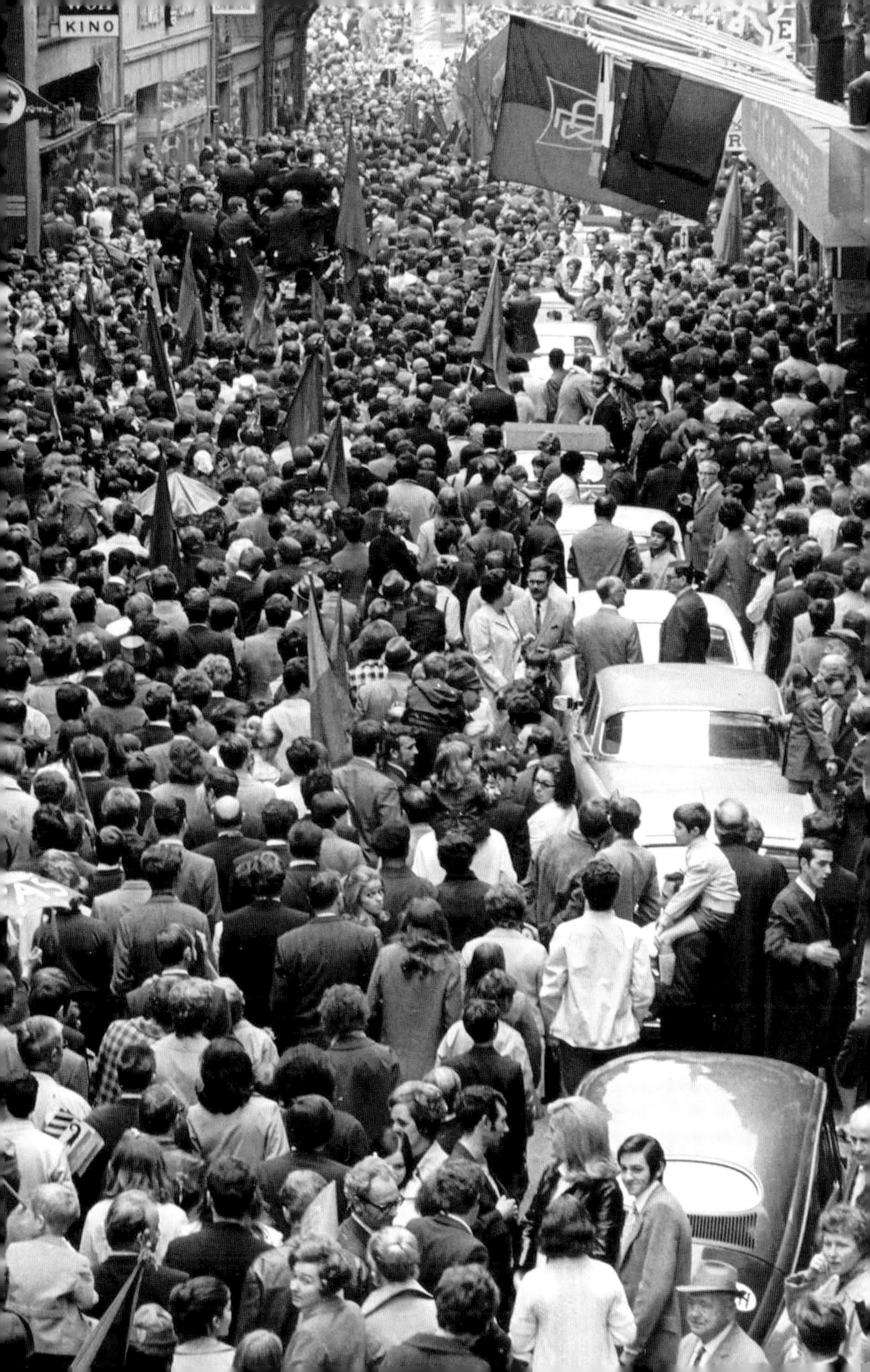
KINO

«Gool!»

Dr. Edmund Wyss, damaliger Präsident des Basler Regierungsrates empfing die rotblauen Helden im Rathaus und überreichte dem Präsidenten Harry Thommen eine Basler Wappenscheibe. Die rauschende Siegesfeier fand am Abend im Stadtcasino statt. Als Siegesprämie für Cup und Meistertitel erhielt Captain Karl Odermatt bescheidene 2000 Franken – für heutige Verhältnisse ein undenkbarer Betrag!

97

Auf dem Basler Marktplatz

Vor dem Basler Rathaus

Rechte Seite, von oben nach unten:
Einzug der Sieger ins Basler Rathaus
Empfang im Basler Regierungsratssaal
Eine Wappenscheibe von der Basler Regierung

99

Keine Ferien in Gran Canaria

Schinderei unter der südlichen Sonne

FCB-Präsident Dr. Harry Thommen

Damit die Mannschaft in Form blieb, ging es in der zweiten Januarhälfte 1967 ins Trainingslager nach Gran Canaria. Eine grausam harte Zeit für die Spieler um Karl Odermatt:

«Es waren keine Ferien. Helmut Benthaus schlauchte uns knallhart. Wir trainierten jeweils von 9 bis 11 Uhr. Danach wurde das Mittagessen serviert, von dem wir meistens kaum einen Bissen essen konnten, weil uns vom Training her noch schlecht war. Nach einem kurzen Mittagsschlaf ging die Schinderei weiter. Wir mussten im Sand herumrennen, und Benthaus war gnadenlos. Er benutzte die Gran Canaria-Zeit als Lauflager. Natürlich mussten wir zwangsläufig manchmal ausbrechen. Man muss in diesem Zusammenhang wissen, wie pingelig er war. Er legte grössten Wert auf Pünktlichkeit. Kam man ein paar Minuten zu spät, gab es ein Erdbeben. Einmal setzten wir uns nach dem Mittagessen in ein Strandrestaurant, total gerädert, sogar zum Schlafen zu kaputt. Wir wollten uns etwas entspannen. Da kam unser Präsident Harry Thommen zu uns. Wir beklagten uns über das harte Training. Thommen lud uns zu einer Flasche Wein ein. Aus der einen wurden zwei, drei, vier Flaschen. Um vier Uhr gingen wir dann zum Training. Benthaus befahl als erstes eine Lockerungsübung, bei der man auf einem Bein stehen musste. Sechs von uns verloren sofort die Balance und kippten um. Benthaus sah mich durchdringend an:

‹Odermatt, was ist da los?›

‹Unser Präsident hat uns zu einer Flasche Wein eingeladen.› Helmut Benthaus brach das Training sofort ab. Danach rüffelte er den Präsidenten, und am nächsten Morgen kam die Rache: ‹Heute ist doppelter Arbeitstag!›»

Die Schweiz besiegt Rumänien

Sensationell in diesem Jahr war auch das WM-Qualifikations-Länderspiel Schweiz gegen Rumänien. «Wir spielten fantastisch und putzten die Rumänen mit 7:1 weg!»

Odermatt erzielte einen wunderbaren Kopfballtreffer, und der beliebte Radio- und TV-Reporter Jean-Pierre Gerwig kam während der Live-Übertragung ins Schwärmen. Der FCB-Goalie Marcel Kunz gab bei diesem Spiel seinen Einstand:

Das siegreiche Schweizer Team

«Ich war mächtig stolz. Ich habe 13 Länderspiele absolviert. Zu meiner Zeit war der Lugano-Hüter Mario Prosperi mein grösster Konkurrent. Im Nationalteam spielten die Kantone eine Rolle: Wenn ein Tessiner als Feldspieler in der Mannschaft stand, konnte ich als Torhüter eingesetzt werden. War kein anderer Tessiner im Aufgebot, stand Mario im Tor.»

Eusebio umspielt Karl Odermatt

Etwas später absolvierte die Nationalmannschaft einen guten Match gegen die UdSSR. Karl Odermatt: «Bei diesem Spiel in Basel hatte ich das Gefühl, dass wir uns im Joggeli für die blamable Schmach gegen die Engländer rächten. Das 0:0 gegen die starken Russen war ein ausgezeichnetes Resultat. Wir hatten ein starkes Nationalteam. Das zeigte sich auch gegen die Italiener, denen wir im selben Jahr ein 2:2 abtrotzten. Wir führten sogar bis zur 91. Minute. Dann foulte der italienische Superstar Riva unseren Libero Bruno Michaud, und Schiedsrichter Todt gab einen Penalty für die Italiener. Das ärgert mich noch heute.»

Karl Odermatt mit den italienischen Stars Giacinto Facchetti...

...und Luigi Riva

Mucho singt Schlager

Nach jenem Double-Gewinn war Mucho Frigerio auf dem Höhepunkt seiner Popularität während der Basler Zeit. Er gab eine Schallplatte heraus:

«Meine Mutter war Musiklehrerin, und als Kind hatte ich Gesangsstunden genommen. Ausserdem war ich ein Bewunderer von Frank Sinatra. So kam es, dass ich im Kreise der Mannschaft manchmal dessen Lieder sang. Mäni Weber, der beliebte Sportreporter für Radio und Fernsehen, hörte das zufällig und sagte, ich solle doch eine Platte aufnehmen. Zusammen mit Buzz Bennett wurde eine Probe arrangiert. Schliesslich haben wir im Mascotte in Zürich zwei Songs aufgenommen. Als die Platte herauskam, gab es im Globus eine Verkaufsaktion mit Autogrammstunde. Das wurde ein grosser Erfolg!»

Die Single von Mucho Frigerio

Die FCB-Spieler schwammen auf einer riesigen Popularitätswelle, wie sich Mucho erinnert: «Wenn wir etwa in Franco Riccardis Restaurant Ceresio sassen, drückten sich die Fans an der Scheibe die Nase platt und bewunderten uns von draussen.»

Heimweh nach dem Tessin und das Drängen seiner Mutter bewogen Mucho Frigerio nach der Saison 67/68 den FCB Richtung Heimat zu verlassen: «Ich spielte noch bis 1971 bei der AC Bellinzona und habe danach mit dem Fussball auf höchstem Niveau aufgehört. Während jener Bellinzona-Jahre habe ich noch einige Male gegen den

Mucho Frigerio versenkt einen Elfmeter

FCB gespielt. Es war für mich jeweils echt schwierig, als Gegner meinen ehemaligen Kameraden gegenüberzustehen, mit denen mich eine schöne Freundschaft verband.»

Ob das Double zu sehr gefeiert wurde, oder ob die Konkurrenz besser geworden war, ist schwer zu sagen. In der Saison 1967/68 wurde jedenfalls der FC Zürich Meister – Basel beendete das Championat mit dem ernüchternden fünften Platz.

Auch im Europacup lief es nicht mehr so gut wie vorher. Die Schweizer Mannschaft verlor am 20. September 1967 zu Hause gegen Hvidovre 1:2 und spielte beim Rückspiel am 18. Oktober 3:3. Karl Odermatt sagt dazu: «Diese Dänen haben uns total überrascht. Sie waren sehr stark und stellten uns vor grosse Probleme. Wir machten in Kopenhagen zwar einen guten Match, aber es reichte nicht zum Weiterkommen.»

Vom Drucker zum Verkäufer und Werbeträger

Mittlerweile hatte Karl Odermatt seine Fussball-Popularität auch in geschäftliche Bereiche ummünzen können. Seine Lehre als Offsetdrucker hatte er erfolgreich abgeschlossen. Allerdings wurde er als Schwarzkünstler nicht so richtig glücklich: Es war nicht sein Ding, jeden Tag von morgens bis abends an der Druckmaschine zu stehen. Ausserdem wurde der fussballerische Terminkalender durch die vielen Trainings unter Benthaus, der zusätzlichen Beanspruchung durch das Nationalteam und durch die vielen Meisterschafts- und Cupspiele immer dichter.

Die Drucker-Kollegen beklagten sich nicht – trotzdem spürte Karli Odermatt, dass sie über seinen Sonderstatus nicht immer glücklich waren:

«Meine Kollegen mussten immer öfter meine Arbeiten fertig drucken, wenn ich weg musste. Oder ich musste meine Maschine abstellen, bevor ich eine Auflage fertig gedruckt hatte und am nächsten Morgen alles wieder neu einrichten. Das verursachte Kosten, die meinen Vorgesetzten nicht gefielen.»

Der Stolz darauf, einen populären FCB- und Nationalspieler zu beschäftigen, war für den Arbeitgeber das eine. Die schlechtere Seite waren Odermatts viele Absenzen am Arbeitsplatz. Kosten und Nutzen standen in keinem guten Verhältnis mehr. Das war auch Karli Odermatt klar:

«Da lernte ich Dr. Alfred Hopf kennen, der mir anbot, bei ihm zu arbeiten.»

Alfred Hopf, Nachkomme einer Seidenbanddynastie, betrieb in der Schweiz Sportartikel-Läden unter dem Namen ‹Zimba-Sport›. Ausserdem war Alfred Hopf ein Sport-Fanatiker, der verschiedene Sportgrössen wie z.B. Rudi Altig und Jo Siffert finanziell unterstützte. Er stellte Karl Odermatt als Verkäufer für seinen Laden in Basel ein:

«Alfred Hopf gab mir einen guten Lohn, plus zusätzlich 20 000 Franken im Jahr. Das war damals viel Geld.»

Nach einiger Zeit war die Zimba-Herrlichkeit vorbei.

Alfred Hopf, der auch mit der United California Bank liiert war, machte Konkurs. Auch Odermatt verlor dabei Geld:

«Ich hatte 20 000 Franken auf dieser Bank. Einen Tag bevor die Bank in Konkurs ging, sagte Alfred Hopf zu mir, ich solle mein Geld abheben und darauf bestehen, dass sie es mir auch geben.

Karli und Gotti Dienst

Karli und Willy Millowitsch

Karli auf Ferdy Küblers Spuren

Ich ging an den Schalter und dort wurde mir gesagt, ich solle am nächsten Tag wieder kommen. Sie wollten oder konnten mir mein Geld nicht geben. Ich insistierte und log ihnen etwas von einem Auto vor, das ich schon angezahlt und jetzt unbedingt fertig zahlen müsse. Schliesslich bekam ich 12 000 Franken ausbezahlt. So rettete ich wenigstens einen Teil meines Geldes. Alfred Hopf hat alles verloren. Alle Zimba-Läden wurden geschlossen.»

Erwähnenswert und für das Jahr 1968 noch nachzutragen bleibt, dass an der 75. Generalversammlung des FCB beschlossen wurde, Frauen als Passiv-Mitglieder in den Verein aufzunehmen.

Ein gutes Leben

In der Saison 1968/69 holte der FCB seinen nächsten Meistertitel. Vor dem Auftakt zur Meisterschaft gab es allerdings einige Turbulenzen. Karl Odermatt drohte, den Verein zu wechseln:

«Wenn man beim FCB ein paar Franken mehr verdienen wollte, musste man mit Weggehen drohen. Helmut Benthaus war in dieser Hinsicht sehr geizig. Man hätte meinen können, er verwalte sein eigenes Geld. Er hatte sich mittlerweile eine Machtposition im Verein aufgebaut und bestimmte auch, wer wie viel bekommen sollte. Er schickte uns mit den Forderungen nach mehr Lohn zum Präsidenten, hatte aber mit diesem schon vorher alles abgesprochen.»

Karlis Familie

Vreny Odermatt mit Jacqueline und Elio Tomasetti an einem Velorennen in Aesch

80 Schulmädchen sammelten Unterschriften dafür, dass Karl Odermatt in Basel bleiben sollte. Das tat er dann auch: «Beim FCB wussten sie natürlich, dass ich hier nicht weggehen konnte. Ich hatte meine Familie und meinen Arbeitsplatz in Basel.»

Am 28. Oktober 1969 wurden die Odermatts zum zweiten Mal Eltern: Patricia war zur Welt gekommen. Die Familie war an die Mittlere Strasse gezogen, wo auch das Ehepaar Heer wohnte, dessen Sohn Dominik später ebenfalls ein berühmter Fussballer werden sollte. Vreny Odermatt: «Mit der Familie Heer verband uns eine wunderbare Freundschaft. Frau Heer und ich hatten denselben Frauenarzt, Dr. Franz Marti, der gleichzeitig Mannschaftsarzt des FC Basel war. Wir hatten zu dieser Zeit auch viel Kontakt mit der Familie Paolucci. Sie hatten schon drei Kinder und konnten mir mit ihrer Erfahrung immer wieder unter die Arme greifen. Mit Susy und Bruno Michaud sind wir damals nach Cattolica in die Ferien gefahren. Das war sehr lustig. Auch Elio Tomasetti war ein guter Freund jener Tage. Wir sind gemeinsam an Velorennen gegangen und ins Tessin gefahren. Es war eine wirklich fantastische Zeit.»

Mit Richard Hablützel und Bruno Michaud in Cattolica

Benefiz-Velorennen in Aesch: Otto Baeriswyl (hinten) und Karli

Karli Odermatt verkehrte vornehmlich im Kreise seiner Mannschaftskameraden, die sich immer wieder über das denkwürdige Spiel gegen Servette in Genf amüsierten. Basel siegte 2:1 – und Odermatt schoss alle drei Tore:

Marcel Kunz holt den Ball doch lieber selbst aus dem Kasten

«Ich lenkte einen gegnerischen Freistoss am machtlosen Kunz vorbei ins eigene Tor ab! Unser Torhüter schaute böse und liess den Ball im Tor liegen: ‹Hol ihn selber raus – Du hast ihn ja auch selber reingeschossen!› »

Karl war unglücklich über sein Eigentor und schoss in der Folge noch zwei Tore.

Vom FC Servette Genf kam nun Jürgen Sundermann zum Kader des FCB. «Er war ein lustiger Typ. Wir haben zusammen eine spezielle Freistossvariante eingeübt. Einer von uns lupfte den Ball jeweils ein wenig an und der andere schoss ihn dann unberechenbar und mit Drall über die Mauer der gegnerischen Spieler.»

Der FCB spielte eine sehr gute Rückrunde und lag am Schluss einen Punkt vor Lausanne. Das entscheidende letzte Spiel fand in Luzern statt: Basel gewann 3:2 und wurde wiederum Schweizer Meister. Den Siegestreffer erzielte Odermatt mit Kopfball auf Flanke von Sundermann. Dieses Tor wurde zum persönlichen Triumph für Karl Odermatt über seinen korrekten Trainer Benthaus:

Jürgen Sundermann

«Ich war damals in einem WK. Zur Vorbereitung des Spiels hatte ich zwei freie Tage vom Militär bekommen. Dann wurde mir noch ein dritter Tag bewilligt. Im Speisewagen nach Basel stürzte ich ab – das ging dann in Basel

Der meisterschaftsentscheidende Karli-Treffer

Helmut Benthaus ist glücklich

weiter so. Am nächsten Tag kam ich zu spät zum Training. Benthaus schäumte. Aber ich markierte den entscheidenden Treffer – daraufhin liess Benthaus die Sache auf sich beruhen.»

Als fussballerische Belohnung für den Meistertitel gab es zwei Europacup-Spiele gegen Celtic Glasgow. Sie endeten 0:0 und 2:0 in Glasgow. Obwohl der FCB mit jenem Resultat ausschied, hat Karl Odermatt die beiden Matches als «sensationelle, wunderbare Spiele» in bester Erinnerung: «Es war für uns die Bestätigung unserer Qualität, dass wir diesen abgebrühten Fussballern einigermassen Paroli bieten konnten. Das hat unser Selbstvertrauen gestärkt und die Arbeit von Helmut Benthaus bestätigt.»

Mit dem Schweizerkreuz auf der Brust kämpfte Odermatt gegen Spanien, Rumä-

Marcel Kunz und Karli Odermatt mit der Fussball-Legende Eusebio

nien, Griechenland, Portugal und die Türkei: «Es war ein Erlebnis, gegen Stars wie Eusebio oder Goluna zu gewinnen.»

Auch in der Saison 1969/70 wurde der FC Basel wieder Schweizer Meister. Karl Odermatt erinnert sich besonders an das letzte Spiel der Meisterschaftsrunde in Wettingen, das 5:0 gewonnen wurde. Es war das letzte Nati A-Spiel von Bruno Michaud:

«Es stand 4:0 für uns und wir beschlossen mannschaftsintern, dass Bruno Michaud in seinem letzten Spiel unbedingt ein Tor schiessen sollte. Wir taten in der Folge alles dafür, aber er schaffte es leider nicht. Er traf den Pfosten und versiebte ein paar Hundertprozentige, aber der Ball wollte und wollte nicht ins Tor rollen. Wir lachten später noch lange darüber!»

Ein Wermutstropfen dieser Saison war der 1970 gegen Zürich 1:4 nach Verlängerung verlorene Cupfinal. Das ärgert Karl Odermatt noch heute:

Karl Odermatt und Bruno Michaud sind glücklich

Das Programmheft zum Länderspiel UdSSR–Schweiz

Die Abreise der Nationalmannschaft nach Moskau in Kloten

Die Ankunft in Basel: Empfang der Schweizer Nationalmannschaft im Basler Grossratssaal; zu erkennen sind: Bruno Michaud, René Quentin, Ely Tacchella, Markus Pfirter, Marcel Kunz, Erwin Ballabio, Dr. Alfredo Foni und Karl Odermatt

«Dieses Spiel war für mich ein riesiger Skandal. Nach der regulären Spielzeit stand es 1:1. Kurz nach Beginn der Verlängerung bekamen wir durch Fritz Künzli ein Tor, das völlig irregulär war. Der Zürcher Mittelstürmer stand mindestens zehn Meter offside.»

Mit COSMOS nach Moskau

Bessere Erinnerungen hat Karl Odermatt an den Europacup dieser Saison. Der FCB Basel warf Spartak Moskau aus dem Wettbewerb:

«In Basel gewannen wir 2:1. Beim Spiel in Moskau lagen wir schon mit 0:3 hinten. Dazu kam, dass sich unsere beiden Torhüter verletzten. Kunz war schon ausgewechselt, als sich der Ersatzgoalie Laufenburger einen Finger brach. Unser dritter Goalie Dahinden weigerte sich, eingewechselt zu werden. So blieb Laufenburger im Tor und wehrte sich mit nur einer Hand. Zu seiner Hilfe stand auch noch ein Verteidiger auf der Linie, der die hohen Bälle wegköpfeln musste. Dann sagte Benthaus zu mir, ich solle mich nach vorne orientieren. Den nächsten Ball, den ich daraufhin bekam, knallte ich gleich ins Spartak-Tor. Wir erzielten einen weiteren Treffer und kamen dank der beiden Auswärtstore weiter.» Beim Spiel der Moskauer in Basel half Marischa Burckhardt, die Ehefrau des damaligen Regierungsrats Lukas ‹Cheese› Burckhardt, mit ihren exzellenten Russischkenntnissen als Übersetzerin aus.

An das Moskau-Abenteuer hat auch der damalige PdA-Grossrat Hans-Jörg Hofer beste Erinnerungen. Er konnte die Moskaureise der Fans und FCB-Spieler über sein COSMOS-Reisebüro organisieren:

«Es wurde mir mitgeteilt, dass das Reisebüro Kuoni die Reise nach Moskau organisiere, es jedoch in Moskau zu wenig Betten für alle habe. Ich organisierte über den sowjetischen Gewerkschaftsbund diese Betten. Ich wurde mit meinem Reisebüro und meinen Beziehungen auch tätig, als die Schweizer Nationalmannschaft 1985 in Moskau spielte. Wir arbeiteten mit dem Gewerkschaftsreisebüro der Sowjetunion zusammen.»

Jean-Paul Laufenburger

Der Europacup und Südamerika

Nächster Gegner war der renommierte holländische Club Ajax Amsterdam. Die beiden Spiele gingen für den FCB 2:1 und 3:0 verloren. Sie sind aber für Karli Odermatt sowohl in sportlicher als auch in menschlicher Hinsicht wichtig:

Karli Odermatt, Marcel Kunz, Fussballstar Johann Cruyff und Seppi Kiefer

«Beim 2:1 in Basel kam bei Ajax ein Ersatzspieler namens Johann Cruyff aufs Feld. Er erzielte sogleich beide Ajax-Tore und wurde zu einem Superstar des europäischen Fussballs. Mit ihm zusammen spielte ich in Barcelona in der Europaauswahl gegen eine Mannschaft aus Südamerika. Das Spiel endete 4:4, und danach gewannen wir das Penalty-Schiessen.»

Organisiert wurde dieses Aufeinandertreffen der zwei Kontinentalauswahl-Teams von Ruedi Reisdorf. Der Zürcher Geschäftsmann war 1948 nach Basel gekommen und lebte seither in der Rheinstadt. Obwohl vom Herzen her eigentlich dem Grasshoppers-Club verbunden, für den er auch als Junior gespielt hatte, tauchte der Name Ruedi Reisdorf auch immer wieder positiv im Zusammenhang mit dem FCB auf. Reisdorf war auch eines der Gründungsmitglieder der Schweizer Sporthilfe. Von sich reden machte Ruedi Reisdorf, als er von Sir Stanley Rous und der FIFA die Bewilligung bekam, zwei Spiele zwischen einer Europa- und einer Südamerika-Auswahl zu organisieren.

«Ich habe immer gerne etwas für die Armen getan. Deshalb habe ich auch diese beiden Benefizspiele in Barcelona und Basel organisiert. Omar Sivori hat die Auswahl Südamerikas gecoacht, aber ich habe alle Spieler aufgeboten. Karl Odermatt hat in Barcelona während einer Halbzeit mitgespielt. Auf Seiten der Südamerikaner stand Teofilo Cubillas auf dem Rasen. Er erzielte in beiden Partien ein Tor, und er beeindruckte mich sehr.»

...Felix Musfeld

Präsident Harry Thommen übergibt an...

Die Saison 1970/71 endete mit einem fragwürdigen Entscheidungsspiel. Der FCB holte in 26 Spielen 42 Punkte. Ebenso viele Punkte hatte GC. Basel hatte allerdings bei weitem das bessere Torverhältnis. Trotzdem kam es am 8. Juni 1971 zu einem Entscheidungsspiel, das der FCB 3:4 verlor. Karl Odermatt kann das bis heute nicht so recht akzeptieren: «Es war ungerecht. Wir hatten das bessere Torverhältnis. In jedem anderen Land wären wir deshalb Meister geworden. Hier gab es ein Entscheidungsspiel. Wir führten bis zehn Minuten vor Schluss 2:1. Dann schoss Grahn mit einem 40-Meter-Freistoss den Ausgleich. Es ging in die Verlängerung, wo wir schlussendlich unterlagen.»

Auf Verbandsebene löste Felix Musfeld Harry Thommen als Präsident ab.

Das Wembley-Goal

1971 erzielte Karl Odermatt ein Tor im Wembley-Stadion, das historische Bedeutung erlangte:

«Wir waren zwei Stunden vor Matchbeginn im Wembley-Stadion, das bereits von 100 000 Zuschauern belegt war. Lauter Gesang drang in die Garderobe: ‹You'll Never Walk Alone›, ‹England, England›. Dieser Massengesang erschreckte uns und schüchterte uns ein. Im Wembley gibt es einen langen Kabinengang. Dort wärmten wir uns auf. Ich sah Bobby Moore und Alan Ball herumstehen. Beide rauchten. Ich ging in unsere Kabine und sagte zum Trainer:

‹Moore und Ball spielen heute nicht.›

Kurze Zeit später liefen die beiden jedoch mit dem englischen Team auf, und nach fünf Minuten Spielzeit stand es schon 1:0 für die Engländer. Wir fingen uns jedoch auf und zogen ein unglaubliches Spiel durch. Und in der zweiten Halbzeit gelang mir dann dieses sensationelle Tor. Es war eine grausame Granate – ein Bananenbogenschuss,

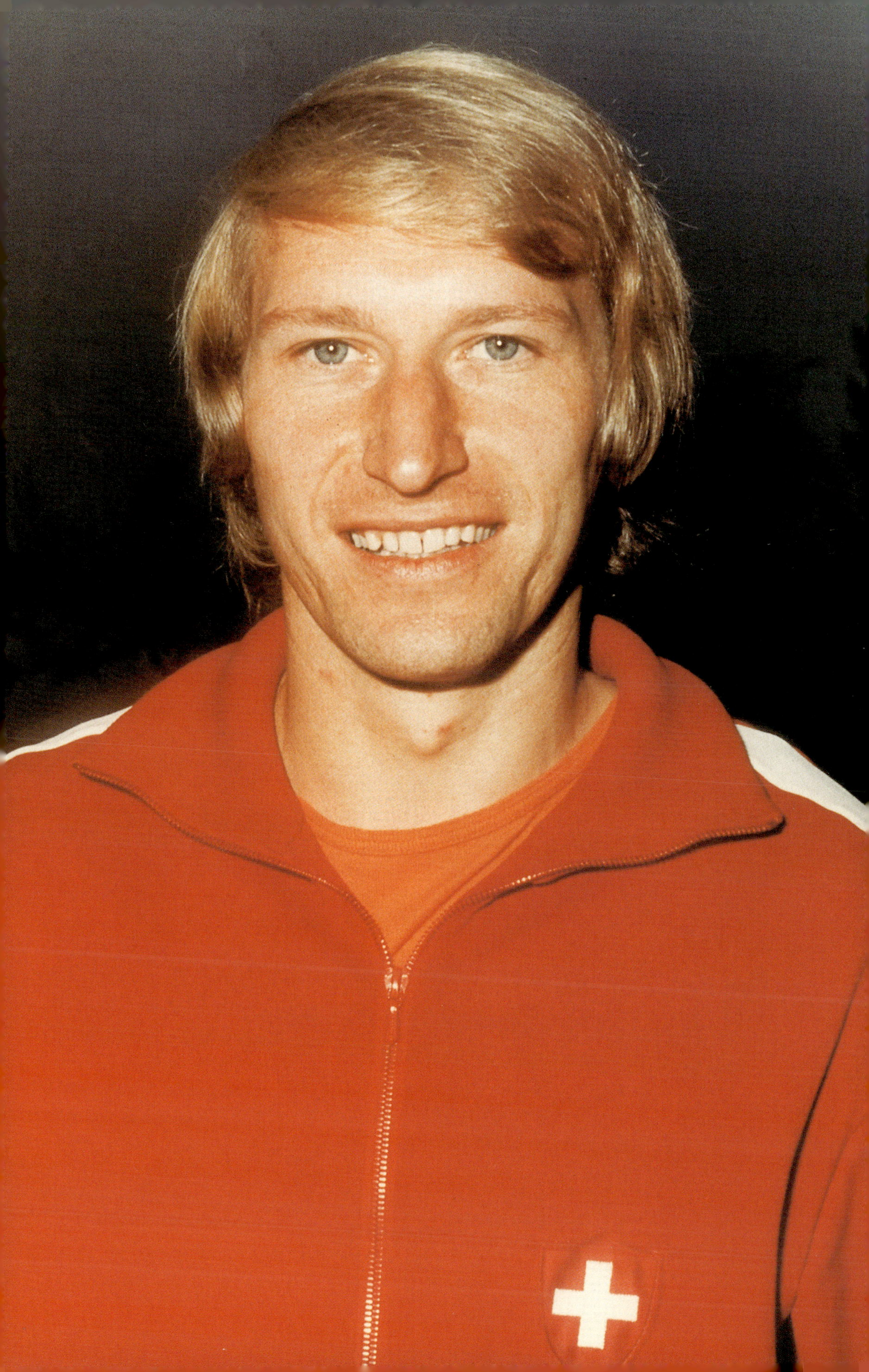

Die beiden Captains Bobby Moore (England) und Karl Odermatt

aus 30 Metern Entfernung. Der englische Torhüter Peter Shilton war völlig überrascht. Dieses Tor wurde berühmt. Es gehört zu den schönsten Toren meiner Laufbahn! Danach hatten wir die Engländer am Rande einer Niederlage.»

Neben dem legendären Tor von Karl Odermatt ist die Erinnerung an ein weiteres Spiel typisch für den guten Geist, der damals in

Roby Hosp, Köbi Kuhn und Karli Odermatt

Ojeeh...

der Nationalmannschaft herrschte. Sie beweist auch, dass die vielbeschworene Rivalität zwischen den beiden damals wohl besten Schweizer Fussballern Karl Odermatt und Köbi Kuhn vorwiegend eine Mediengeschichte war:

«Ich war damals der Captain der Nationalmannschaft. Weil jedoch Köbi Kuhn an diesem Tag Geburtstag hatte, überliessen wir ihm im Wembley die Ehre, die Captainsbinde zu tragen. Ich habe ja dann dafür dieses unglaubliche Tor geschossen. So waren nachher alle zufrieden.»

Hitzfeld aus Lörrach

Beim nächsten FCB-Titel der Saison 1971/72 spielte Helmut Benthaus einen Einsatz von nur acht Minuten gegen Luzern. Mit Rolf Blättler, René Hasler und Jörg Stohler kamen wichtige neue Spieler. Und mit Ottmar Hitzfeld stiess ein neues Talent zum FC Basel. Karl Odermatt:

Ottmar Hitzfeld

Helmut Hauser

«Hitzfeld kam von Lörrach und trainierte erstmals mit uns. Wir machten ein Trainingsmätschli. Dabei spielte das A-Team gegen die Reserve-Mannschaft. Hitzfeld kickte bei den Reserven mit und machte gleich zwei Tore. Danach nahm ihn Helmut Benthaus sofort ins A-Team.»

Hitzfeld war mit der Nummer 9 der Nachfolger des Top-Stürmers Helmut Hauser. Er prägte mit seinen Weitschüssen, den Direktabnahmen und seinen Kopfbällen die grossen Zeiten des FCB mit. Er war auf dem Feld überall dort anzutreffen, wo es brenzlig war. 1975 wechselte Hitzfeld zum VfB Stuttgart:

«Als ich zum FCB kam, war Karl Odermatt wie ein grosser Bruder zu mir. Ich habe ihn als Fussballer sehr bewundert und als junger Spieler viel von ihm gelernt.»

Das FCB-Kader; obere Reihe: Pfleger Häner, Ruedi Schneiter, Fritz Blaser, Felix Musfeld, Richard Hablützel, Walter Herzig, Ruedi Wirz, Trainer Helmut Benthaus; mittlere Reihe: Peter Wenger, Jürg Stohler, Otto Demarmels, Jean-Paul Laufenburger, Marcel Kunz, Karl Odermatt, Paul Fischli, Walter Mundschin; untere Reihe: René Hasler, Ottmar Hitzfeld, Seppi Kiefer, Walter Balmer, Peter Ramseier, Bruno Rahmen

Odermatt übernimmt

Nach einem weiteren verlorenen Cupfinal kam es in jener Saison zum entscheidenden Match gegen den FCZ auf dem Joggeli. Die Stadt fieberte dem Ereignis entgegen. Karli wagte sich in der Woche vor diesem kapitalen Match auf die Äste hinaus:

Die sieggewohnten Basler sind enttäuscht

«Wir hatten den Cupfinal verloren. Nun bestand die Gefahr, dass wir auch noch die Meisterschaft verspielten und am Schluss mit leeren Händen dastehen würden. Deshalb wollte ich alle aufrütteln. Ich sagte der Presse, dass wir die Zürcher schlagen würden. Ein Aufschrei der Entrüstung ging durch den Blätterwald. Alle sprachen vom grössenwahnsinnigen, überheblichen Odermatt. Aber wir gingen voll motiviert ins Spiel. Vor dem Spiel sagte ich zu Benthaus: ‹Wenn Blättler im Mittelfeld spielt, gewinnen wir nicht.› Benthaus reagierte gereizt: ‹Was fällt dir ein, mir zu sagen, was ich zu tun habe – Blättler spielt im Mittelfeld.› Ich erklärte ihm meinen Standpunkt, und am Abend spielte dann nicht Blättler, sondern Stohler im Mittelfeld. Deshalb konnte ich voll nach vorne gehen. Ich schoss zwei Tore und gab eine entscheidende Vorlage. Wir gewannen 4:0 und wurden wiederum Schweizer Meister.»

In der Basler Freien Strasse

Das Meisterteam...

...auf Triumphfahrt

Rechte Seite, unten links: Felix Musfeld (mit Hut) und Roland Paolucci;
im Auto neben den Ballons: Karli Odermatt mit dem Pokal, Helmut Benthaus
und Ruedi Wirz; im dritten Auto: Seppi Kiefer und Bruno Michaud

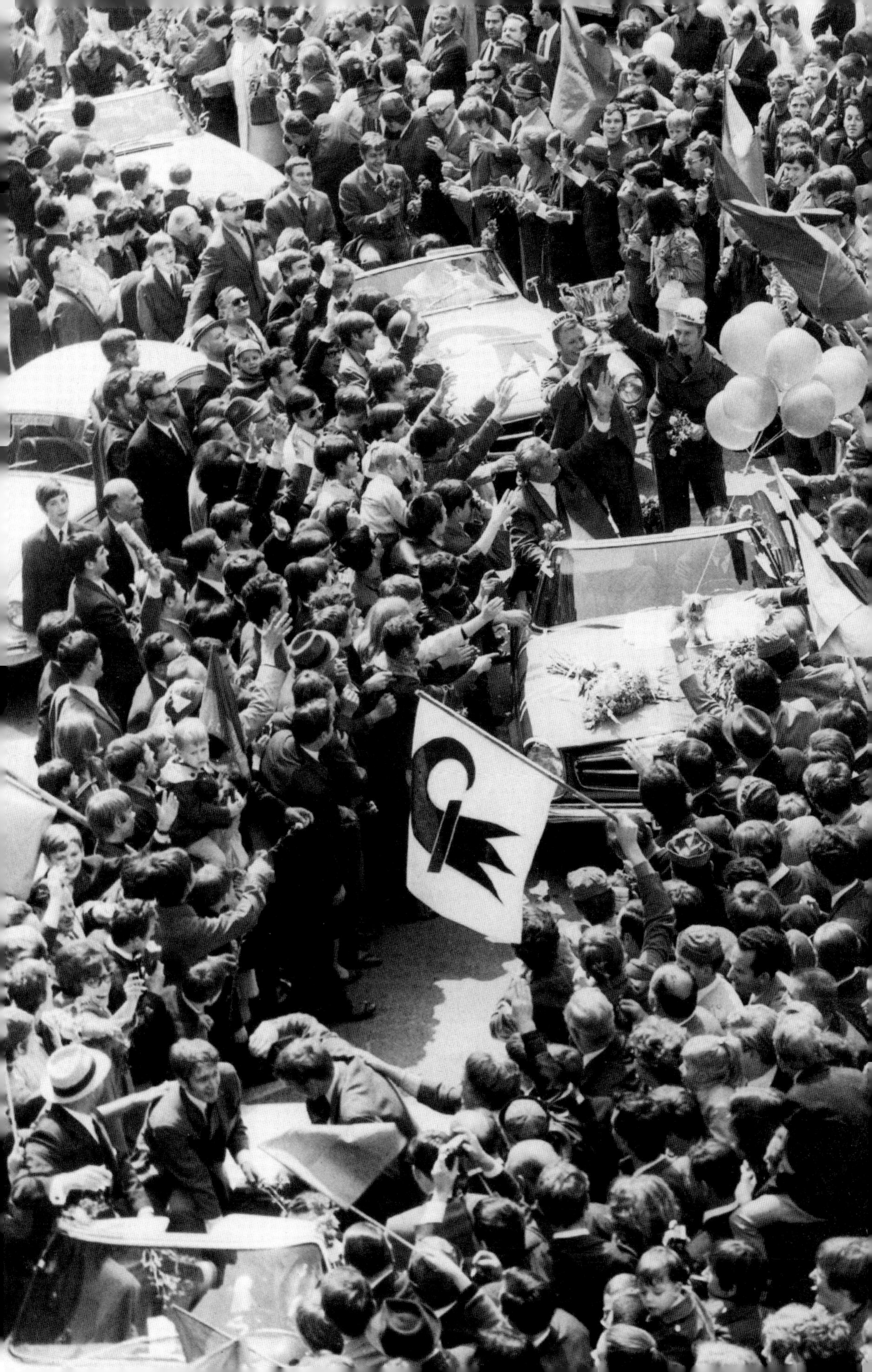

7 Die neue Bewegung

Das Döggeli-Turnier in der Basler Kunsthalle

Wieder einmal geriet die Stadt fast aus dem Häuschen. Ganz Basel liebte den FCB. Der lokale Fussballverein eroberte kulturelle Bastionen und sprach Menschen an, die sich bis anhin für Fussball nicht erwärmen konnten. Der Anwalt und ehemalige SP-Nationalrat Andreas Gerwig:

«Fussball und Kultur kamen sich zu Beginn der 70er Jahre sehr nahe, da Helmut Benthaus und Werner Düggelin gemeinsam die Chance wahrnahmen, den Fussball an die Kultur – und umgekehrt die Kultur an den Fussball anzubinden. Dies hat der Stadt zweifellos etwas gegeben: Die Baslerinnen und Basler identifizierten sich auf wunderbare, schöpferische Weise gleichzeitig mit dem FCB und der Theaterwelt. Das ergab eine sehr spannende und wichtige Verbindung und Beziehung.»

Helmut Benthaus und Galerist Felix Handschin

Helmut Benthaus sieht das auch so und erklärt, wie es damals zu dieser einmaligen Synthese zwischen Kultur und Fussball kam: «Eines Tages rief mich Adolf Zogg, der damalige administrative Direktor des Basler Theaters, an. Es ging darum, die NITOBA (Nietenlose Tombola) neu zu organisieren und zu aktivieren. Zusammen mit der Werbeagentur Gerstner, Gredinger und Kutter GGK gab es auf Club- und Theaterleitungsebene intensive Gespräche über das Projekt einer gemeinsamen Tombola des FC Basel und des Basler Theaters.»

Jedes Los war ein sicherer Treffer und enthielt einen Gutschein für den Besuch entweder einer Vorstellung des Stadttheaters oder eines Spiels des FCB. Der Gewinn wurde zu je fünfzig Prozent zur Äufnung eines speziellen Fürsorgefonds im Theater und zur Förderung des Jugendsports innerhalb des FCB verwendet. Als originelle Hauptgewinne lockten der damals beinahe schon obligate Austin Mini, signierte Ballettschuhe von Theresa Bacall und

Mitte hinten: Karl Gerster; rechts: Markus Kutter, zwei der Gründer der Werbeagentur GGK

Am Abend
des 17. Septembers finden in Basel zwei wichtige Spiele statt:

Die Basler Theater spielen
«Lohengrin» von Richard Wagner.
Und der FC Basel spielt
gegen Celtic Glasgow im Europa-Cup.
Diese Tatsache führte zu der folgenden wahren
Anekdote:

Ein Basler Kunsthändler sagte zu Werner Düggelin, ob er jetzt auch noch sportfeindlich sei, man setze doch nicht die Premiere von «Lohengrin» gerade auf den Abend an, an dem in Basel ein Fussball-Europacup stattfinde.
Darauf Düggelin: Ach, Basel verliert ja leider und scheidet aus. Darauf der Kunsthändler: Ich nehme an, du wirst ja auch verlieren gegen Wagner.
Darauf Düggelin: Jaa – aber ich spile uf jede Fall wjter.
Es dürfte tatsächlich zu einigen schönen Aufführungen kommen, denn der junge Regisseur Martin Markun und der Bühnenbildner Hans Georg Schäfer, die beide zum ersten Mal ein Werk von Richard Wagner inszenieren, haben aus dem «Lohengrin» ein spannendes Theaterstück mit spannenden, menschlichen Situationen gemacht.
Einen «Lohengrin» ohne Schlagworte, ohne Weltveränderung, ohne Schwan, Gerichtseiche und ohne symbolschwangere Weihespiele.
Einen echten Theaterabend möchten sie machen.
Eine genussvolle Kammeroper.
In der der Chor zur Dekoration gehört und nicht eigentlich mitspielt. In aller Bescheidenheit also: Premieren-Abend von «Lohengrin» wird für Basels Theaterfreunde hoffentlich genauso wichtig werden wie das Fussballspiel im St. Jakob-Stadion für Basels Fussballfreunde.
Was die Direktion und das Personal der Basler Theater hier zum Anlass nehmen, dem FCB für sein Spiel alles Gute zu wünschen. Zum Beispiel, es gerade mit einem Theatercoup beginnen zu können.

Vorstellungsbeginn 19.15 Uhr
«Lohengrin». Premiere am Mi., 17. September im «Stadttheater», Wiederholung am Mi., 24. September, So., 28. September, Mo., 13. Oktober, Sa., 25. Oktober, Fr., 31. Oktober

Fussballschuhe von Karli Odermatt. Robert Stalder, damaliger Texter in der Werbeagentur GGK: «Wir schlugen vor, als PR-Anlass in der Kunsthalle ein Fussballkasten-Turnier, ein so genanntes ‹Döggeli›-Turnier öffentlich auszuschreiben. An diesem Turnier haben sich Werner Düggelin und Helmut Benthaus kennen gelernt.»

«Düggelin und ich sind uns gleich sympathisch gewesen,» sagt Benthaus. Die Freundschaft zwischen Düggelin und Benthaus war der Beginn einer neuen, einmaligen Verbindung von Fussball und Theater in Basel.

Werner Düggelin und Felix Musfeld während der Verlosung des obligaten Austin Mini

Kreise und Bewegungen

«Ich bin selbstverständlich zuvor in Köln und Bochum auch ins Theater gegangen. Als ich in Basel Werner Düggelin kennen lernte, intensivierte ich allerdings meine Theaterbesuche. Ich war bei Proben im Theater dabei und gelangte dadurch ins Zentrum des Mediums. Düggelin wollte die Jeansträger ins Theater holen

In der Galerie Handschin

Vor der Galerie Handschin an der Bäumleingasse

Daniel Spoerris Tisch-Event während der Hammer-Ausstellung

– die Jungen. Er erreichte, dass für sie die Theaterbesuche billiger waren als ein Kinoeintritt: für drei Franken waren sie dabei. Werner Düggelin ist im Gegenzug an die Fussballspiele ins Stadion gekommen. Er brachte einen Pulk Freunde mit – und ich habe ebenfalls meinen Freundeskreis ins Theater mitgenommen. Mit dem Orthopäden Werner Müller, Arzt im Stadion und im Theater, kamen wiederum neue Gesichter und ein neuer Freundeskreis hinzu.»

Die Kreise wurden grösser, öffneten sich und verbanden sich untereinander. Maler, Schriftsteller, Politiker wussten auswendig, wann das nächste FCB-Spiel im St. Jakob-Stadion stattfand. Die Daten der Theater-Premieren und der FCB-Heimspiele wurden in der Agenda notiert. Das Restaurant Kunsthalle hatte die Funktion einer Drehscheibe. Die Ga-

Jeannot Tinguely; links angeschnitten: Felix Handschin

lerie von Felix Handschin an der Bäumleingasse wurde für viele zur zweiten Heimat – für Sportler, Politiker, Intellektuelle. Helmut Benthaus:

«Bei Felix Handschin lernte ich Jeannot Tinguely und den Eisenplastiker Bernhard Luginbühl kennen. Anstatt irgendwo in der Stadt in ein Restaurant zu gehen, bin ich in die Galerie Handschin an der Bäumleingasse gegangen. Ich habe dort den Basler Ballettmeister Heinz Spoerli, den Aktionskünstler und Maler Daniel Spoerri, den Operndirektor Armin Jordan und Dr. René Theler, Bildersammler und grossen Förderer von Tinguely getroffen. Der Fussball wurde – vereinfacht gesagt – salonfähig und das Theater volksnah. Das war eine einmalige, unglaublich kreative Bewegung – eine Riesengruppe unterschiedlichster Menschen mit verschiedensten Lebensphilosophien machten etwas zusammen.»

Bernhard Luginbühl und Felix Handschin in der Hammer-Ausstellung

Die FCB-/Basler Theater-Lotterie

Im Zusammenschluss dieser Welten entstand sowohl beim Fussball wie auch im Theater eine gänzlich unerwartete, spannende neue Bewegung. Das Theater einerseits und der Fussball andererseits wurden zu Stimmungsmachern. Es entstand ein einzigarti-

Rolf Blättler, Marcel Kunz, Helmut Benthaus, Regierungsrat Eugen Keller, Regierungsrat ‹Cheese› Burckhardt und Karl Odermatt

ges baslerisches Selbstwertgefühl: Basel tickte schon damals anders. Freundschaften entstanden plötzlich schneller als früher – man kannte sich, war mitten drin und Teil einer aufgestellten Bewegung. Benthaus – aber nicht nur er – spricht noch heute in verklärtem Ton von damals:

«Ich hatte plötzlich Regierungsräte als Duzfreunde – das ergibt sich in Basel zwar sowieso schneller als anderswo. Für mich war das jedoch neu. Der Erfolg des FC Basel vermischte sich mit dem Erfolg des Basler Theaters. Und das Publikum vermischte sich ebenfalls ganz natürlich. Das war das Grossartige jener Zeit, über das Gewinnen und Verlieren hinaus!» NITOBA wurde in FCB-/Basler Theater-Lotterie umbenannt. «Das ist wie von alleine gelaufen», sagt Robert Stalder. «In der Stadt hingen Plakate in Weltformat, auf denen Fussballer für Theaterbesuche und Schauspieler für den nächsten Match des FC Basel warben.

Karl Odermatt, umschwärmt und umjubelt

Maler und Schriftsteller mischten sich ein. Jeannot Tinguely machte zum Beispiel im Auftrag von Dr. Theler ein Porträt von jedem FCB-Spieler. Die damalige Mannschaft hatte einen grossen Anteil an jener erfolgreichen Zeit – und Karli Odermatt noch ein wenig mehr, da er ein äusserst umsichtiger Captain war. Er war der Aufsteller, Anfeuerer, Motivierer.»

Karli wurde zur Kultfigur. Er hatte die Gabe, im Stadion eine Atmosphäre zu erzeugen, der man sich nicht entziehen konnte. War etwa die Stimmung im Team schlecht, sagte Benthaus zu ihm:

«Karli, komm, mach was! Und innerhalb weniger Minuten lachten alle – er riss sie einfach mit.»

Der FCB auf dem Marktplatz – wie am Morgenstreich!

Rote Politik wird rot-blau

Für Andreas Gerwig, seit vielen Jahren FCB-Mitglied und schon zu Karlis Concordia-Zeiten fussballbegeistert, zählte Fussball schon immer zur Kultur. Seit 1938 ist er regelmässiger Matchbesucher:

«Wir kauften immer Stehplatz-Billette. Nur bei Auswärtsspielen sassen wir auf der Tribüne. Das Tolle an Karli Odermatt ist, dass er trotz des grossen Erfolgs stets sich selbst treu geblieben ist. Das ist zweifellos mit ein Grund für seine grosse Popularität.» Als der Politiker angefragt wurde, ob er Vorstands-Mitglied beim FCB werden wolle, lehnte er allerdings dankend ab: «Ich hatte damals schon genug Sitzungen. Den Fussball wollte ich lieber einfach nur geniessen.» An ein FCB-Spiel gegen Zürich hat er spezielle Erinnerungen,

Die VKB – stets dabei, wenn der FCB feiert

bestritt er doch mit dem Basler FC Grossrat das Vorspiel gegen den Zürcher FC Gemeinderat: «Es war ein unglaubliches Erlebnis. 45 000 Zuschauer waren im Stadion. Ich spielte auf der halblinken Position und vermeinte jedesmal, wenn ich am Ball war, das Gelächter meiner Freunde aus der Geräuschkulisse der Zuschauer herauszuhören.»

Jürgen Sundermann, Karl Odermatt, Bruno Rahmen und Felix Musfeld

Ein weiterer hundertprozentiger FCB- (SC Freiburg) und Odermatt-Fan ist der in St. Gallen aufgewachsene Roland Stark, später Präsident der Sozialdemokratischen Partei Basel-Stadt und erster Präsident des Basler Verfassungsrates. Sein Engagement für Fussball hat unter anderem Wurzeln in seiner Kindheit:

«Meine früheste Fussballerfahrung geht darauf zurück, dass im Jahre 1958 meine Onkel Hans, Franz und Richard den FC Appenzell wieder gründeten und ich als Kind regelmässig am Sonntagmorgen Viertliga-Spiele des FC Appenzell besuchte.

Freistoss für die gegnerische Mannschaft...

Der heutige Pressesprecher des FCB, Josef Zindel, damals Schüler im Kollegi Appenzell bei den Kapuzinern, war übrigens mal Torhüter beim FC Appenzell.

Ich bin im Jahre 1968 mit 17 Jahren in die SP eingetreten. Als ich 1973 nach Basel kam, wurde ich Mitglied des SP-Quartiervereins Gundeldingen-Bruderholz. Dort traf ich auf den erklärten Fussballexperten und damaligen SP-Nationalrat Andreas Gerwig.

Zustellung von
REGIERUNGSRAT DR. L. BURCKHARDT
Vorsteher des Finanzdepartements

an

Karl Odermatt

Lieber Karl, leider hat es mit der Einladung zur Knillenfeier in Binningen doch nicht geklappt. Dafür beiliegend ein Erinnerungsbild an den FCB-Empfang 1972, der ja nachher von Läkerli und so gefolgt war. Hoffentlich ein anderes Mal und alles Gute Dir + den Kameraden für die 2. Saisonhälfte!

Cheese
15.2.73

Ein regierungsrätlicher Glückwunsch…

```
zczc abaa0771
basel 039/039 07 0927




            jgx9371
            captain karl odermatt
            fc basel hotel schiff
            4310 rheinfeldenschweiz






            rechne mit euch zaehle auf euch halte euch fuer einen wichtigen
            aktivposten unserer stadt gleichgueltig welche resultate entscheidend
            dass wir freunde bleiben eisern und mit allen guten wuenschen euer
                   cheese burckhardt


            col fc basel
```

Felix Musfeld als Eishockey-Crack

Helmut Benthaus und Karli mit Tochter Jacqueline

Regierungsrat ‹Cheese› Burckhardt und Felix Handschin

Es wurde für viele Mitglieder der Basler SP zur lieben Gewohnheit, jahrelang Match für Match hinter dem gegnerischen Tor zu stehen. In der Halbzeit wechselten wir die Seiten. Es gab in Basel ein Sportklima quer durch alle Lager, Stufen und Ebenen. Während der neunzigminütigen Spielzeit fand im Stadion eine grenzenlose, parteiübergreifende Verständigung statt. Das Stadion wurde zur neutralen Zone. Odermatt hatte Charisma, war Vorbereiter, Regisseur und Torschütze in Personalunion.»

1995 kämpfte Roland Stark im Basler Parlament darum, dass ein neues Stadion gebaut wurde. Für ihn war immer klar, dass das Bereitstellen von Sportstätten nicht nur allgemein in den Schulen, sondern auch für den Leistungssport zu den zentralen Aufgaben des Gemeinwesens gehört. So setzte der damalige Fraktionspräsident der Sozialdemokraten mit einem Vorstoss im baselstädtischen Parlament Druck auf und hob damit die Diskussion über einen Neubau des Stadions in Basel auf die Ebene der politischen Diskussion:

«Linke Hochnäsigkeit gegen Massenveranstaltungen ist verfehlt. Fussball darf nicht gegen Kultur ausgespielt werden. Im Sinne eines erweiterten Kulturbegriffs braucht Basel sowohl ein Theater und Museen als auch einen FCB in der Nationalliga A und somit ein Nationalliga-verträgliches neues Stadion!»

Die Massflankenbanane

Auch ein anderer Basler Politiker aus jener Zeit schloss Freundschaft mit Karl Odermatt. Lukas ‹Cheese› Burckhardt war von 1965 bis 1980 liberaler Regierungsrat in Basel-Stadt, und in dieser Funktion Finanzdirektor. Er war in den goldenen Zeiten des FC Basel ein häufiger Besucher im St. Jakob-Stadion. Der bekannte Basler Jazz-

Empfang der Meistermannschaft im Wildtschen Haus

musiker und Fasnächtler war auch stets dabei, wenn die siegreichen FCB-Kicker zur Meister-Gratulation im Rathaus empfangen wurden:

«Es gehörte sich, dass die Regierung in Applaus ausbrach. Die Basler Regierung hat den FCB zu den Meisterfeiern ins Rathaus oder ins Wildtsche Haus eingeladen. Nach dem offiziellen Empfang hat mich Karli jeweils über die Mittlere Brücke hinüber in die Rheingasse mitgenommen. Mich hat in der Rheingasse kein Mensch gekannt, den Karli jedoch schon. Wir sind dann von Bar zu Bar gezogen. Nachdem er vorher von der Regierung eingeladen worden war, hatte er nun mich eingeladen. Er war ein absolutes Original. So sympathisch. Wir haben uns ausgezeichnet verstanden. Karli erfand damals die so genannten Massflanken – von der linken Seite, mit dem rechten Fuss, schob er den Ball Richtung Tor –, ein Schuss, wie eine gebogene Banane!»

Helmut Benthaus auf dem Meisterschiff

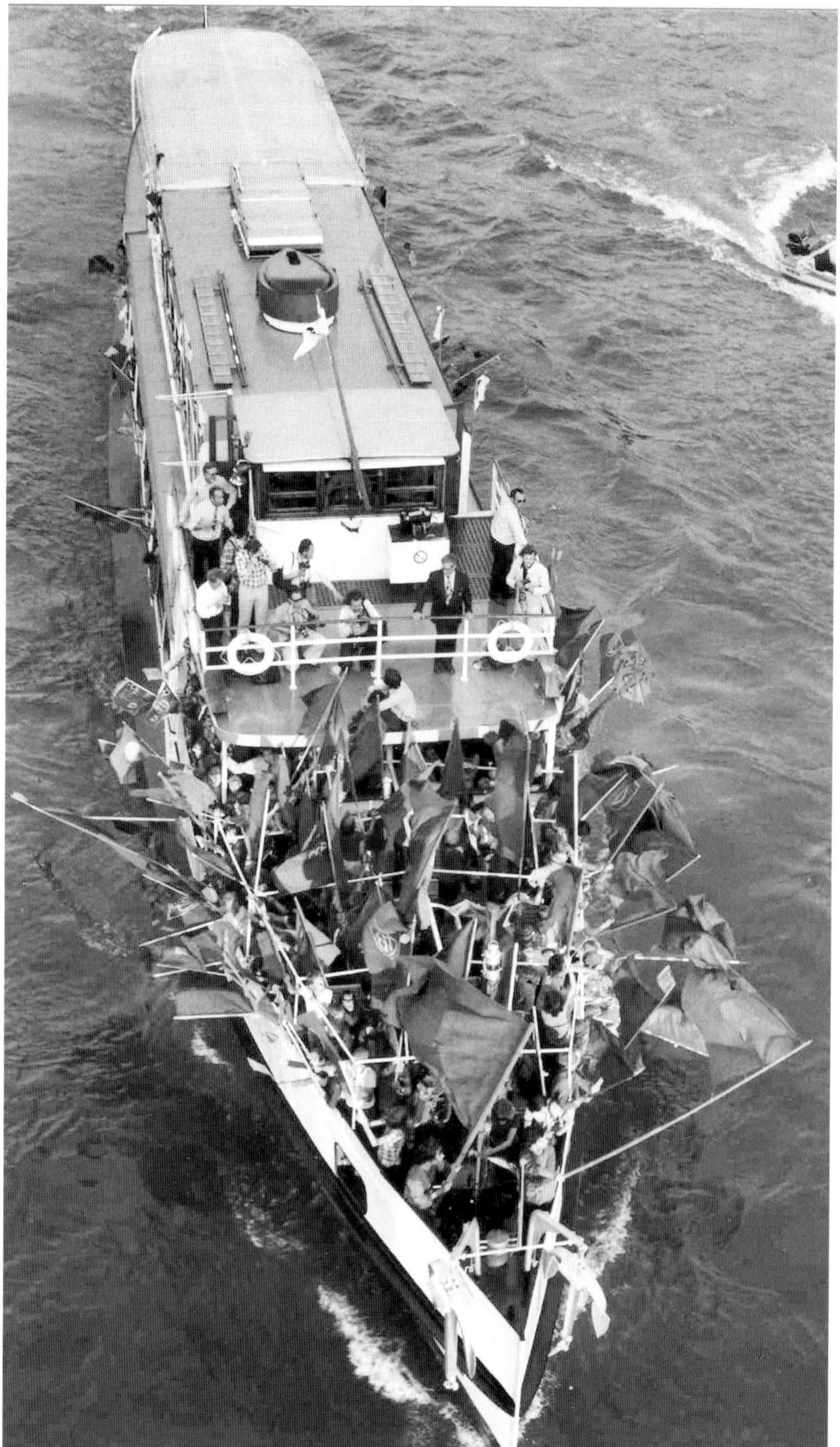

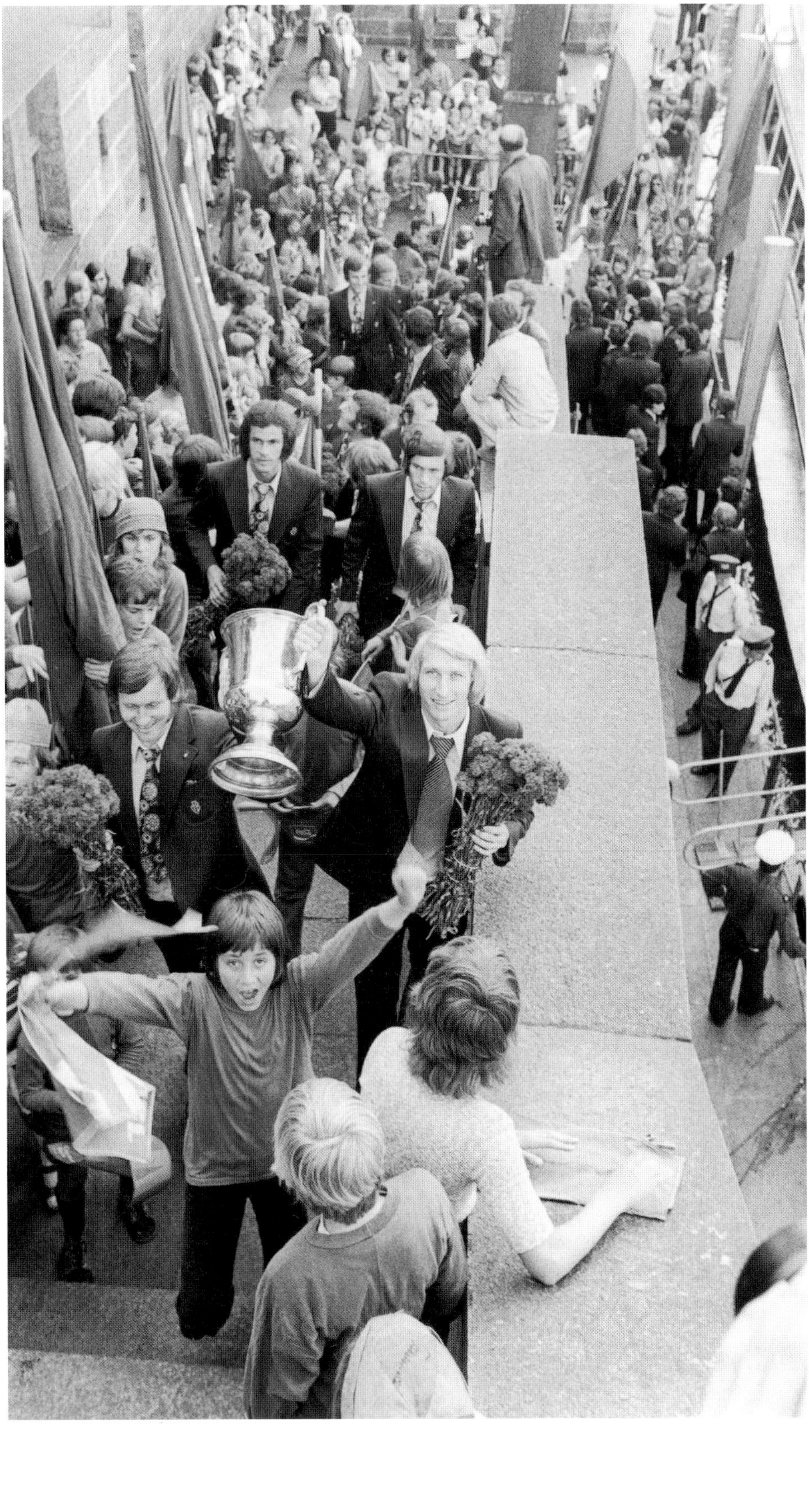

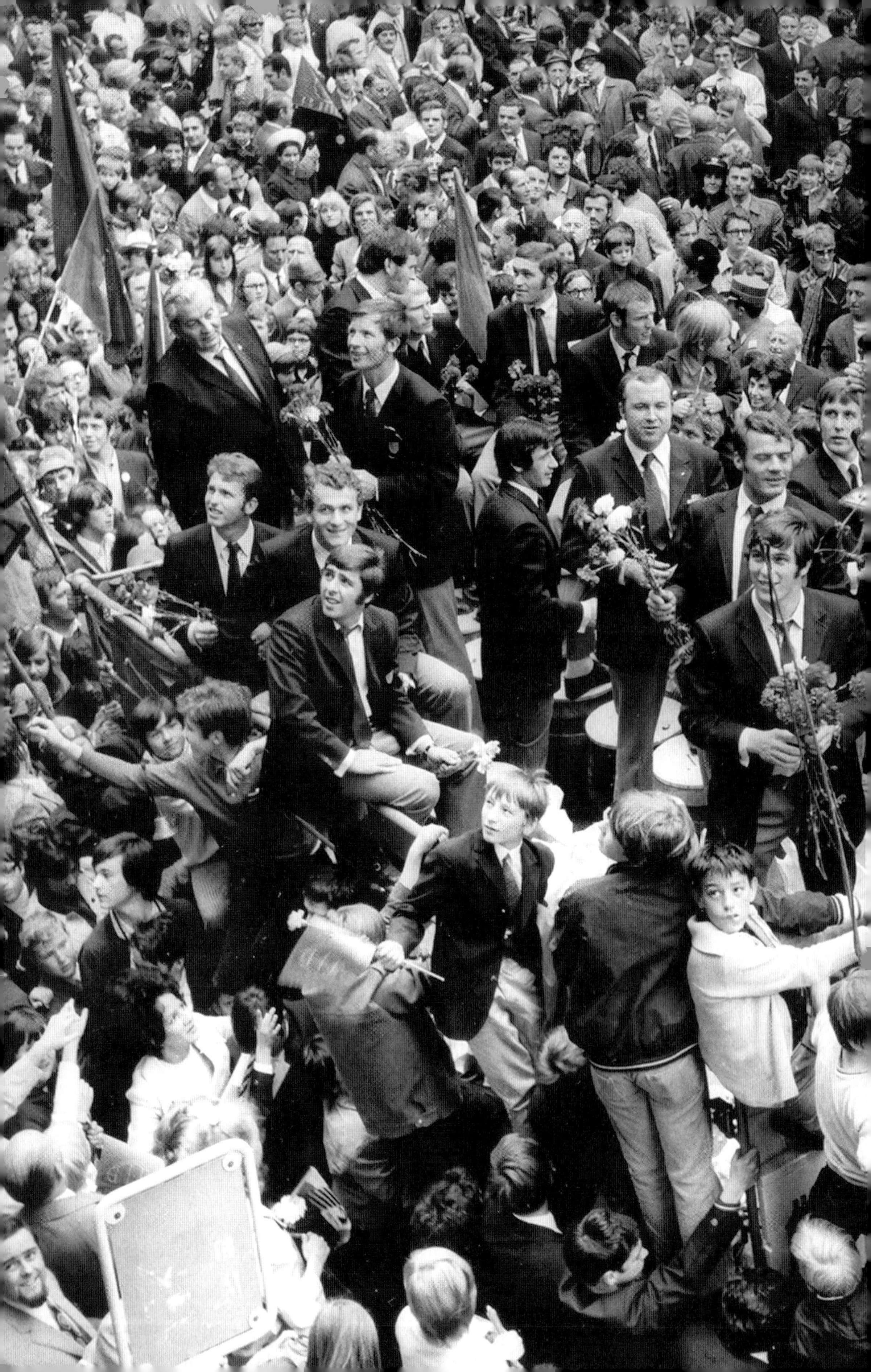

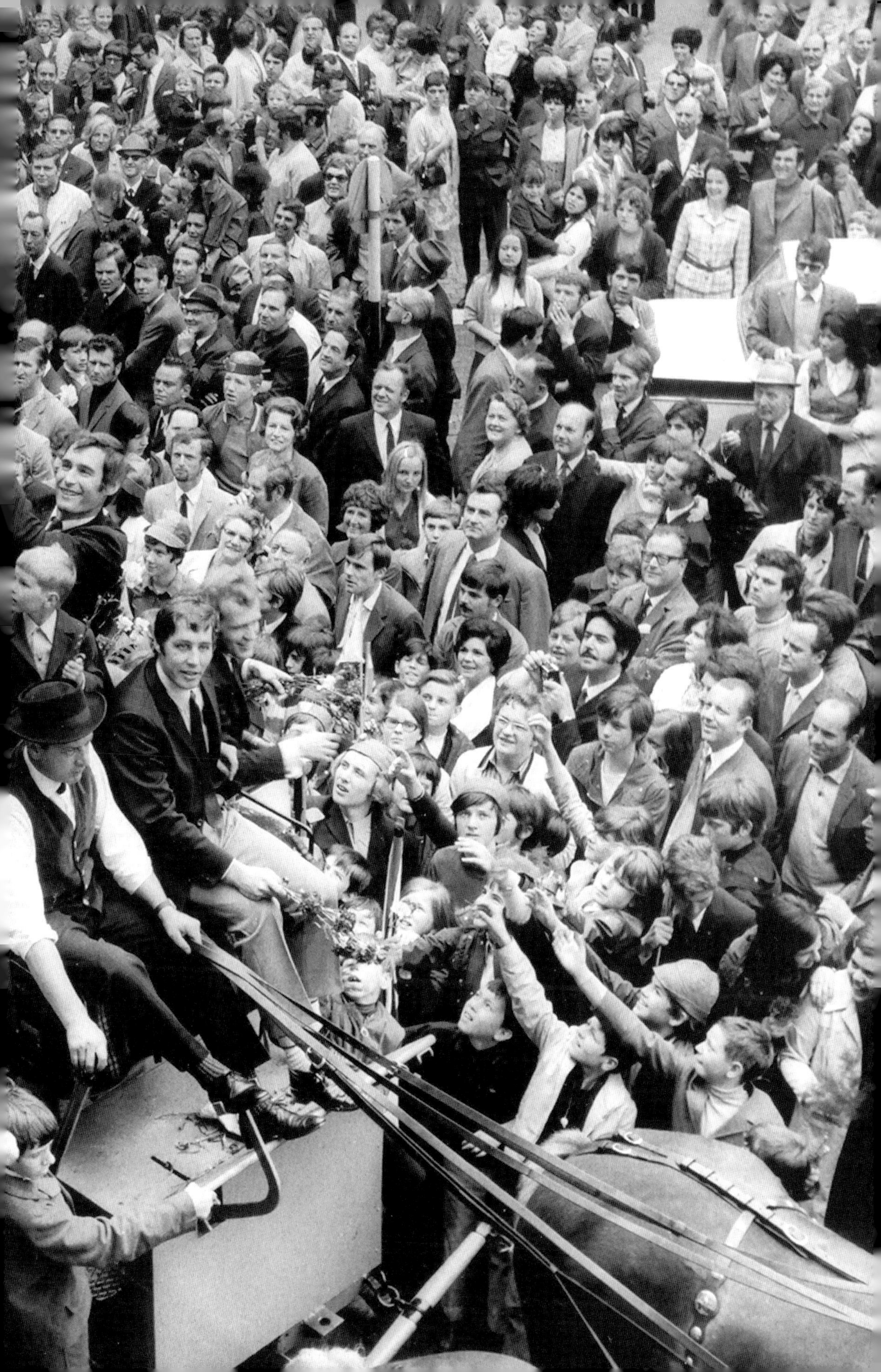

8 Geldverdienen und Festen

Der Holzschopf

Karli Odermatt war auf dem Höhepunkt seines Ruhms – ein richtiger Volksheld – geliebt, verehrt, begehrt, umschwärmt, umschmeichelt. Das nutzte er jetzt auch für sein berufliches Leben: Der Fussballer wurde Wirt. Am 16. November 1971 eröffnete er das Restaurant ‹Holzschopf›, das während der nächsten elf Jahre mit dem Namen Odermatt innig verbunden bleiben sollte.

Das stolze Wirtepaar

An jenem 16. November 1971 war Roland Vögtli, heutiger Grossrat und Besitzer eines Kleinbasler Herrenmode-Geschäftes, knapp 20 Jahre alt. Er wurde an die Eröffnung des Restaurants eingeladen:

«Stolz wie ein Pfau war ich! An Fussball war ich zwar nicht besonders interessiert. Aber ‹unser› Karli war ein Fussballer zum Anfassen, ein Star ohne Allüren. Und nun wurde ich an die Eröffnung seines Restaurants eingeladen, praktisch einen Steinwurf von meinem Elternhaus entfernt, schräg über den Claraplatz – mitten ins Herz des Kleinbasels, in die FCB-Hochburg! Was war das für eine Atmosphäre! Das ganze Restaurant in dunklem Holz, dekoriert mit Fahnen und Wimpeln und grossen Postern. Ein grosses Gedränge, zum Bersten voll. Viele FCB-Spieler, Mäzene, Stars und Sternchen. Und mitten drin Karli! Von so nahe hatte ich ihn bis anhin noch nie

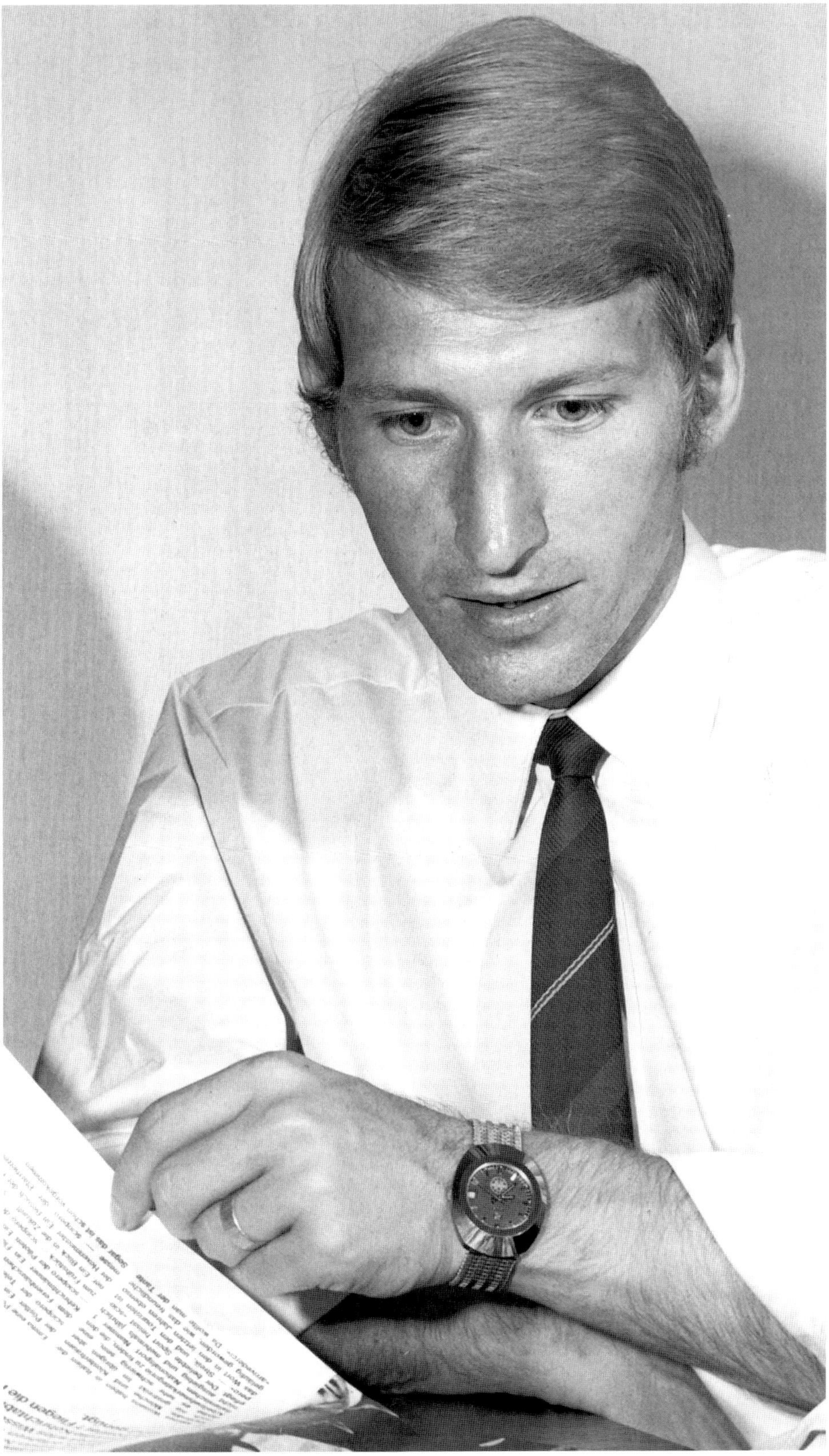

...und
Otto Baeriswyl freuen sich,

auf den 16. November 1971
von 19.00 Uhr bis 22.00 Uhr
zur Eröffnung des Restaurant

HOLZ SCHOPF *

Clarastrasse 1
4058 Basel

einzuladen.
Kommen Sie doch bitte auf
einen Sprung vorbei.

* ganz neu für Basel...

Geschäftsführung:
Niki + Doris Heiniger

145

gesehen, unsern Superstar. Er kam auf mich zu und begrüsste mich:

‹Ich bin der Karli. Wie heisst du?›

‹Roland heisse ich. Und bin der Nachbar aus der Greifengasse!› Mensch, das war das ultimative Erlebnis! Ich war per du mit dem Star! So blieb es bis heute!»

Das Restaurant am Claraplatz gehörte der Anker Brauerei, und Karli erhielt das Angebot, als Pächter einzusteigen. Da er kein Wirtepatent besass, suchte er einen Partner und fand diesen in Otti Baeriswyl. Dieser war zuvor Wirt in der Gundeldingerhalle gewesen, danach hatte er das Gundeldinger-Casino übernommen. An beiden Orten verkehrten stets viele Sportler. Der spätere Hotel-Basel-Betreiber sagt über jene Zeit:

«Karli und ich haben zusammen den Holzschopf gepachtet. Dabei hatte er zwei und ich einen Drittel Anteile. Wir gestalteten das Lokal mit viel Holz. Die Einladungskarte für das rauschende Eröffnungsfest hatte die damalige Freundin

Mäni Weber im Holzschopf

Im Holzschopf, von links: Mäni Weber, Bruno Michaud, Helmut Benthaus, Jean-Paul Laufenburger, Seppi Kiefer, Karl Odermatt und Peter Wenger

und spätere Ehefrau des Fernsehmannes Mäni Weber, Irène Leuppi-Monigatti, entworfen. Es war ein wunderbares Ereignis – alle kamen. Es gab immer wieder unglaubliche Feste im Holzschopf!»

Viele Freunde von Karli verlegten ihren Stammtisch in den Holzschopf – wie zum Beispiel die von den Brüdern Heini und Werner Büchler gegründeten ‹Atom-Waggis›. Das Restaurant entwickelte sich zum beliebten Treffpunkt und wurde zu einer originellen Mischung aus Sportlertreff, Fasnachtsbeiz, Kleinbasler Stammtisch und Promi-Lokal. Mitten drin sass Karl Odermatt und genoss den Rummel.

Ein Song, ein Buch, Velorennen und Kaugummi-Bildli

Zu jener Zeit war Odermatt auch karitativ tätig. Einige Male bestritt er, zusammen mit Helmut Benthaus, Werner Düggelin, Robi Juen und vielen andern, Plausch-Benefiz-Velorennen des Montibeux-Clubs. Montibeux ist der Name eines Fendant der Firma Orsat – deshalb wurde der Montibeux-Club auch als Fendant-Club bezeichnet. Orsat sponserte verschiedene Velorennfahrer wie Bucher, Knecht oder Kübler. Diese Sportler gründeten in Zürich einen Club und nannten ihn Montibeux-Club. Ende der 60er Jahre wurde Otti Baeriswyl gebeten, eine Basler Filiale zu gründen. Die hiesigen Gründungsmitglieder waren Bruno Michaud, Robi Juen, Alfred Hopf und Otti Baeriswyl. Zu Beginn wurden nur bekannte Sportler aufgenommen. Karl Odermatt war auch dabei. Die Auflage war, jedes Jahr eine Benefiz-Veranstaltung durchzuführen.

Karli genoss die Verlockungen des Ruhmes in vollen Zügen. Die Zeitungsredaktionen rissen sich um ihn – die Presse war ihm wohlgesinnt. Er wurde besungen. Ein Dokument jener Zeit ist der Song ‹Karli, none Gool›, der auf ‹Tell Records› als Single erschien.

Robert Juen und Karl Odermatt

Karli und Regierungsrat Lukas ‹Cheese› Burckhardt

Helmut Benthaus und Karli mit Rennvelo, Werner Düggelin nimmt den Solex

Otti Baeriswyl und Karli

Karl Odermatt bei einem Benefiz-Velorennen. Vor ihm steht seine Mutter, rechts neben Odermatt steht der Fotograf Kurt Baumli

Ruedi Reisdorf mit Georges Schneider; links: Mutter Odermatt neben Kurt Schudel; Mitte oben: ‹Cheese› Burckhardt neben Franz Bauer, Roger Brennwald

Karli wird vom italienischen Weltstar Gina Lollobrigida herzlich begrüsst

Hardy Schneiders und Peter Felix waren die Väter des musikalischen Werks, das – unterstützt vom Stadion-Speaker Otti Rehorek – fortan im St. Jakob-Stadion gesungen wurde.

Der Vers ‹Karli, none Gool› hat die Zeit überlebt und ist heute noch zu hören – der gleichnamige Song geriet hingegen schnell wieder in Vergessenheit.

«Das lag wahrscheinlich daran, dass die Melodie zu kompliziert war», meint die Stadion-Speakerlegende Otti Rehorek. «Ich sagte damals immer, dass wir einen FCB-Song brauchen. Megge Afflerbach machte daraufhin einen Text zu einer einfachen, bekannten Melodie. Der Text wurde im Match-Programm abgedruckt, und das Lied kam gut an. Dann schrieb einer diesen Karli-Song. Er konnte als 45er-Schallplatte gekauft werden. Sie wurde kein Hit. Man kann den Leuten nichts aufzwingen. So ein Lied muss aus dem Bauch der Massen kommen.»

Otto Rehorek, gelernter Grafiker, aber auch Kabarettist, Eislauf-Star (von 1947 bis 1955 war er zusammen mit dem Basler Schauspieler Buddy Elias als Eisclown bei ‹Holiday on Ice› engagiert), langjähriger Drummeli-Rahmenspieler und heutiges FCB-Ehrenmitglied, war ab 1964 bis 1995 ehrenamtlicher und witziger Stadionsprecher:

«Ich löste seinerzeit Otto Müller als Speaker auf dem Landhof ab. Müller war als Werbemann bei den IWB tätig gewesen. Als er ins Spital musste, sprang ich für ihn ein. Danach wünschte der FCB-Vorstand, ich solle den Job übernehmen. Ich war dann 30 Jahre lang Speaker. So konnte ich Karl Odermatts Karriere von Anfang an verfolgen.»

Fussball-Club Basel

WALTER BALMER	 ROLF BLÄTTLER	 OTTO DEMARMELS	 PAUL FISCHLI
 RENÉ HASLER	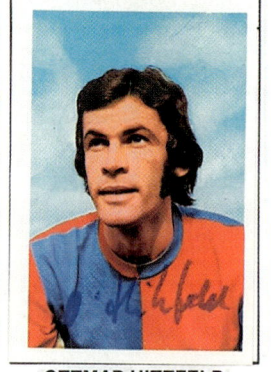 OTTMAR HITZFELD	 JOSEF KIEFER	 MARCEL KUNZ
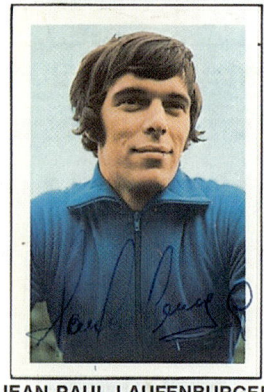 JEAN-PAUL LAUFENBURGER	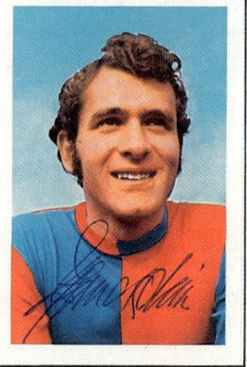 WALTER MUNDSCHIN	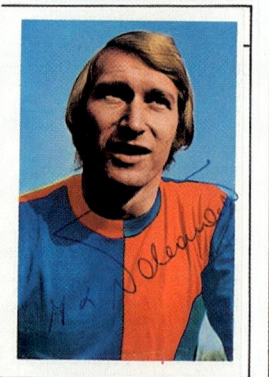 KARL ODERMATT	 BRUNO RAHMEN
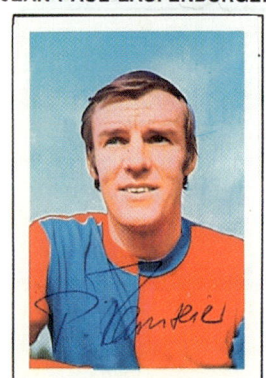 PETER RAMSEIER	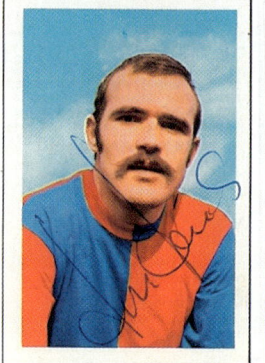 URS SIEGENTHALER	 PETER WENGER	 HELMUT BENTHAUS

Auch literarisch und fotografisch wurde Karl Odermatt viel Ehre erwiesen. Hans Peter Fahrni gab ein reich bebildertes Werk heraus, in dem zahlreiche Zeitgenossen, zum Beispiel Karlis Kompaniekommandant, verschiedene Sportler und einige Politiker über den Fussballhelden berichteten.

Und dann gab es natürlich noch die seit vielen Jahren beliebten Kaugummi-Bildchen, auf denen die Schweizer National-Fussballspieler abgebildet waren. Selbstverständlich war auf den Pausenhöfen der Schulen ein Karli-Konterfei einiges mehr wert, als jedes andere Bild:

«Tausche drei Lausanne-, zwei GC- und drei YB-Spieler gegen einen Karli.»

Burlington-Schappe und Olympia-Kaffeemaschinen

Im Gegensatz zu den heutigen Profis konnte Karl Odermatt damals nur knapp von seinen Fussballer-Einkünften leben. So fand er zu jener Zeit eine Arbeitsstelle bei der Firma Burlington-Schappe. Sein Chef war zuerst Hans Hadorn und später Heinz Buess.

Konferenz bei der Firma Schappe

Die Torhüterlegende von 1860 München: Petar Radenkovic (Mitte)

Burlington Industries war ein grosser Textilproduzent, eine amerikanische Gesellschaft, welche die ‹Société Industriel de la Schappe› aus Basel übernommen hatte.

‹D'Schappe› – wie man hier im Volksmund sagte – war in jener Zeit eine alteingesessene Basler Firma. Der Name Schappe geht zurück auf ein chinesisches Wort, von dem niemand so genau wusste, was es bedeutet – es soll im Zusammenhang mit dem Begriff ‹Seidenabfall› verwendet worden sein. Als die Amerikaner den alten Basler Betrieb übernahmen, wurde Hans Hadorn Basler Firmenchef an der St. Jakobs-Strasse 54. Heinz Buess:

«Hans Hadorn war Berner und fanatischer Fussball-Anhänger. Er bot Karl Odermatt die Stelle in der Schappe an.»

Karl Odermatt war nicht der einzige Fussballer im Dienste von Burlington-Schappe: Der ebenfalls beim FCB spielende René Hasler arbeitete dort, und die damalige Torhüter-Legende von TSH 1860 München Petar ‹Radi› Radenkovic (‹bin ich Radi, bin ich König!›) war in der Münchner Filiale beschäftigt.

Gemeinsam Weihnachten feiern: Die Familien Campi und Odermatt

Hans Hadorn war zu Beginn der 70er Jahre, als Basel in der Fussball-Euphorie versank, in der Basler Gesellschaft ein umworbener Mann. Er verliess Burlington-Schappe, gründete die Firma Baltex, kam mit dem Gesetz in Konflikt und kehrte nach Bern zurück. Heinz Buess übernahm daraufhin dessen Posten als Burlington-Schappe-Chef:

«Wir setzten Karli Odermatt vorwiegend zu Repräsentationszwecken ein, etwa beim Verkauf von Burlington-Socken. Oftmals besuchte er auch Kunden, was von denen äusserst geschätzt wurde. Karli hat mich immer sehr beeindruckt. Er war ja damals ein absoluter Fussball-Star. Trotzdem kam er jeden Morgen pünktlich mit dem Tram Nr. 15 zur Arbeit. Er hat nur etwa drei Tage pro Woche für uns gearbeitet, da er viele Fussball-Verpflichtungen hatte. Nachdem Hans Hadorn Basel verliess, informierte ich Karl Odermatt, dass er sich leider eine neue Stelle suchen müsse. Nach kurzer Zeit fand er diese bei einer Versicherung.»

Carlo Campi hatte damals die Vertretung der Kaffeemaschinen-Firma Olympia für die Nordwestschweiz:

Carlo und Karli auf Barbados

«Karli Odermatt und ich lernten uns Ende der 60er Jahre in einem Restaurant kennen. Wir wurden Freunde, und Karli begann für uns zu arbeiten. Er hat ungefähr zwanzig Jahre lang Kaffeemaschinen verkauft. Während der ersten Jahre arbeitete er auf Provisionsbasis und später, als er aus Bern zurückkam, arbeitete er im festen Anstellungsverhältnis für uns. Er hat für uns in Basel an allen Messen gearbeitet – Muba, Herbstmesse, Igeho. Dank seiner Popularität war er ein idealer Repräsentant, ein Naturtalent im Verkaufen.»

Mit der Zeit beschränkten sich die Beziehungen zwischen Karl Odermatt und Carlo Campi nicht nur auf das Geschäftliche. Zusammen mit ihren Frauen Inge Campi und Vreny Odermatt verbrachten sie jetzt auch gemeinsame Ferien. Carlo Campi:

Franz Beckenbauer und Karl Odermatt

«Während der WM waren wir zusammen in Dänemark. Von dort brachten wir einen Labrador-Welpen mit nach Hause. Wir nannten ihn Lato, nach dem polnischen Fussballer, der bei der WM 74 in Deutschland Torschützenkönig werden sollte. Lato heisst auf polnisch Sommer. In den Ferien trainierten wir zusammen.

Berti Vogts, Karl Odermatt und Günter Netzer

Helmut Benthaus gab Karli einen Trainingsplan mit. Er hatte nur Ferien bekommen mit der Auflage, fit zurückzukommen.»

Der Einsatz für die Schweiz

Gegen eben jenen Lato und sein polnisches Team errang Karl Odermatt mit der Nationalmannschaft ein 1:1 in Warschau. Dafür gab es im selben Jahr gegen Deutschland eine brutale 1:5-Schlappe:

«Es war meine zweite grosse Niederlage mit der Nati. Wir spielten allerdings gegen das beste deutsche Team aller Zeiten mit Beckenbauer, Netzer, Overath, Breitner, Müller und Maier.»

Karli Odermatt erfüllte nicht nur mit der Nationalmannschaft seine vaterländische Pflicht, sondern stellte seinen Mann auch in der Armee:

«Die Landesverteidigung ist so nötig wie eh und je. Trotz des mit dem Militärdienst verbundenen Stresses sind meine Diensterinnerungen nicht negativ.»

Das ist nicht verwunderlich, schaffte es Karl Odermatt doch, seiner Passion, dem Fussball, auch im Militär zu frönen. Er durfte jeweils in seinen Wiederholungskursen eine Bataillon 54-Mannschaft zusammenstellen. Die Militärauswahl mit Karli als publikumsträchtigem Aushängeschild trat gegen Dorfmannschaften an. Diese Spiele, etwa gegen den FC Breitenbach, den FC Walenstadt und andere stiessen auf grosses Interesse. Karl Odermatt:

Trotz Unfall gut gelaunt

Karl Odermatt mit Karl Sidler. Karli: «Ich habe ihm öfter das Gewehr und den zweiten Sack getragen»

«Ich bekam jeweils zwei Tage frei, um diese Spiele vorzubereiten. Ich liess Plakate drucken, machte Werbung und stellte unsere Mannschaft zusammen. Für die Spiele verlangten wir Eintritt, und die Soldaten verkauften den Zuschauern Kaffee Lutz. Das eingenommene Geld bekam der Quartiermeister, der damit spezielle Essen für uns organisierte.»

Das Militär und Karl Odermatt gingen eine für beide Seiten attraktive Symbiose ein. Das war nicht von Anfang an so. Zu Beginn schienen die Offiziere eher darauf bedacht, diesem Soldaten auf keinen Fall eine Extrawurst zu braten. Karl Odermatt hatte sogar, wie schon in der RS, das Gefühl, er würde in den ersten Wiederholungskursen schikaniert:

«Es schien mir, dass ich aufgrund meiner Fitness speziell hartem Drill ausgesetzt war. Das war ungerecht und ich beklagte mich bei Oberst Gerhard Wetzel. Dieser stimmte mir zu und ich bekam einen Posten als Offiziers-Putz-Ordonnanz.»

Das machte das Militärleben für Karl Odermatt erträglicher. Trotzdem konnten Auseinandersetzungen mit den militärischen Autoritäten nicht ausbleiben. Sie führten zu einer Verhaftung mit stundenlangen Verhören:

«Wir waren in Matzensdorf stationiert, als das Fernsehen ein Fussball-WM-Spiel der Italiener übertrug, das ich unbedingt sehen wollte. Im Nachbardorf gab es das Dancing Rondo. Dort war eine Grossleinwand installiert. Obwohl das Dorf ausserhalb unseres Ausgangsrayons lag, fuhren wir zu viert mit einem Privatauto hin. Während wir uns das Spiel ansahen, sagte die Barmaid zu mir, dass die Heerespolizei im Lokal sei.»

Die Soldaten flüchteten durch das Toilettenfenster des Dancings – die Militärpolizisten hatten Karl Odermatt jedoch erkannt. Sie kamen kurz darauf nach Matzensdorf, wo die ganze Kompanie anzutreten hatte.

«Wer war im Rondo?» Karl Odermatt meldete sich als einziger. Daraufhin wurde er fünf Stunden lang verhört. Man behandelte ihn wie einen Schwerverbrecher – aber er verriet seine Kameraden nicht. Der Soldat Odermatt bekam den Bescheid, dass der Fall vor das Militärgericht komme. Einige Zeit später musste Karli Odermatt vor dem Militärgericht in Aarau antreten. Schliesslich wurde er zu zwei Tagen Wolldeckenfalten in der Kaserne Liestal verurteilt. Die Boulevard-Presse stürzte sich mit Freude auf diesen Fall substanziellen Leerlaufs auf Kosten der Steuerzahler.

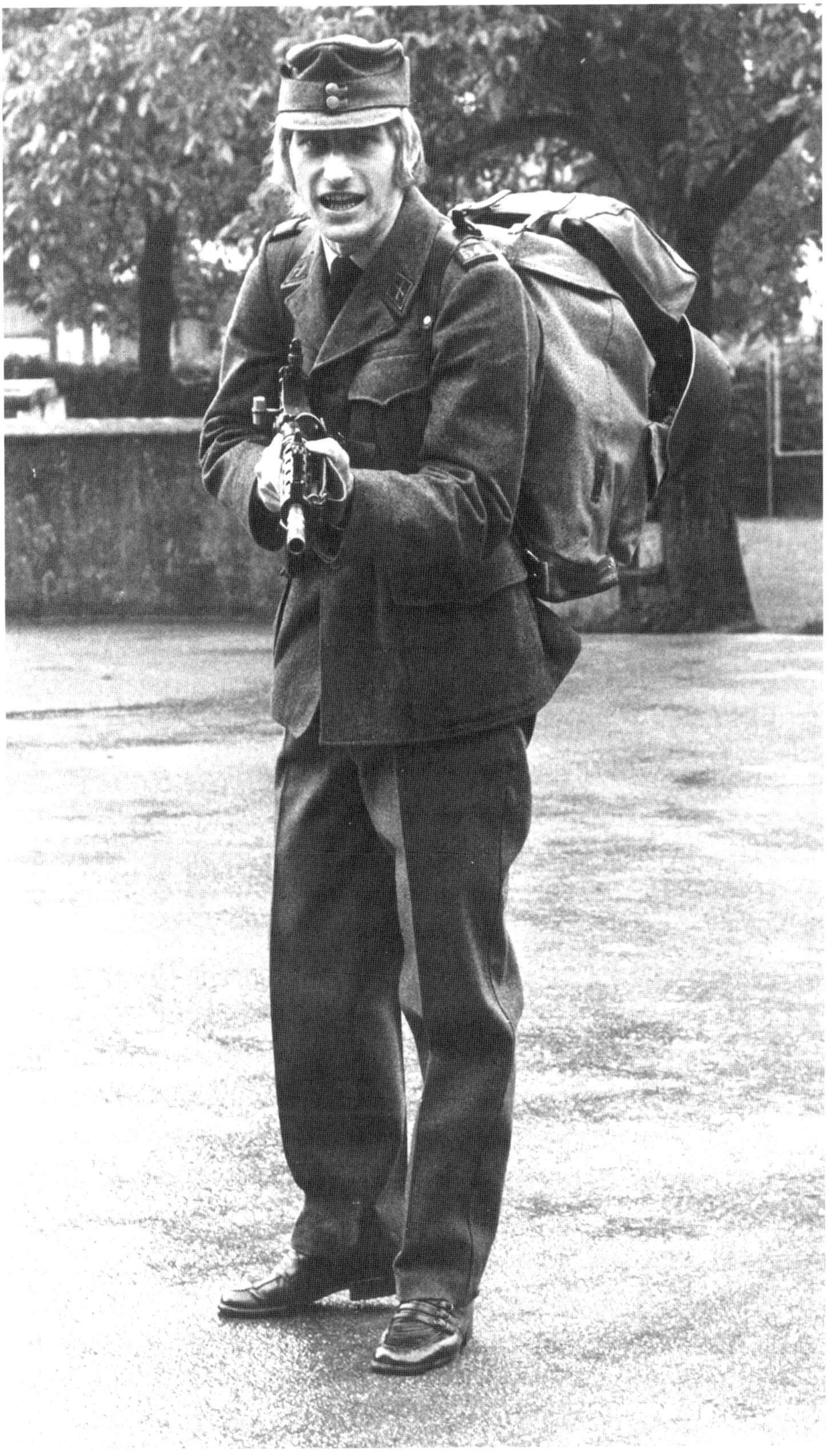

Gotti Dienst und Karli

Zuschauer beim Fussball spielenden Füsilier Odermatt

Hoher Besuch. Odermatt grüsst Korpskommandant Vischer

Attika an der Holbeinstrasse

Ein zärtlicher Vater

Im Privatleben waren die Zeiten glücklich und rosig. Die Familie Odermatt kaufte sich 1972 eine wunderschöne Attikawohnung an der Holbeinstrasse. Der Fussballkönig von Basel hatte nun mit seiner kleinen Familie sein ganz spezielles Reich. Vreny Hefty-Odermatt: «Wir waren glücklich. Karli war ein toller Vater, aber er hat neben dem Fussball auch noch arbeiten müssen. Deshalb hatte er oft wenig Zeit, um sich um die Kinder zu kümmern. Karli ist ein sehr lieber Mensch, der es allen recht machen will. Das brachte ihn in seinem Leben oft in Schwierigkeiten. Seine Bescheidenheit und Liebenswürdigkeit faszinierten mich.»

Elio Tomasetti, der Karli schon seit der gemeinsamen Jugendzeit kannte, war sein enger Vertrauter und Freund:

«1969, als Karlis zweite Tochter zur Welt kam, fragte er mich, ob ich ihm helfen könne. Er wolle in der Stadt eine Wohnung kaufen. An der Holbeinstrasse war eine Eigentumswohnung zum Verkauf ausgeschrieben. Karli entschloss sich zum Kauf jener Wohnung und investierte sein Geld zum ersten Mal auf eine vernünftige Art. Wir brachten diesen Kauf gemeinsam über die Bühne. So hat sich eine tiefe Freundschaft zwischen uns entwickelt. Karl ging immer am Sonntag und am Montag auf die Gasse. An den Samstagen bin ich öfters bei ihm zu Hause gewesen.»

Die Strassensperre im Tessin

Elio Tomasetti hatte es auch eingefädelt, dass Karli Odermatt seinen Fahrausweis in den Ferien im Tessin machen konnte. Als nämlich andere FCB-Kicker schon in Porsches und anderen schnellen Schlitten fuhren, war Karli immer noch bescheiden mit dem Velo zum Training und zum Match unterwegs:

«1972 sind wir gemeinsam ins Tessin in die Ferien gefahren. Karli sagte immer, er sei zu dumm für die Fahrprüfung – das stimmte natürlich nicht. Er hatte einfach keine Zeit – für ihn gab es nur Fussball. Ich sagte ihm, ich könne ihm im Tessin helfen. Wir sind zum Polizeipräsidenten von Locarno gegangen und haben Karli in Bellinzona zur Fahrprüfung angemeldet. Ich vergesse das nie: ‹Carlo Nazionale›

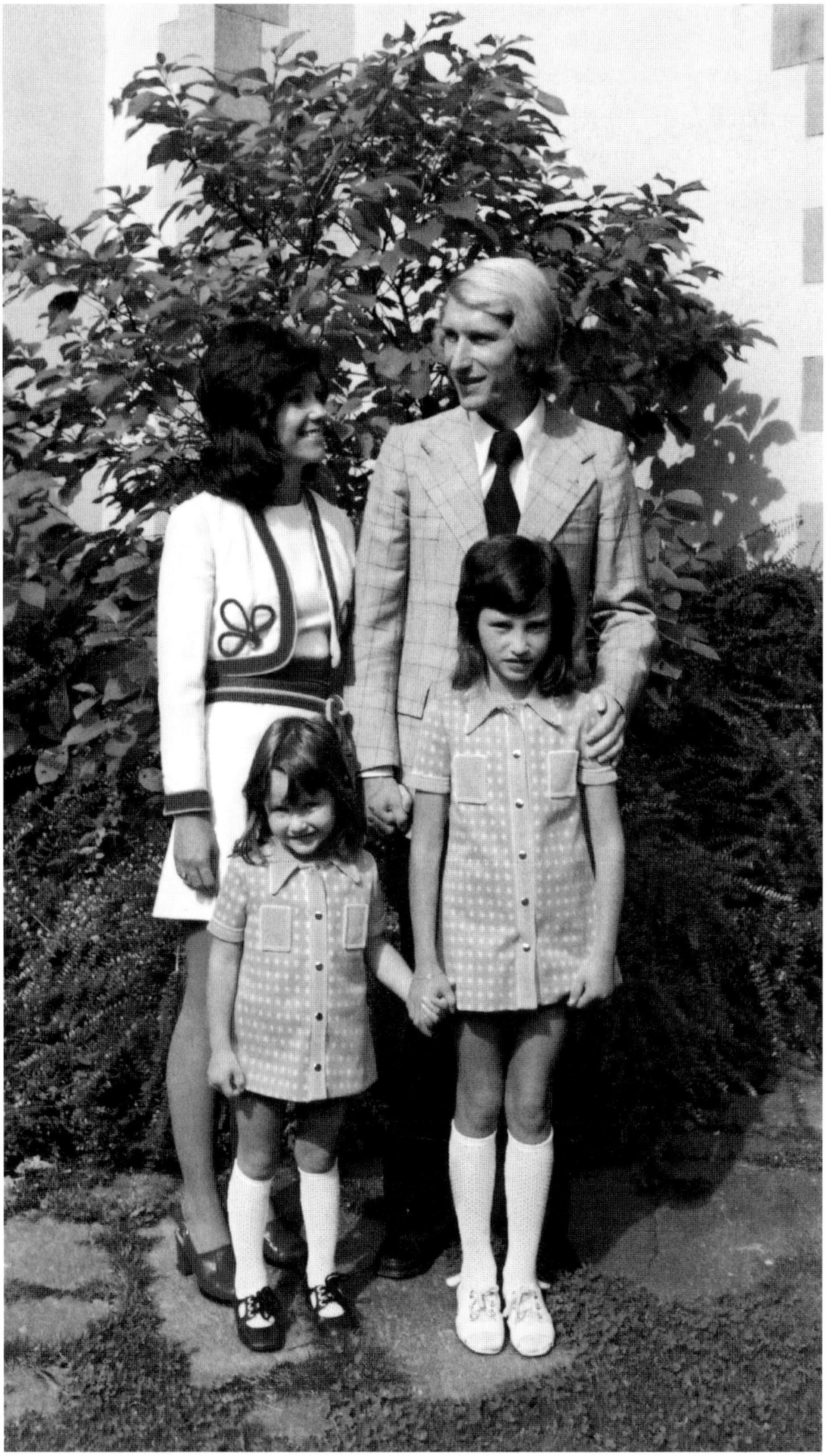

absolvierte die Fahrprüfung in Bellinzona. In vier Wochen machte er in einem Aufwisch die mündliche und die praktische Fahrprüfung. Dafür wurde sogar eine Strasse abgesperrt. Bei dem Anstieg hinauf zum Castello musste er Anfahren am Berg. Ich fuhr mit meinem Auto hinterher. Es war eine unglaubliche Geschichte.»

Die verlorene Sau und der Ritt auf der Kuh

Jene Zeit war auch der Beginn der Tradition der berühmt-berüchtigten Tomasetti-Odermatt-Geburtstagsfeste. Elio Tomasetti organisierte diese verrückten Partys meist zusammen mit ‹Büchse› Bürgin und zog dabei alle Register:

«Ich habe am 10., Karli hat am 17. Dezember Geburtstag. Einmal organisierten wir am 17. Dezember mit 100 Schafen und Geissen einen richtigen Alpaufzug. Auf der Claramatte pferchten wir die Tiere ein. Dann zogen wir mit ihnen wie bei einem Alpaufzug durch die ganze Stadt. Man stelle sich vor: an einem kalten 17. Dezember! Die Feste fanden jeweils in verschiedenen Restaurants statt: im Dupfclub, in der Hasenburg, im Charon und dreimal in der Spalenburg. Einmal wurden uns zum Geburtstag eine Sau und ein paar Hühner geschenkt. Wir feierten im Dupfclub. Nach zwei Tagen rief mich der Wirt an. Er sagte, er könne nicht mehr in sein Restaurant hineingehen. Er traue sich nicht. Es stinke und grunze von unten herauf. Ich ging dann sofort hin. Es war tatsächlich die Sau, die wir vor zwei Tagen vergessen hatten! Die Hühner hatten keine Federn mehr, weil sie vor Angst im Dunkeln überall rumgeflogen und angestossen sind. Wir brachten die Tiere nach Schönenbuch zu einem Bauern. Es war schrecklich. Jeder dachte, der andere habe die Sau und die Hühner mitgenommen. Dabei waren die immer noch im Dupfclub!

Einmal sassen wir alle zusammen um fünf Uhr morgens im Restaurant Heyer in Biel-Benken

Karli mit Geburtstagsgeschenk

Ein typisches Karli-Fest

und assen Spiegeleier mit Rösti. Plötzlich ritt Freddeli Schmid zusammen mit ‹Büchse› Bürgin auf dem Rücken einer Kuh in die Beiz, und als Erstes pflädderte diese einen Fladen vor das Buffet. Die beiden hatten die Kuh im Stall beim Melken entführt!

Es gibt heute wenige Menschen, die man immer noch so verehrt wie den Karli. Er arbeitete viel für wenig Geld. Es war ihm wichtig, dass der FCB gute Spieler hatte, auch wenn die andern mehr verdienten als er selbst. Und wenn Karl mal eine Nacht lang im Hazyland abgestürzt war, entschied er am folgenden Tag den Match allein. Der spielte trotz Schlafmanko so gut wie immer. Er schoss in Wembley eines der schönsten Goals des Jahrzehnts – aus zwanzig Metern Entfernung… Wenn ich daran denke, wie viel der Karli dieser Stadt gebracht hat – nur schon in Form von Billettsteuern!»

Köbi Kuhn: «Er gehört uns!»

Zu kalt für Cubillas

1972/73 holte der FCB einen weiteren Schweizermeister-Titel. Dafür gab es im Cupfinal erneut eine Niederlage gegen Zürich zu verdauen:

«Wieder ging es gegen Zürich, und deswegen hatten wir schon Angst, als wir auf den Platz kamen. Die Zürcher servierten uns sogleich eiskalt ab. Das war ärgerlich. Wir standen uns nach dem Spiel am Bahnhof später nochmals gegenüber. In einem Zug sassen wir, um verärgert und enttäuscht nach Basel zu fahren. Im Zug auf dem Gleis nebenan standen die jubelnden und singenden Zürcher Spieler. Köbi Kuhn hielt die Sandoz-Trophäe aus dem Fenster und schrie triumphierend zu uns herüber:

‹Er gehört uns, er gehört uns!› »

Die Saison 1973/74 beendete der FCB mit dem fünften Schlussrang. Das war auch deshalb enttäuschend, weil mit Teofilo Cubillas ein Superstar für Basel spielte. Cubillas blieb allerdings nur ein halbes Jahr beim FCB. Ruedi Reisdorf hatte den peruanischen Star nach Basel geholt:

«Teofilo Cubillas wurde in Peru wie ein Fussballgott behandelt. Wo er sich aufhielt, versammelten sich die Massen und bewunderten ihn. Deshalb war er auch fast ein Leibeigener des Staates. Er war Fussballer des Jahres in Südamerika. Nach seinen fantastischen Spielen, die er bei der WM 1970 für Peru gezeigt hatte, wollten ihn sowohl Real Madrid als auch der FC Barcelona unbedingt verpflichten. Sie boten viel Geld, aber es klappte nicht. So kam er zum FC Basel und wohnte während der Zeit, die er hier war, bei mir. Der FC Basel hat nichts für den Transfer bezahlt. Ich

Umberto Guarnaccia, Teofilo Cubillas, Ruedi Reisdorf, Felix Musfeld und Helmut Benthaus

habe die Ablösesumme übernommen. Das Geld habe ich dann später wieder zurückbekommen, als Cubillas zum FC Porto nach Portugal wechselte. Porto wurde sofort Meister.»

Obwohl die fussballerische Klasse von Teofilo Cubillas unbestritten war, hatte er beim FCB grosse Mühe. Helmut Benthaus erklärt dies heute so:

«Cubillas war zu haben. Ruedi Reisdorf hatte über sein Speditionsgeschäft viel mit Südamerika zu tun. Ich hatte damals Kontakt zu Reisdorf, der beabsichtigte, Cubillas in Europa anzusiedeln, zu akklimatisieren und dann teuer zu verkaufen. Cubillas war nicht irgendeiner – er war Fussballer des Jahres in Südamerika. Er war einer, der auf der Ebene von Pelé gehandelt wurde. Er hatte in Mexico bei der WM sensationell gespielt. Das konnten wir uns nicht entgehen lassen. Die Frage war, können wir uns den leisten. Wir haben das sogar mit der Mannschaft besprochen. Karli hat Cubillas als Erster umarmt, als dieser in Basel ankam. Nach einem Vierteljahr hat es sich allerdings gezeigt, dass es so keinen Sinn machte. Er war willig, aber ich durfte nicht fünf Minuten wegschauen. Wir haben den Vertrag relativ schnell wieder gelöst. Als der Entscheid gefallen und es schon klar war, dass Cubillas nach Portugal verkauft wurde, machte er bei uns noch zwei Spiele. Er hat in beiden hervorragend gespielt.»

Es blieb nur die Trennung vom peruanischen Star. Gut möglich, dass die Benthaus-Version über Cubillas' Scheitern in Basel eine diplomatische, geschönt-sportliche Variante ist. Es gibt auch die bösere Version, in der die Schuld am Misserfolg des brillanten südamerikanischen Stars in Eifersüchteleien mit fussballerischer und finanzieller Motivation zu finden ist. So wird kolportiert, dass Mannschaftskollegen

Quo vadis Cubillas?

Peter Ramseier und Karli mit Teofilo

eine Lohnabrechnung von Teofilo Cubillas in den Kabinengängen fanden und entsetzt waren über die fürstliche Höhe der Zahlungen von monatlich über 20 000 Franken. Natürlich machte diese Lohnsummenzahl rasch die Runde im eifersüchtigen FCB-Kader. Karli Odermatt dazu:

«Ich war damals Captain des Teams und alle kamen zu mir. Ich musste im Namen der Mannschaft beim Präsidium vorsprechen und deponieren, dass alle unzufrieden über die Diskrepanz im Lohnverhältnis zwischen ihm und uns waren. Am Schluss blieb alles an mir hängen. Überall wurde behauptet, ich würde Teofilo schneiden.»

Fortan munkelte man auf den Rängen, Karli Odermatt trickse den Südamerikaner auf dem Platz aus. Cubillas bekäme den Ball nur noch zugespielt, wenn es nicht zu vermeiden sei. Mancher Zuschauer wollte von der Tribüne aus bemerkt haben, dass etwas im Gefüge des FCB-Teams nicht mehr war, wie es sein sollte. Speziell Karli Odermatt habe Cubillas immer wieder Flanken serviert, die dieser stets knapp nicht habe erreichen können. Das sei bestimmt mit Absicht gemacht worden, damit Cubillas nicht zum Zuge komme, wurde kolportiert. Karli Odermatt sieht das anders:

«Cubillas war sozusagen ein Schönwetter-Spieler. Wenn es weniger als 15 Grad hatte, ist er schon fast erfroren. Wenn es nass war, fand er keinen Halt auf dem Rasen, da er nicht mit langen Stollen zu spielen gewohnt war. Und dann hat er oft im Mittelfeld den Ball verloren, und wir andern mussten dann 30, 40 Meter zurückrennen. Viele haben darüber gespottet, da dies einige Male pro Match vorkam.»

Noch immer reagiert Karli Odermatt verärgert, wenn er auf dieses Thema angesprochen wird:

«Ich bin es mittlerweile leid, zu erklären, wie es war: Cubillas kam zu uns. Es war Sommer, und er spielte fantastisch. Dann kam der Herbst, und es regnete ständig. Da er nur mit Nockenschuhen spielen konnte, fiel er ständig hin. Einmal spielten wir in Chiasso. Wir lagen in der Halbzeit 1:0 zurück. In der Kabine weinte Cubillas und weigerte sich, weiterzuspielen. Er hatte einen ‹Hacker› als Gegner. Das konnte er nicht ertragen. Der hat ihm ständig auf die Finken geklopft. Also wurde Cubillas ausgewechselt, und am Schluss gewannen wir ohne ihn 2:1. In ähnlicher Form kam das einige Male vor. Er passte einfach nicht in unsere Fussballwelt. Aber das war nicht seine Schuld. Wir wussten nicht, wie wir einen solchen Spieler behandeln sollten. Er hatte einen Dolmetscher, aber eigentlich kümmerte sich niemand um ihn. Deshalb fühlte er sich hier nicht wohl. Das Cubillas-Abenteuer war sehr fahrlässig.»

Ruedi Reisdorf bestätigt, dass Teofilo Cubillas in Basel «sehr traurig» darüber war, dass er nicht besser ankam. Im Übrigen will Ruedi Reisdorf keine alten Wunden aufreissen und spricht doch enthusiastisch und mit strahlenden Augen davon, wie gut Teofilo Cubillas in der Europacuppartie des FCB gegen den FC Brügge war:

«In Brügge hatte der FCB 1:2 verloren. Beim legendären 6:4-FCB-Heimsieg im Rückspiel zeigte Cubillas allen, was er konnte. Mit einem Weltstar wie ihm im Team hätte der FCB damals viel mehr erreichen können.»

Immerhin schaffte es der FCB in diesem Jahr in die dritte Runde des Europacups, wo dann Celtic Glasgow dem Einzug ins Halbfinale im Weg stand. Cubillas zog weiter nach Porto. Er ist heute Sportminister in seinem Heimatland Peru.

9 Gewitterwolken am rot-blauen Himmel

Das verpatzte 50. Länderspiel

Die ersten Anzeichen dafür, dass für Karli Odermatt nicht mehr alles rund lief, gab es schon 1973. Im Länderspiel gegen die Türkei wurde Odermatt, Captain des Nationalteams, in der 70. Minute ausgewechselt. René Hüssy coachte das Nationalteam und war für den unschönen Abgang des verdienten Basler Spielers verantwortlich. Karl Odermatt verletzte die für ihn heute noch unverständliche Aktion Hüssys sehr, und auch ausserhalb Basels stiess jene Entscheidung auf Unverständnis.

«Ich war damals 31 Jahre alt und der Captain der Mannschaft. Ungefähr zwanzig Minuten vor Schluss stand es immer noch 0:0. Die Türken wurden stärker. Deren Trainer brachte einen neuen Mann mit der Nummer 13. Ich sagte zu Gabey Chapuisat:

‹Deck auch einmal einen Stürmer, sonst bekommen wir ein Tor.›

Chapuisat sagte:

‹Ich spiele im Mittelfeld, ich decke keinen.› Köbi Kuhn, der öfter schon Schwierigkeiten mit Chapuisat hatte, schüttelte den Kopf. Deshalb rief ich über den Platz unserm Trainer Hüssy zu:

‹Chapuisat deckt nicht, wir müssen etwas tun, es läuft schief!›

Hüssy schrie zurück: ‹Moment, ich wechsle gleich.› Und dann:

‹Karl, Wechsel!›»

Hüssy wechselte Karl Odermatt aus! Spieler und Zuschauer waren konsterniert. Kaum war Karli draussen, schoss die Nummer 13 der Türken zwei Tore. Später, an der Teamsitzung wollte Karl Odermatt vom Trainer wissen, warum er gerade ihn ausgewechselt habe. Hüssy antwortete:

Das Nationalkader beim Jassen

«Ich musste im Mittelfeld etwas ändern, das musst du akzeptieren.»

Karl Odermatt war enttäuscht und zornig und deklarierte klar, dass er mit dieser Auswechslung nie und nimmer einverstanden sei. Hüssy zuckte die Achseln und berief Karl Odermatt fortan nicht mehr ins Nationalteam. Entsprechend ist auch die Meinung von Karl Odermatt über den damaligen Nationaltrainer:

«René Hüssy, den alle den Kragenbär nannten, war eine Fehlbesetzung. Er hatte keine Ausstrahlung – kein Charisma.»

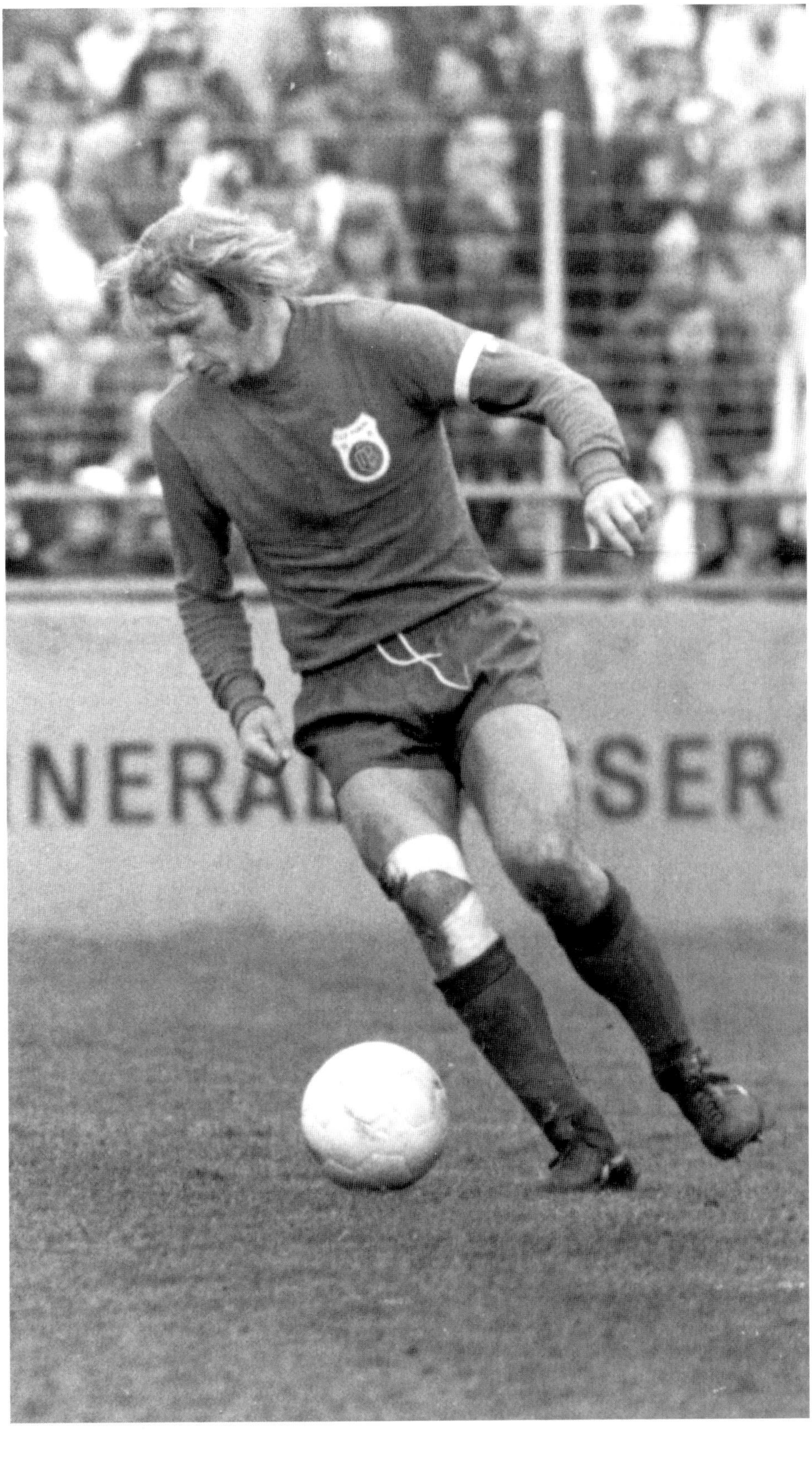
NERAL SSER

Karl Odermatt und Angelo Boffi im Nationaldress

Mit diesem Spiel war das Kapitel Nationalmannschaft für Karl Odermatt abgeschlossen. Er hatte 50 Spiele absolviert. Karl Odermatt ist bis heute Rekord-Nationalspieler des FCB Basel und wird es wohl auch für die nächste Zeit bleiben.

Die neue Liebe und die Trennung von der Familie

Schlimmere Folgen hatten Eskapaden, die sich Karl Odermatt in seinem Privatleben leistete. Mittlerweile war er in Basel längst zur Kultfigur, ja zum Pop-Star avanciert – und da waren die Verlockungen durch weibliche Fans gross. Die Fussballer des FC Basel wurden von Groupies umschwärmt. Vor allem Karl Odermatt mit seinen blonden Locken, seinem Charme und seiner geselligen Art war gefragt. Dass ihr Mann von vielen Frauen verehrt und begehrt wurde, war für Vreny Odermatt keine Bedrohung. Sie akzeptierte dies als Kehrseite des Ruhms.

1974 geschah allerdings etwas, das das Leben von Vreny und Karl Odermatt sehr belastete: Die damals neunjährige Tochter Jacqueline erkrankte an Hirnhautentzündung. Ihr Gesundheitszustand war über längere Zeit sehr instabil und kritisch. Dann begann sie,

Jacqueline Odermatt

sich zu erholen, litt allerdings sehr unter den Nachwirkungen der Krankheit. Sie hatte Mühe, sich zu konzentrieren, Folge davon waren Lernschwierigkeiten in der Schule. Aus diesem Grunde suchten die Eltern eine Lehrerin, die ihr Nachhilfestunden erteilen sollte.

Die attraktive zwanzigjährige Frau, die fortan viel bei den Odermatts war, hiess Hedy, war Lehrerin und setzte sich sehr für die schulischen Fortschritte der Tochter Odermatt ein. Und sie verliebte sich in Karl Odermatt. Vreny Odermatt sagt im Rückblick:

«Es kam damals viel zusammen. Bei Karli klappte es im Fussball nicht mehr. Er brauchte Bestätigung.»

Aus dem Seitensprung mit Hedy wurde eine Beziehung. Karl Odermatt spielte mit dem Feuer – neben seiner Frau

Karli und Hedy

hatte er jetzt eine feste Freundin, die in der Wohnung an der Holbeinstrasse ein- und ausging. Vreny Odermatt ahnte nichts von der geheimgehaltenen Liebe. Das schwierige private Versteckspiel wirkte sich jedoch intensiv auf seine Fussballer-Karriere aus. Zudem verletzte sich Karl Odermatt in einem Spiel gegen Vevey schwer.

The Beginning of a Beautiful Friendship

Karli Odermatt und Dr. Werner Müller

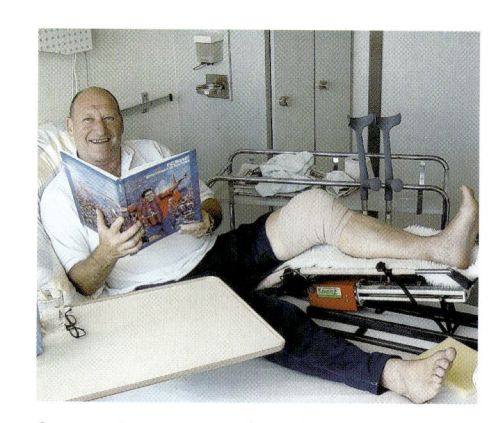

Spätere Operation auch am linken Knie

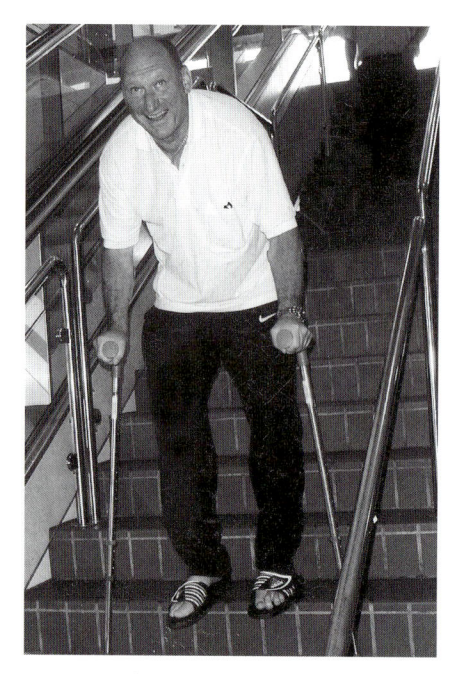

...erneut auf dem Weg zur Besserung

Odermatt, der in seinen langen Jahren beim FCB nie krank oder verletzt gewesen war, fiel aus. Das innere Seitenbandsystem am rechten Knie war zerfetzt. Prof. Werner Müller, damals schon hervorragender und vielgefragter Orthopäde, war von 1970 bis 1978 Leitender Arzt an der Orthopädisch-Traumatologischen Abteilung der Uniklinik am Basler Kantonsspital. Er operierte Odermatt und machte glänzende Arbeit:

«1974, im Spiel gegen Vevey, blieb Karli liegen und hielt sein Knie. Mir fiel bei der Untersuchung sofort auf, dass die Bänder der ganzen Innenseite des Knies nicht mehr hielten. Die Verletzung war derart schlimm, dass einige Kollegen während der Operation meinten, Karlis Zeit als Fussballer sei nun endgültig vorbei. Zu jenem Zeitpunkt forschte ich nach einer neuen Möglichkeit, abgerissene Bänder am Knochen wieder zu befestigen. Ich konstruierte spezielle Zackenunterlagsscheiben – die haben das Aussehen jener Reissnägel, die nicht nur vier, sondern mehrere Zacken an der Unterseite haben. Der Hauptteil dieses Innenbandsystems war zwei Zentimeter unterhalb des Gelenkes am Schienbein abgerissen. Wir konnten die Bänderzügel mit den neukonzipierten Unterlagsscheiben mittels der Spikes direkt an den Knochen zurückfixieren und damit eine frühe Rehabilitation mit freier Beweglichkeit und Krafttraining planen. Wir rechneten mit drei bis vier Monaten Erholzeit.

Im Januar 1975 verletzte sich Karl erneut. Es gab an der Montagestelle mit den Zacken-Unterlagsscheiben einen Einriss – wie bei einer Briefmarke. In der

Zwischenzeit bekam ich über Prof. von Hochstetter eine theoretische Arbeit von Dr. Alfred Menschik in die Hände, aus der ich den praktischen Nutzen für die zweite Operation holen konnte. Diese Hinweise von Prof. von Hochstetter wurden für meine gesamte berufliche Entwicklung wegweisend. Als Karl im Januar 1975 mit der zweiten Verletzung kam, wandte ich die theoretischen Überlegungen Menschiks zum ersten Mal in der Praxis an. Es war mir nach der Lektüre seiner Arbeit klar, dass die normale Anatomie des Seitenbandes bei einer derart gelenknahen Fixation, wie ich sie während der ersten Operation durchgeführt hatte, eine reibungsfreie Funktion gar nicht erlaubt, weil die Elastizitätsreserve des Bandsystems damit zu gering wird. Deswegen hat es bei der zweiten Verletzung genau an den Spikes der Unterlagsscheiben wiederum einen Einriss im Band gegeben.

Karlis Kopfbälle

Wir konnten aber nach der Entfernung der Schrauben und Unterlagsscheiben mit verwebenden Nähten alles wieder anatomisch fixieren und den Schmerz am Fixationspunkt beseitigen.

Nach weiteren zwei Monaten hatte Odermatt seine Spielfähigkeit wieder erlangt. Es konnte nach jener zweiten Operation mit Karlis vollem Einsatz für die Spiele der Meisterschaft und den anstehenden Cupfinal gegen Winterthur gerechnet werden. Mit dem so operierten Bein hat Karli Odermatt dann eines seiner schönsten Goals geschossen!»

«Ich habe den Ball bis zum Schluss links vom Pfosten gesehen – im letzten Moment hat er sich wie eine Banane ins Tor hinein gedreht!» – so erinnert sich Karl Odermatt an jenes einzigartige Goal.

Die weitere Heilung verlief gut – Odermatt hatte jedoch viele Jahre höchster sportlicher Beanspruchung hinter sich. Er trainierte weiterhin hart und rang ehrgeizig darum, seine ehemalige Form wieder zu erreichen.

Benthaus und Müller – die professionelle medizinische Betreuung

Vor der Benthaus-Zeit war Dr. Zehnder Notfallarzt während der Heimspiele. Er wurde von den Brüdern Marti abgelöst – Max Marti ist Gynäkologe, Walter Marti Internist. Felix Marti, der Sohn von Walter Marti, hat heute eine Praxis in Muttenz und setzt die Familien-Tradition im FCB-Arzt-Team fort.

Der erste ärztliche Kontakt von Dr. Müller mit dem FCB entstand, als Paul Fischli eine Meniskus-Verletzung hatte: «Das war 1967/68 – ich war damals Oberarzt am Felix Platter-Spital. Da meine Vorgesetzten nicht im Hause waren, musste ich als junger Arzt operieren. Nach sehr sorgfältiger Abklärung nahm ich den Meniskus heraus. Fischli konnte nach sechs bis acht Wochen im Europacup-Spiel in Moskau gegen Dynamo zur Freude aller wieder spielen.

Ich habe bei Fischli neuartige, möglichst schonende Techniken angewandt. Bis anhin mussten Spieler, die nach konventionellen Methoden operiert wurden, sehr lange aussetzen.

Die Tatsache, dass Fischli so schnell – nach nur zwei Monaten – am Europcup-Spiel in Moskau wieder hat teilnehmen können, war der Beginn einer längeren und engen Beziehung mit dem FCB. Helmut Benthaus rief mich eines Tages an und teilte mir mit, dass ein Arzt einen seiner Spieler für sechs Wochen arbeitsunfähig geschrieben habe. Bis anhin waren die Spieler, die sich auf dem Platz verletzten, in der Notfallstation des Kantonsspitals vom diensttuenden Arzt behandelt worden. Auf Wunsch von Benthaus bin ich dann öfter auf dem Heimweg vom Kantonsspital an die Wollbacherstrasse, wo wir wohnten, beim Landhof vorbeigegangen, habe die Blessuren verarztet und so auch die Spieler kennen gelernt. Das hat die ärztliche Betreuung professioneller gemacht. Bald kam der Wunsch von Helmut Benthaus nach regelmässiger fachmännischer Betreuung. Das war fünf Jahre vor Karls Unfall mit dem Knie.»

Helmut Benthaus

Die Söhne von Ursula und Werner Müller, Matthias, Dominik, Philipp und Luzi waren schon als kleine Buben – seit 1967 beim GC-Spiel – im Joggeli mit dabei. Die grosse FCB-Fahne mit den Unterschriften von Benthaus und Odermatt flatterte jahre-

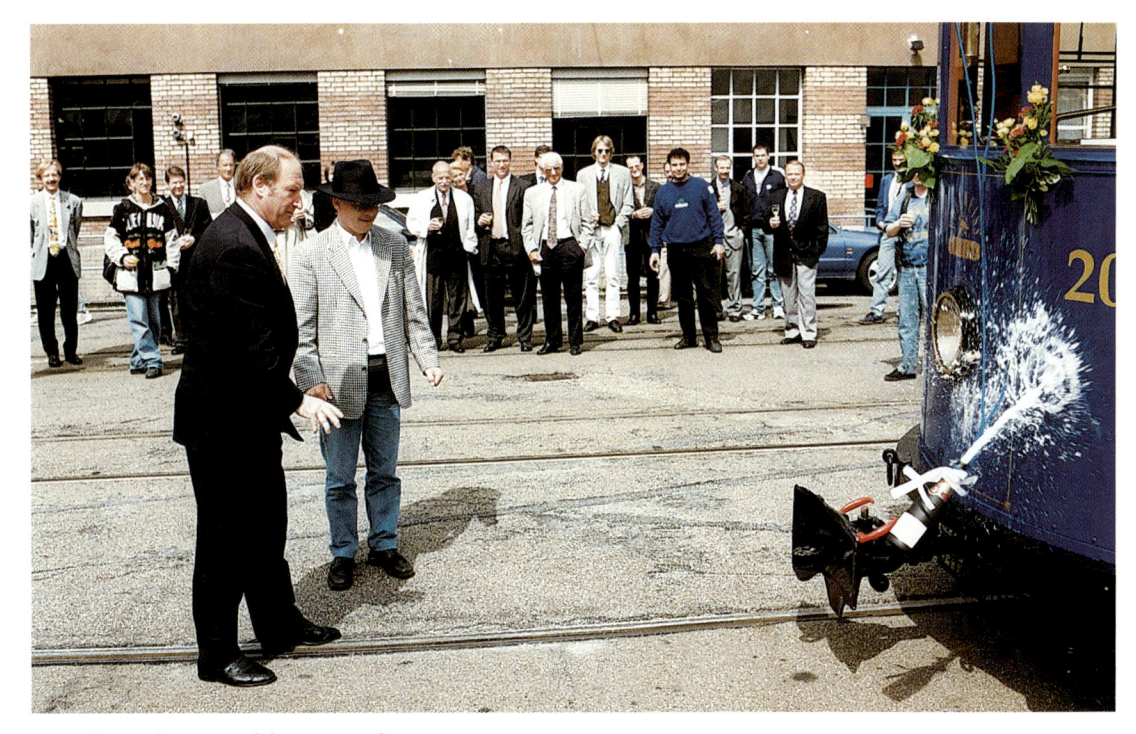

Einweihung des FCB-Edelweiss-Trämli

lang vor jedem Match im Garten des Müller-Hauses. Dominik wurde zum treibenden Supporter. Die freundschaftliche Verbindung mit Karl Odermatt und Helmut Benthaus legte den Grundstein für ein wachsendes Engagement für den FC Basel – auch und gerade während der tristen NLB-Jahre. Als damaliger Delegierter im Verwaltungsrat der Theater Basel hielt Dominik lange Zeit an der Weiterführung der aus der Ära Benthaus-Düggelin bestehenden ‹FCB-Theater Basel-Happenings› fest. Das FCB-Trämli zum 100-jährigen Jubiläum 1973 war seine Idee. Dies – und das zu grossen Teilen von Dominik Müller organisierte Jubiläumsfest trugen dazu bei, dass der FCB auch über die mageren Jahre hinweg im Gespräch blieb. Der Name Karli spielte dabei immer eine ganz wichtige Rolle.

So nicht!

Nach der Müllerschen Operation wurde Odermatts Kondition dank hartem Training wieder besser und besser. Er liess nicht locker. Und so feierte er mit dem operierten Knie im Jahre 1975 in Bern den letzten Titel mit dem FC Basel beim 2:1-Cupsieg gegen Winterthur.

Der Match war eine harzige Angelegenheit, die gut zu den Turbulenzen passte, die sich vor dem Cupfinal innerhalb des FCB-Teams abspielten.

Auslöser für das Drama war Odermatts Beziehung mit Hedy. Die beiden wollten einander auch dann nicht missen, als Karli zur Vorbereitung jenes wichtigen Cup-Matches ins FCB-Trainingslager nach Sigriswil fuhr. Hedy buchte in Karlis Auftrag ein Doppelzimmer in der Nähe der Unterkunft der Mannschaft. Es kam, wie es kommen musste: Nachts schlich der blonde Liebhaber zu seiner Hedy ins Zimmer und blieb dort bis zum Morgen.

Das konnte nicht unbeobachtet bleiben, und es gab eine riesige Aufregung. Damals herrschte ein strenges Regime: Es gab klare Weisungen, nach denen die Spieler während des Trainingslagers zu leben

Marcel Kunz, Karli Odermatt und Ottmar Hitzfeld trinken aus dem Siegerpokal des Cupfinal 1975

hatten. Karli hatte klar dagegen verstossen. Und FCB-Coach Ruedi Wirz befahl:
«Odermatt muss sofort abreisen – heim!»

Helmut Benthaus ärgerte sich ebenfalls über die Disziplinlosigkeit seines Stars. In Anbetracht von Karlis unersetzbarem sportlichen Wert schlug er jedoch vor, eine Mannschaftssitzung abzuhalten, an der das Team entscheiden musste, ob Odermatt nach Hause fahren, oder ob er eingesetzt werden sollte.

Karl Odermatt empfindet heute noch das, was dann folgte, als eigentliches Femegericht: Die Funktionäre, der Trainer und die Spieler wurden versammelt und der

FC Basel 1893

Postfach 39 4000 Basel 21
Sekretariat Landhof
Telephon (061) 32 40 84
Hauptkasse
Postcheckkonto 40-2653
Beitragskasse
Postcheckkonto 40-12640

Herrn Karl Odermatt

Z. G. H.

Basel, den 2. April 1975

Sehr geehrter Herr Odermatt,

wir bringen Ihnen zur Kenntnis, dass die Clubleitung in ihrer Sitzung vom 1. April a. c. auf Antrag von und im Einvernehmen mit Herrn Benthaus beschlossen hat, Sie mit <u>Fr. 10'000.-</u> zu büssen; der genannte Betrag wird Ihnen anlässlich der nächsten Auszahlung abgezogen. Grund für die Busse ist der angesichts Ihrer Stellung als Captain besonders schwerwiegende Verstoss gegen die sportliche Disziplin im Trainingslager vor dem Cup-Final in Sigriswil.
Wir bitten um Kenntnisnahme und grüssen Sie

mit vorzüglicher Hochachtung
FC BASEL

Helmut Benthaus, Ruedi Wirz und Marcel Kunz freuen sich über den Cupsieg gegen den FC Winterthur

unglaubliche Vorfall im Beisein von Odermatt intensiv diskutiert. Fast sämtliche Spieler votierten dafür, dass er spielen sollte – nur einer war dagegen. Es handelte sich um denjenigen, der auf seiner Position hätte spielen sollen, wenn Odermatt nach Hause geschickt worden wäre. Marcel Kunz erinnert sich an diese Teamsitzung:

«Dieser Cupfinal war mein letztes Spiel für den FC Basel. Deshalb war es klar, dass ich unbedingt gewinnen wollte. Ich sagte mir, wie die andern auch, dass wir mit einem Karli, der sich nochmals richtig reinhängt, eher gewinnen würden, als ohne ihn!»

So konnte Odermatt zum Cupfinal antreten. Der FC Basel wurde Cupsieger. Nach dem Match wurde Odermatt jedoch eröffnet, dass ihm eine Busse von 10 000 Franken auferlegt werde – diese Busse entsprach genau der Höhe der Prämie für den Cupsieg.

Odermatt reagierte entsetzt und beleidigt. Karlis bis anhin glückliche Beziehung zum FCB war in der Folgezeit belastet und bekam zusehends Risse.

Karl Odermatt ist heute noch davon überzeugt, dass er in jener Zeit zuwenig Unterstützung von seinem Trainer bekommen habe:

«Benthaus hätte wissen müssen, dass ich mich wieder ans Team herankämpfen würde. Ich spürte aber, dass er nicht mehr voll hinter mir stand.»

Die berufliche Enttäuschung

Aus dem Nationalteam definitiv ausgeschieden, und nach der schweren Verletzung noch nicht wieder bei seiner früheren Form angelangt, war Karl Odermatt zum ersten Mal während seiner aktiven Zeit nicht mehr in einer optimalen Position für die anstehenden neuen Vertragsverhandlungen. Von Präsident Felix Musfeld erreichte ihn ein für ihn nicht nachvollziehbarer, unverständlicher Entscheid: Laut neuem Vertrag sollten ihm nur noch 30 000 Franken pro Jahr bezahlt werden:

«Ich war empört. Das war für mich ein Vertrauensbruch. Es war eine Frechheit, mir so etwas anzubieten. Und das, nachdem ich nie verletzt ausgefallen war. Nach allem, was ich für den Verein geleistet hatte. Ich war bitter enttäuscht. Nicht nur vom Präsidenten, sondern vor allem auch von Helmut Benthaus, denn ich wusste ja, dass der Präsident, Felix Musfeld, das vollzog, was der Trainer entschied.»

Helmut Benthaus kommentiert diese Zeit so:

«Und dann, ja dann ging Karli Odermatt nach Bern zu den Young Boys. Damit waren wir auf einen Schlag in einer ähnlichen Situation wie Mönchengladbach nach dem Wegzug von Günter Netzer. Beides waren Entscheide, die in der mitbetroffenen Öffentlichkeit Emotionen auslösten. Bei Odermatt kam hinzu, dass uns sein Wunsch

Felix Musfeld und Karli in ernstem Gespräch

nach einem Clubwechsel wie ein Blitz aus heiterem Himmel traf. Die Spielerentscheide für die neue Saison waren getroffen – zu ihnen gehörte natürlich ganz besonders Karl Odermatt, mit dem sich die Clubleitung für ein weiteres Jahr einig glaubte. Dessen plötzlicher Entschluss, zu YB zu gehen, war sein persönlicher, den es zu respektieren galt, und hatte wahrscheinlich in jener Situation weit mehr mit dem Abschluss von Karlis Karriere und mit seiner Zukunftsplanung zu tun, als mit den damaligen Spielbedingungen beim FCB.»

Helmut Benthaus beglückwünscht Karl Odermatt zum Cupsieg

Auch bei rauschenden Erfolgen...

...Probleme mit dem Schiedsrichter

Herr

Karl   Odermatt

      F. C. Basel

 Auf diesem Bilde das ich beilege sehen sie aus wie ein Gorilla. Schneiden sie doch ihre blöden Haare normal wie ein floter Bursche das tut. Wollen sie wirklich aussehen wie eine Frau? oder wie ein ordentlicher Sportler. Jch bin ja auch nicht für Bürstenschnitt.

 Es grüsst im Auftrage vieler Zuschauer

> Endlich gibt es heute abend ein Wiedersehen für Karli Odermatt (rechts) und Günther Netzer (links). Bevor sich die Wege der beiden nach dem letzten Länderspiel Schweiz — Deutschland in Basel trennten, bevor sie sich auf Wiedersehen sagten, tauschten die beiden ihre Trikots. Karli, der an jenem Mittwoch vor viereinhalb Jahren ebenfalls auf Netzer gespielt hatte, tauschte weiss gegen rot, Günther den Bundesadler gegen das Schweizer Kreuz. Netzer gestern über Odermatt: «Ein sympathischer Kerl, auf dem Spielfeld aber verdammt gefährlich.»

Die langen Haare der Fussballer waren in den siebziger Jahren nicht überall beliebt...

Acapulco ist nicht Magglingen

Nie hatte man auf Seiten des FC Basel damit gerechnet, dass der populäre Liebling der Baslerinnen und Basler eines Tages den Verein wechseln würde. Nun waren jedoch genau zu jener Zeit auch in Odermatts Privatleben chaotische Zustände entstanden: Am 27. Juni 1975 flogen die beiden Verliebten Karli und Hedy mit ‹Aeromexico 955› von Frankfurt nach Acapulco. Unter falschem Namen stiegen sie für einige Zeit im Hotel ‹Mara Lisa› ab, und von da ging es weiter nach Mexico City ins Hotel ‹Guardiola›. Zu Hause hatte Odermatt seiner Frau erzählt, er fahre für einige Tage an einen Trainerkurs nach Magglingen. Für seine Frau war dies nichts Ungewöhnliches – für sie gab es keinen Grund, Karlis Angaben zu misstrauen.

Durch eine Indiskretion erfuhr die Schweizer Tageszeitung ‹Blick›, dass Karl Odermatt in Basel unauffindbar sei, und erschien mit der Schlagzeile ‹Odermatt hat genug: Ab nach Mexiko?›, um kurz danach zu titeln: ‹Karl Odermatt mit Freundin in Acapulco gesichtet›. Vreny Odermatt heute:

Der ‹Blick›, Ausgabe Nr. 147 vom 28. Juni 1975

«Ich sehe mich heute noch, wie ich versteinert auf den Aushang am Kiosk starre. Als Nächstes habe ich einen Anwalt aufgesucht.» Zurück in Basel, gab es zwischen dem Ehepaar eine heftige Aussprache. Vreny Odermatt:

«Karli wollte mich eigentlich nicht verlassen, war aber auch nicht gewillt, seine Hedy aufzugeben. Eigentlich wollte er mit beiden Frauen leben. Das konnte ich nicht mitmachen.» Elio Tomasetti erinnert sich an jene turbulenten Tage:

«Karli rief mich aus Mexico an und bat mich, ihn und seine Freundin am Flughafen abzuholen. Wir fuhren danach ins Restaurant Holzschopf, wo er von Ralph Zloczower, dem damaligen YB-Präsidenten angerufen wurde. Nach jenem Telefon eröffnete mir Karli, dass er definitiv nach Bern gehe. Es schien eine reine Geldfrage zu sein, verbunden mit einer riesengrossen Enttäuschung. Uns traf diese Nachricht wie ein Blitz aus heiterem Himmel.»

Vreny Odermatt bestand auf der Trennung und der anschliessenden Scheidung. «Wir haben uns ohne Streit, aber mit vielen Tränen auf eine Scheidung geeinigt. Für meinen Vater, in dessen Familie sich nie jemand hatte scheiden lassen, war dies ein fürchterlicher Schock. Karli zog aus der Wohnung aus, und ich blieb mit den Kindern noch ein Jahr an der Holbeinstrasse wohnen. Danach konnte ich die Eigentumswohnung nicht mehr halten und verkaufte sie mit Verlust. Ich zog mit den Kindern an die Türkheimerstrasse. Später fand ich durch meinen Vater eine Wohnung an der Riehenstrasse. 1977 lernte ich in der Fasnachtsclique ‹Queerschleger› meinen heutigen Mann kennen und fand eine Stelle beim Baugeschäft Milesi. Ich musste wieder arbeiten.»

Vreny Odermatt

Die Ära des Fussball-Dreamteams Helmut Benthaus/Karli Odermatt geht zu Ende

10 Aus Karli wird Käru

Der Vertrag

Was niemand je für möglich gehalten hätte, wurde 1975 Tatsache: Das Basler Fussball-Idol Karl Odermatt wechselte – fast über Nacht – nach Bern zum BSC Young Boys. Es begann mit Karlis Forderung nach höherem Lohn: Er war mit dem Gehalts-Angebot des FCB nicht zufrieden. Der blonde Mittelfeldstar liess da und dort durchblicken, dass er auch von seinem Trainer Helmut Benthaus leicht enttäuscht war: «Keine Frage – Helmut Benthaus war der beste Trainer, den ich je hatte. Er hat mir viel gebracht und natürlich in Basel einiges bewegt. Trotzdem fand ich mich – nach all den vielen Jahren – von ihm und dem FCB schlecht behandelt.»

«Helmut Benthaus war der beste Trainer, den ich je hatte!»

Karl Odermatt war rundum unzufrieden. Das konnte auch aufmerksamen Zeitgenossen in Basel nicht verborgen bleiben. Hans Hadorn, der in Basel lebende Berner Fussball-Fanatiker und Chef der Firma Baltex AG, ergriff die Chance und liess das Buschtelefon heisslaufen. Er rief den damaligen Präsidenten der Berner Young Boys, Ralph Zloczower an. Dieser bekundete Interesse an dem 32-jährigen Odermatt, der – trotz seines Alters – immer noch einer der besten Schweizer Fussballer war:

«Ich war seit 1973 YB-Präsident. Eines Abends, als ich gerade mit meiner Familie zu Hause beim Nachtessen sass, kam ein Anruf aus Basel. Man könne jetzt mit Karl Odermatt reden. Ich fuhr sofort zum YB-Sportchef Louis ‹Lüggu› Moser; gemeinsam rasten wir im Auto nach Basel, um Odermatt in einem Restaurant zu treffen.» Karl Odermatt wartete im Lokal auf die Berner Abordnung – das Gespräch glich einem konspirativen Treffen. «Wir wurden mit Karl Odermatt rasch einig und fanden eine Lösung, die sowohl für ihn wie auch für unsere YB-Vorgaben in gleicher Weise annehmbar war. Auch unser Trainer Kurt Linder war begeistert von der Idee, Karli zu YB zu holen.» Die beiden Berner fuhren zurück, und während Karl Odermatt etwas später seine berühmt-berüchtigte Acapulco-Reise antrat, drang die Neuigkeit von der YB-Connection an die Öffentlichkeit. Ralph Zloczower:

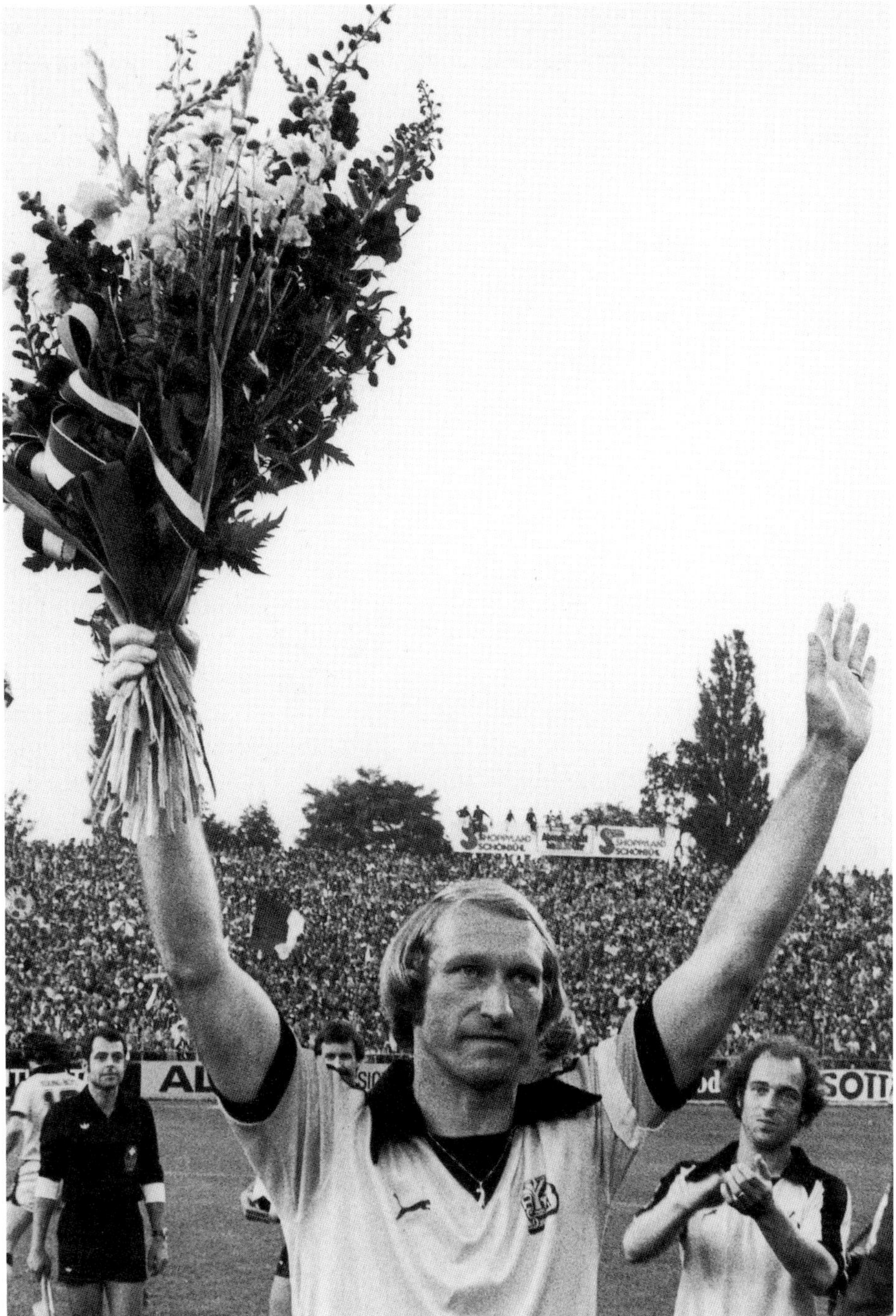

«Wir einigten uns mit Karl Odermatt über den Wechsel – weder er noch wir hatten jedoch bis dahin mit dem FCB Kontakt aufgenommen. Um dies nachzuholen, fuhren Louis Moser und ich nochmals nach Basel, um uns im Haus des FCB-Präsidenten Felix Musfeld in Riehen zu Verhandlungen zu treffen. Der FCB verhielt sich dabei sehr anständig. Es gab keine überzogenen Forderungen – wir rangen hart um die Sache, hatten jedoch ein gutes Gespräch. Gegen Abend waren wir uns einig. Felix Musfeld sagte: ‹Jetzt muss nur noch unser Finanzchef zustimmen. Ich werde mit ihm sprechen. Sie hören dann nächste Woche von uns.› Ich blickte zu Louis Moser hinüber, dann sagte mein Sportchef sehr dezidiert: ‹Herr Musfeld, haben Sie ein Gästezimmer – wir verlassen Ihr Haus nicht, bevor der Vertrag unterschrieben ist!› Innerhalb einer Stunde fuhr der FCB-Finanzchef vor – und der Vertrag über den Wechsel von Karl Odermatt zu den Berner Young Boys war perfekt!»

Felix Musfeld: «Aadie Karli!»

Karl Odermatt erhielt von YB ein Handgeld von 100 000 und ein Monatssalär von 6000 Franken angeboten. Wer kann es Odermatt angesichts dieser Zahlen verübeln, dass er den Verein wechselte? Aus Karli wurde Käru. Es kam auf dem Landhof-Gelände zu einigen unschönen Szenen, als die Berner die Basler Fussball-Legende in einem Auto abholten. Der symbolische Akt wurde mit Buhrufen, Fusstritten gegen das Auto, in dem Karli Odermatt sass, und anderen Unmutsäusserungen erzürnter Basler Fans quittiert. Karli Odermatts Entscheid, zu YB zu wechseln, stiess in der Öffentlichkeit – besonders bei FCB-Fans, die nicht wussten, dass auch private Schwierigkeiten Odermatts Leben bestimmten – auf Unverständnis und Wut. Das Auseinanderbrechen von Odermatts Ehe, die als riesige Enttäuschung erlebten Vertragsverhandlungen mit dem FCB, die als Lavieren empfundene Haltung von Helmut Benthaus, der noch immer nicht ganz überwundene Abgang aus der Nationalmannschaft verbunden mit der vorzeitigen Auswechslung in Odermatts 50. und zugleich letztem Spiel, die Rekonvaleszenz nach Verletzung und schwieriger Operation, das Verhalten einiger Bekannter, die sich nicht als die besten und wahren Freunde erwiesen, der Hick-Hack um den Besuch der Freundin vor dem Cupfinal gegen Winterthur sowie der aufgezwungene Verzicht auf die Prämie beim Sieg hatten Spuren, sogar Verletzungen bei Karli Odermatt hinterlassen. Ein Mosaik aus verschiedenen als schwirig empfundenen Lebensumständen hatte den unvermittelten Wechsel nach Bern provoziert.

Es gab auch Freunde, die Verständnis für Karlis Situation aufbrachten. Sie konnten hinter die Kulissen blicken und differenzierten ihr Urteil. So kamen etwa Werner und Heini Büchler zum Schluss: «Wir hatten Verständnis dafür, dass Karli zu YB ging. Bei der Entscheidung für einen Wechsel war er für einmal konsequent.»

Karl Odermatt bekam dann selbst Mühe mit der Schnelligkeit des Ortswechsels. Er forderte seine Anhänger auf: «Nennt mich doch weiter Karli.» In der ‹Schweizer Illustrierte/sie + er› schrieb er in einer Gastkolumne über seinen Wechsel in die Bundeshauptstadt: «Liebe Basler, ich bin und bleibe Karli Odermatt, ein Basler, der mit den sportlichen Geschicken dieser Stadt fast auf Tod und Leben verbunden ist und bleibt. Auch wenn ich nun für zwei kurze Jahre ‹fremdgehe›, wenn ich statt in Rot-Blau in Gelb-Schwarz der Lederkugel nachrenne. Fussball ist für mich Berufung, vielleicht später gar Beruf. In Bern wird mir die Möglichkeit geboten, mein ganzes Fussballerleben so auszugestalten, wie ich es mir wünsche, wie es mir der FC Basel – warum eigentlich? – in dieser Form nie angeboten hat (...). Liebes Basler Fussballpublikum. Ich bin und bleibe Basler, auch im gelb-schwarzen Dress (...). Haltet Eurem FCB die Treue. Auch ohne Karli Odermatt. Wenn ich für mich noch einen Wunsch äussern darf: Sagt weiterhin Karli zu mir, auch wenn man in Bern eher zum Käru neigen wird. Und brecht nicht gleich den Stab. Wir wollen doch Freunde bleiben, nicht wahr?»

Die Larve muss weg!

Die Basler Öffentlichkeit konnte und wollte einfach nicht verstehen, dass das Basler Fussball-Idol dem FCB den Rücken kehrte. Ein sichtbares Zeichen dafür gab es am Basler Claraplatz.

Roland Vögtli erinnert sich: «Vor dem Restaurant Holzschopf hing als Wahrzeichen des Lokales ein grosser Tambourmajor-Kopf mit den Gesichtszügen von Karl Odermatt. Als Karli nach Bern wechselte, wurde diese Fasnachtslarve entfernt.» Basel reagierte beleidigt.

Karlis drei schönste Tage...

Die Erfolge in Bern und die Trennung von Hedy

In Bern hingegen wurde Käru rasch zu der Kultfigur, die er zuvor in Basel verkörpert hatte: ein beliebter, gefragter Sportler, der auf der Strasse sofort erkannt wurde. Ralph Zloczower: «Natürlich wurde er in der Mannschaft zuerst etwas reserviert

BSC Young Boys: Odermatt, Eichenberger, Müller, Schmidlin, Zwahlen, Delfini, Husner, Küttel, Zwygart, Feuz und Brechbühl

aufgenommen. Alle wussten, dass dieser neue Basler im Team etwas mehr verdiente als sie selbst. In kürzester Zeit jedoch wurde Karli zum beliebtesten Spieler der Mannschaft. Mit seiner umgänglichen Art, seinem Humor und natürlich mit seinem fussballerischen Können kam er bei seinen Kameraden bestens an. Das Publikum begann ihn wegen seines Talents und seines unermüdlichen Einsatzes auf dem Platz ins Herz zu schliessen. Sowas lieben die Berner.» Karl Odermatt wusste, dass er in Bern seinen Wert beweisen musste: «Ich kam ins Wankdorf-Stadion und hatte mich dort im Sekretariat zu melden. Dafür musste ich die Treppen auf der Tribüne hochsteigen. Dort standen die Spieler von YB. Alle schauten mich an – einige lächelten freundlich, andere blickten eher finster. Es wurde mir mit einem Male bewusst, dass ich hier etwas bieten musste, um Anerkennung zu finden.

Voller Einsatz – auch im YB-Dress

Ich nahm mir vor, der Erste beim Trainingsbeginn zu sein und der Letzte, der abends wieder weggeht. Ich wusste, dass es ohne diesen speziellen Einsatz nichts zu holen gab. Urs Siegenthaler führte mich dann in die Berner Gepflogenheiten ein, und nach kurzer Zeit wurde ich voll akzeptiert. Schon bald wählte mich die Mannschaft zum Captain, was natürlich ein grosser Vertrauensbeweis war.»

Bei den Young Boys bekam Karl Odermatt das Leibchen mit der Nummer Zehn: «In Basel spielte ich mit der Nummer Acht. Nachdem ich beim FCB weg war, gab Helmut Benthaus ein ganzes Jahr lang keinem Spieler den Dress mit der Nummer Acht.» Der Spieler, der sie nach Karl Odermatt erhalten hätte, wäre wohl zu sehr an seinem legendären Vorgänger gemessen worden.

Käru Odermatt begann sich in Bern wohl zu fühlen. Auch im privaten Bereich lief alles bestens. Seine Freundin Hedy fand eine Stelle als Lehrerin und Käru erprobte sogar das bürgerliche Idyll: «Hedy kochte mir jetzt öfters grossartige Nachtessen, mit weisser Tischdecke und Kerzenlicht. Sie fragte mich immer wieder, wann wir endlich heiraten würden, und begann, sich einen genauen Plan zurechtzulegen. Sie wollte sechs Kinder von mir...»

Karls Scheidung von seiner ersten Frau und die damit einhergegangene Trennung von seinen beiden kleinen Töchtern hatten ihm sehr zugesetzt – in psychischer, aber auch in finanzieller Hinsicht. Freundin Hedy bestand jedoch auf dem Kindersegen – und es kam zur Trennung. Heute lebt seine damalige Freundin in Deutschland, ist verheiratet mit einem Juristen und hat tatsächlich sechs Kinder.

YB-Präsident Zloczower, der heute dem Schweizerischen Fussball-Verband (SFV) vorsteht, stellt Karl Odermatt auch menschlich ein hervorragendes Zeugnis aus: «Er ist ein herzensguter Mensch. Er besuchte mich manchmal privat zu Hause. Dabei kam er nie, ohne ein kleines Präsent mitzubringen. Und kaum war er jeweils da, spielte er auch schon mit meinen Buben im Garten Fussball.»

Ein Basler in Bern: Was kostet die Welt...

Mit Karl Odermatt kam der Erfolg nach Bern zurück. YB hatte nach der grossen Zeit Ende der 50er Jahre unter Trainer Albert Sing eine schwierige Zeit erlebt. Mit Karli gab es jetzt einen Cupsieg, Siege in der Sommer-Meisterschaft, Gewinn des Ligacups und generell attraktiven Fussball auf dem Wankdorf-Stadion. Ralph Zloczower: «Während jener Zeit wurde auch in Bern zum Profitum umgestellt. Es war eine Zeit des Umbruchs.»

Das erste Meisterschaftsspiel im Dress der Young Boys bestritt Karl Odermatt in Wankdorf gegen den FC Winterthur. Es war ein Einstand nach Mass: Käru schoss den einzigen Treffer der Partie zum 1:0-Sieg.

Die emotional schwierigsten Spiele während seiner YB-Zeit waren für Karl Odermatt klar die acht Partien gegen den FC Basel: «Es war natürlich jeweils furchtbar, gegen meinen früheren Club zu spielen. Das erste jener Spiele gewannen wir in Basel mit 3:4. Es war unglaublich. Die Leute pfiffen und johlten, wenn ich am Ball war. Es stand 3:3, als wir einen Penalty zugesprochen bekamen. Jetzt war im Stadion der Teufel los. Ich war als Penaltyschütze vorgesehen. Als ich mir den Ball zurechtlegen wollte, stellte mir Paul Fischli ein Bein. Er wurde verwarnt, und die Leute auf den Zuschauerrängen tobten. Ich versenkte den Penalty und lief jubelnd hinter dem Basler Tor hindurch.»

Käru posiert für die Young Boys

Zwiespältige Gefühle verspürte Karl Odermatt während jenen Momenten – eine Mischung aus Rachegefühlen, Sentimentalität, Trotz und Nostalgie. Auch eine gewisse Genugtuung konnte er nicht verhehlen, hatte er doch die Taktik von Helmut Benthaus durchschaut: «Benthaus hatte für dieses Spiel mit Otti Demarmels den schnellsten Basler Spieler auf mich angesetzt. Auf diese Weise wollte er mich neutralisieren. Ich wusste intuitiv vorher schon, dass er das vorhatte. Wir reagierten darauf so, dass hinter mir ein schneller YB-Verteidiger agierte. Damit konnten wir die Taktik von Benthaus ausmanövrieren.»

Auch an weitere YB-gegen-FCB-Spiele erinnert sich Karl noch sehr gut: An ein wunderschönes Freistosstor bei einem 3:1-Sieg im Wankdorf, an ein erfolgreiches 3:2 in Basel, aber auch an eine 1:6-YB-Schlappe in Bern:

Otto Demarmels

«Insgesamt konnte ich mehr Siege als Niederlagen mit YB gegen Basel verbuchen. Das erfüllte mich mit sehr viel Befriedigung.»

Als er zum ersten Mal mit den Young Boys nach Basel kam, redete Karl Odermatt mit keinem Menschen über den FCB: «Ich kam als Spieler der Berner Young Boys ins

St. Jakob-Stadion und wollte in diesem Augenblick nichts mehr mit dem FCB zu tun haben. Natürlich war da ein gutes Stück Beleidigung und Kränkung dabei. Aber ich wollte auf dem Platz allen zeigen, was ich noch drauf hatte, und kam voll konzentriert nach Basel.»

Mobbing?

Die YB-Fussball-Karriere lief immer besser. Karl Odermatt wurde jedoch das Gefühl nicht los, dass der deutsche YB-Trainer Kurt Linder ihn nicht mochte: «Im Team gab es einen dänischen Mittelfeldspieler namens Andersen, mit dem Kurt Linder befreundet war. Die beiden gingen öfter zusammen Karten spielen. Der Trainer sah im guten Fussballer Andersen einen Spielmacher, weshalb er dessen Vertrag gerne verlängert hätte.»

Dann kam der Cupfinal vom 11. April 1977. YB spielte im Wankdorf-Stadion gegen St. Gallen und gewann das Spiel 1:0. Der Siegertreffer gelang Andersen nach einem Corner von Karl Odermatt. Der Basler spielte eine ausgezeichnete Partie, was den Trainer in eine Zwickmühle brachte. «Einmal bestellte er mich an einem Samstagmorgen in ein Leichtathletikstadion und liess mich dort auf der Aschenbahn Runden laufen. Er hat mich richtig schikaniert.»

YB hatte zu jener Zeit ein sehr gutes Team, das in der Meisterschaft vorne mitmischte. Dann kam die Woche der Wahrheit mit drei Spielen innert acht Tagen. Erst gab es den Spitzenkampf YB gegen GC. Im Zürcher Team stand die deutsche Fussball-Legende Günter Netzer. Bei der YB-Teamsitzung vor dem Spiel sagte Trainer Kurt Linder: «Odermatt spielt gegen Netzer. Wir wollen testen, ob er so gut spielt, dass er einen Weltklassemann ausschalten kann.»

Zwei Fussball-Legenden in ungewohntem Dress: Ex-FCBler Karl Odermatt in YB-Gelb, Ex-Mönchengladbacher Günter Netzer in GC-Blauweiss

Dieser Entscheid verblüffte die YB-Spieler – das Spiel begann, und dank einem Odermatt-Treffer wurde das GC-Team mit 1:0 besiegt. In der Folge gewannen die Berner Mitte derselben Woche gegen Servette Genf 2:1. Karl Odermatt führte auch hier die Entscheidung herbei, indem er mit einem Hechtköpfler das zweite YB-Tor schoss. Am Samstag reiste YB nach St. Gallen und spielte auf dem Espenmoos derart schlecht wie nie zuvor. Karl Odermatt war nicht einmal als Ersatz dabei: Der Trainer hatte ihn gar nicht erst aufgeboten.

«Linder sagte, ich sei mit meinen 33 Jahren zu alt für drei Spiele innerhalb derselben Woche. Später hatte er auch noch die Frechheit zu behaupten, YB habe in St. Gallen den besten Match dieser Saison abgeliefert!»

Die Sache war klar und eindeutig: Karl Odermatt wurde von Kurt Linder gemobbt, dieser konnte jedoch auch damit seinen Lieblingsspieler Andersen nicht halten.

Zur Vorbereitung der folgenden Saison reiste das YB-Team in ein Trainingslager nach Verona. «Das Training in diesem italienischen Camp bestand ausschliesslich aus rennen, rennen, rennen. Keine Taktik, keine Technik – es wurde nur Kondition gebolzt. Wir waren alle ziemlich fertig.»

Trotzdem gewann YB ein Trainingsspiel gegen den A-Divisionär Verona mit 1:0. Danach ging es zurück in die Schweiz. Die Meisterschaft begann. Mittlerweile war es der Mannschaft klar geworden, dass ihr Trainer ungerecht und unfähig war. Sein Leitsatz lautete: «Ich säe Krieg». Die YB-Spieler reagierten mit passivem Widerstand, was für Kurt Linder nicht folgenlos blieb: Er wurde kurze Zeit später entlassen.

«Käru, non es Gouul!»

Gute Zeiten mit Konietzka

Nach Kurt Linders Ausscheiden kam mit Timo Konietzka ein neuer Trainer zu den Young Boys, mit dem sich Karl Odermatt blendend verstand: «Unter Konietzka erreichten wir den Cupfinal. Wir mussten gegen Servette Genf mit Karl Engel im Tor antreten. Die erste Partie endete 1:1 unentschieden – das Wiederholungsspiel verloren wir 2:3.» Damals gab es noch keine Entscheidung durch Elfmeterschiessen.

Eigentlich wollte Karl Odermatt zu jenem Zeitpunkt seine aktive Karriere in der Nationalliga A beenden. Aber weil er zu seinem Trainer Timo Konietzka ein fantastisches Verhältnis hatte, liess er sich überreden, bei YB noch eine vierte Saison anzuhängen. Im Verlauf jener Meisterschaft bekam Timo Konietzka allerdings ein Angebot von GC und wechselte nach Zürich. Karl Odermatt: «Ich war gerade im Militärdienst, als mir mitgeteilt wurde, dass Timo zu GC wechsle, und an seiner Stelle René Hüssy als Trainer der Young Boys verpflichtet worden sei. Ich drohte damit aufzuhören, wenn Hüssy wirklich komme.» Ralph Zloczower und Louis Moser beknieten Karl Odermatt, bei YB zu bleiben. Der Verein befand sich inmitten eines Abstiegskampfes, und Käru wurde dringend gebraucht.

Mit Konietzka zu Besuch in einer Zeche im Ruhrpott (Karli ganz rechts)

Auch René Hüssy beschwor Karl Odermatt: «Vergessen wir doch alle Ressentiments. Es geht um YB. Wir brauchen dich, ich setze jetzt auf dich!» Und Karl Odermatt blieb bei den Young Boys. Nicht zuletzt dank seines Einsatzes konnte die Klasse am Ende der Saison gehalten werden.

Nach seiner aktiven Zeit im Berner Dress wurde Karl Odermatt für kurze Zeit Sportchef im Wankdorf-Stadion. Danach war es für ihn an der Zeit, seine Zelte in Bern abzubrechen. 1979 zog sich Karli mit fast 37 Jahren definitiv aus dem aktiven Spitzenfussball zurück.

Die Nummer 8 kehrt dem Spitzenfussball den Rücken

11 Trainer und Selbstständigkeit

Libero in Herzogenbuchsee

Während seiner Zeit als Sportchef in Bern spielte Karl Odermatt nicht mehr aktiv Fussball. Mit einigen Freunden traf er sich jedoch regelmässig in einer Turnhalle, um zum Plausch Fussball zu spielen. Regelmässiger Teilnehmer an jener Fussballrunde war der damalige Trainer des 1. Liga-Clubs FC Herzogenbuchsee, Herbert Bobby Kaufmann.

«Das war der so genannte ‹Löhli-Club›, den Timo Konietzka in seiner Berner Zeit ins Leben gerufen hatte. Er benutzte diesen Plausch, um den Kontakt mit den mitspielenden Berner Sport-Journalisten nicht zu verlieren. Timo Konietzka stellte die Mannschaften zusammen; oft spielten auch Fussballer von YB oder Freunde mit. Das Ganze fand jeweils am Donnerstagmorgen von 11 bis 12 Uhr statt. Allerdings dauerten die Spiele manchmal etwas länger, weil Timo so lange spielen liess, bis seine Mannschaft gewonnen hatte!»

Bobby Kaufmann und Karl Odermatt

Nach einem solchen Donnerstagsmatch meinte Bobby Kaufmann vertrauensvoll zu Karl Odermatt:

«Münchenbuchsee ist am Absteigen. Mir fehlt der Mut, mich im Dorf zu zeigen. Kannst du dir vorstellen, bei uns zu spielen?»

Karl Odermatt überlegte nicht lange:

«In der Saison 1981/82 spielte ich einige Spiele als Libero beim FC Herzogenbuchsee – ich spielte jeweils für ein Nachtessen. Schliesslich kam es zu einem Entscheidungsspiel, das wir mit 5:1 gegen den FC Unterstrass gewannen. Bei den Zürchern stand der ehemalige GC-Goalie René Deck im Tor. Ich erzielte bei jenem für Herzogenbuchsee wichtigen Match zwei Treffer. Nach dem Spiel gab es ein rauschendes Fest. Das ganze Dorf feierte den Liga-Erhalt. Es war unglaublich.»

René Deck im Goal!

Trainer Karl Odermatt instruiert...

...seine Spieler

Am folgenden Tag erhielt Karl Odermatt das Angebot, Trainer des FC Herzogenbuchsee zu werden. Er lehnte ab, weil er seinen Freund Bobby Kaufmann nicht von dessen Trainerposten verdrängen wollte.

Mit Birsfelden nach den Bahamas

Anstelle einer Trainerrochade in Herzogenbuchsee machten die beiden Freunde etwas ganz anderes: Sie wechselten beide zum 1. Ligisten FC Birsfelden.

Zu jener Zeit wohnte Karl Odermatt wieder in der Region Basel, in Kaiseraugst.

Karl Odermatt wurde Spielertrainer und Bobby Kaufmann amtierte als Coach. Es wurde eine sportlich fruchtbare Zeit. Der FC Birsfelden gewann seine 1. Liga-Gruppe und kam in die Aufstiegsspiele gegen Superga La Chaux-de-Fonds, Martigny, Aurore Biel und Raron. Die Stimmung auf dem Sternenfeld in Birsfelden war gut. Dazu mag

Bobby Kaufmann, Ernst Marti, Präsident des FC Birsfelden, und Karl Odermatt

auch das Trainingscamp im Winter 1981 viel beigetragen haben. Bobby Kaufmann:
«Wir flogen mit der Mannschaft nach den Bahamas. In Freeport bezogen wir ein Hotel und trainierten auf der Sportanlage und am Strand sehr seriös.»

Der Spielertrainer Karl Odermatt jagte seine Fussballer gnadenlos über den Trainingsplatz, genauso, wie er es von seinen ehemaligen deutschen Trainern Helmut Benthaus und Timo Konietzka gelernt hatte.

In einem anderen Freeport-Hotel war zur selben Zeit das Team von New York Cosmos abgestiegen. Damals standen berühmte Spieler wie der Brasilianer Carlos Alberto, der Belgier van der Elst, oder der Italiener Chinaglia im New Yorker Star-Ensemble, das von der deutschen Trainer-

Karl Odermatt, Carlos Alberto und Bobby Kaufmann

Bobby Kaufmann, Hennes Weisweiler und Karl Odermatt

legende Hennes Weisweiler trainiert wurde. Die Birsfelder konnten zwei Trainingsspiele gegen Cosmos arrangieren. Das erste Spiel ging für die Basler mit 1:5 verloren, obwohl sich die Birsfelder richtig reingekniet hatten. Den New Yorkern imponierte dies sehr, und sie verabredeten ein zweites Spiel. In jenem zweiten Match gingen die Birsfelder sang- und klanglos mit 0:9 unter. Bobby Kaufmann schmunzelnd:

«Vor dem Match sagte Karl Odermatt in der Kabine, er wolle jetzt allen zeigen, wie man diesen Chinaglia deckt – der Italiener hat sechs Tore erzielt ...»

Zurück in der Schweiz ging der FC Birsfelden mit seinem Trainer Karl Odermatt wieder auf Erfolgsspur. Es gab hartes Training, was sich auszahlte. Birsfelden warf im Cup hintereinander Muttenz, Laufen, den FC Bern und Grenchen aus dem Rennen. Der FC Grenchen spielte in jener Zeit in der Nationalliga und wurde von keinem Geringeren als dem ex-Bayern München-Trainer und Gerd Müller-Entdecker Tschik Cajkovsky trainiert. Karl Odermatt dazu:

«Vor dem Grenchen-Match musste ich die Toilette aufsuchen. Dabei kam ich an der Garderobe der Grenchener vorbei. Ich hörte durch die Tür, wie Cajkovsky in seinem komisch-lustigen Deutsch zu seinen Spielern sagte:

‹Diese Birsfelden – alles kleine Hasen. Können nur Zick-Zack laufen.› Ich ging zurück zu meinen Spielern:

‹Denen beweisen wir, dass wir auch geradeaus laufen können!›» Birsfelden gewann das Spiel mit 2:1 und scheiterte erst im Viertelfinale an Chiasso mit 0:1. «Otto Luttrop war Trainer von Chiasso. Er wollte nach dem Spiel meinen linken Flügel Frank Horvath, den Sohn des berühmten Boxers, sofort mit nach Chiasso nehmen.»

Die odermattsche Birsfelden-Erfolgsgeschichte hielt bis zu den Aufstiegsspielen an. Dann stiess Karl Odermatts sportlicher Ehrgeiz gegen kommerzielle Zwänge und taktische Überlegungen. Odermatt wollte mit seinem Verein aufsteigen. Als dies der Clubleitung klar wurde, begann der Vorstand zu rechnen. Auch die Gemeinde war nicht davon begeistert, mit dem FC Birsfelden die Nati-B-Schiene fahren zu müssen. Odermatt erfuhr im Nachhinein, dass hinter seinem Rücken entsprechende Gespräche geführt wurden. Er beschloss, nicht mehr selbst mitzuspielen. Sein Vertrag als Trainer wurde trotzdem verlängert, und der Präsident entschuldigte sich sogar bei ihm und bot ihm die Erhöhung seines Jahresgehalts auf 24 000 Franken an. Odermatt lehnte jedoch ab und wechselte in die 2. Liga zum FC Concordia.

Back to the (Congeli-)Roots

Als Karl Odermatt zurück zum FC Concordia kam, wurden sowohl die erste Mannschaft wie die ältesten Junioren von Werner Decker trainiert. In den Congeli-Reihen standen talentierte junge Spieler wie Irizik, der Halbbruder von Murat und Hakan Yakin (später FCB und St. Gallen), Piserchia (GC, St. Gallen) oder Grossenbacher (FCB, Servette). Mit dem erfahrenen Karl Odermatt als neuem Spielertrainer stieg der FC Concordia sogleich in die 1. Liga auf. Dazu bedurfte es allerdings eines Entscheidungsspiels gegen den FC Bümpliz, bei dem Karl Odermatt tief in die psychologische Trickkiste greifen musste:

Bei Congeli gab es damals einen Manager namens Sigg, der viel Geld in den Verein investierte. Nach einem 1:0 zu Hause und einer 0:1-Niederlage in Bümpliz kam es zum finalen Match in Solothurn. Dort stellte sich für Odermatt wieder einmal das Problem, wie er dem Manager beibringen konnte, dass dessen Sohn nicht von Anfang an spielen sollte. Sigg reagierte immer beleidigt, wenn sein Sohn, der zwar talentiert, defensiv jedoch wenig verlässlich war, nicht in der Startformation aufgeboten wurde. So fand ihn Odermatt damals aufgeregt in der Kabine:

«Spielt mein Sohn, spielt er?»

Odermatt sagte zum Vater:

«Willst du aufsteigen? Wenn ja, dann musst du jetzt sofort etwas für mich erledigen. Du musst für mich in einer katholischen Kirche etwas Weihwasser holen.» Der Manager sah Karl Odermatt zweifelnd an, fuhr dann aber auf dessen Drängen los und holte in einer nahe gelegenen Kirche das Weihwasser. Als er zurück war, tunkten Karl Odermatt und auf dessen Aufforderung der Managersohn, der Goalie und ein weiterer Congeli-Kicker einen Finger ins geweihte Wasser. Dann ging es ab aufs Feld, und als der Manager realisierte, dass sein Sohn nicht in der Anfangself stand, war es zu spät zum Diskutieren.

Nach fünf Minuten gab es einen durch Karl Odermatt verschuldeten Elfmeter. Karli, der den Schützen von Bümpliz aus seiner YB-Zeit kannte, sagte zu seinem Torhüter:

«Du hechtest in die rechte Ecke.» Der Goalie tat, wie ihm geheissen, und hielt den Penalty. Karl Odermatt nickte dem an der Seitenlinie stehenden Manager zu:

«Du siehst – das Weihwasser...» Nach 20 Minuten schoss Karl Odermatt das 2:0, und fünf Minuten später mit einem Freistoss das 3:0. In der zweiten Halbzeit wechselte Odermatt den Manager-Sohn Peter Sigg ein. Kaum hatte dieser zum ersten Mal Ballkontakt, erzielte er auch schon den vierten Congeli-Treffer. Zum Schluss gewannen die Basler mit 4:1, und Karl Odermatt sagte nach dem Spiel zu Manager Sigg:

«Du siehst jetzt, wie wichtig das Weihwasser war.» Der Aufstieg war perfekt. In der nächsten Saison konnte sich der FC Concordia in der obersten Amateurklasse halten.

Der SC Baudepartement

Nach seiner erfolgreichen Zeit als aktiver Fussballer und mehr oder weniger erfolgreicher Trainer suchte Karl Odermatt als Ausgleich zum bedingungslosen sportlichen Erfolgsstreben Geselligkeit und die Pflege von Freundschaften. Er fand diese Mischung beim SC Baudepartement.

Dieser Basler Fussballclub hatte als Satus-Verein angefangen, wechselte jedoch in den 70er Jahren zum Schweizerischen Fussball-Verband (SFV). Karl Odermatts lebenslange Freunde, die Gebrüder Heini und Werner Büchler, hatten in diesem Verein

Susi und Heini Büchler, Bernhard Chenaux (stehend), Heinz Zimmermann, Werner Büchler

ihre Heimat gefunden. Sie waren sowohl als Fussballer als auch als Funktionäre beim SC Baudepartement aktiv gewesen und so verdiente Ehrenmitglieder bei diesem Verein. Die Zwillinge waren auch federführend, als Karl Odermatt Mitte der 80er Jahre noch ein letztes Mal als Trainer ins Fussball-Geschäft einstieg.

Meister und Cupsieger Baudepartement-Veteranen

Polizei-Nationalmannschaft mit Karli als Coach und Rolli Wolf (beide stehend, rechts aussen)

SC Baudepartement: Markus Pfirter (zweiter von rechts oben); dritter von links oben Peter Hürlimann, 250-facher Handball-Natispieler

Karl Odermatt liess sich als 2. Liga-Trainer beim SC Baudepartement engagieren und spielte auch hie und da selbst im Team der Veteranen mit. In der ersten Saison erreichte die Mannschaft den zweiten Platz und wurde zum gefürchteten 2. Liga-Team, das erst in einem entscheidenden Spiel dem FC Riehen unterlag.

Trotzdem dauerte dieses Baudepartement-Engagement als Trainer für Karl Odermatt nicht sehr lange. Karl Odermatt philosophiert über das Trainer-Metier:

«Es ist das Schicksal eines Fussballtrainers, dass er von jemand anderem ersetzt wird. Davon blieb auch ich nicht verschont. Für einen Trainer, der zuvor selbst ein erfolgreicher Fussballer war, ist es oft nicht nachvollziehbar, wenn die Fussballer auf dem Platz nicht gut spielen. Man verlangt dann gerne zu viel von den jungen Spielern. Oftmals ist es schwierig, deren Leistung abzuschätzen. Andrerseits ist es natürlich von enormem Vorteil, wenn der Trainer früher selbst Fussball gespielt hat, da man so die Tricks kennt.»

Der Grundstein für eine intensive Beziehung zwischen dem Basler Ex-Internationalen und dem SC Baudepartement war jedoch durch das Spielertrainer-Engagement gelegt. Ende der 80er Jahre machte Walter Herrmann, damaliger Präsident des SC Baudepartements, Karl Odermatt den Vorschlag, die Baudepartement-Veteranenmannschaft auf Vordermann zu bringen, um in die Elite-Kategorie aufzusteigen. Karli sagte zu und machte sich ans Werk:

Bruno Gatti mit dem SC Baudepartement in der DDR (im Olympia-Goldschlitten)

«Ich wurde nicht nur Spieler-Trainer dieses Veteranen-Teams, sondern sozusagen das Mädchen für alles. Wir sind auch heute noch wie eine Familie. Ich amtiere als Coach, verschicke die Aufgebote und kümmere mich um restlos alles. Dabei hilft mir Spielkommissionspräsident Hans Fankhauser.»

Zu Beginn lief nicht alles gut. Das Team verlor viele Spiele, wurde dann aber vom Ehrgeiz gepackt – Karl Odermatt verliert ja ohnehin nicht gerne. Er fragte bei ehemaligen Fussball-Kollegen nach, ob sie Lust hätten, beim SC Baudepartement mitzuspielen. Es stiessen schon bald die Ex-FCB-Spieler Bruno Gatti und Bruno Rahmen zu den Veteranen. Karl Odermatt begann, ein schlagkräftiges Team aufzubauen. Nach und nach folgten der vielfache Handball-Nationalgoalie Peter Hürlimann, der Ex-FCB-Spieler Jürg Stohler, der Ex-FCB- und Ex-FC Luzern-Kicker Willy Laubacher, Heinz Zimmermann, Nena Rapic, der SWISS-CEO André Dosé und die baselstädtischen Regierungsräte Ueli Vischer und Christoph Eymann.

Jetzt stellten sich die Erfolge ein: In Odermatts erster Saison erfolgte der gewünschte Aufstieg in die Elite. Die

...und mit Karl Odermatt auf dem ‹Buschwylerhof›

Delia mit ihrer Freundin Kathrin

Karl Odermatt und Bruno Rahmen

Egon Jacquemai und Willy Laubacher

BD-Veteranen wurden zu einem starken Team. Damals lernte Karli auch die attraktive, sportliche Delia kennen.

Karl Odermatt hatte sein Ziel erreicht. Er spielte jetzt wieder in einer starken Mannschaft und konnte auf diese Weise seinen noch immer vorhandenen sportlichen Ehrgeiz befriedigen. Dass er diesen unbändigen Siegeswillen noch immer hat, bestätigt sein Freund Egon Jacquemai, der einmal mit den Baudepartement-Veteranen auf einer Barcelona-Reise mit dabei war:

«Freunde von Karli hatten in der spanischen Stadt ein Freundschaftsspiel organisiert. Der SC Veteranen Baudepartement spielte gegen einige alte Herren vom FC Barcelona. Die Spanier traten zwar mit ein paar Alt-Internationalen an, aber die Herren hatten zum Teil schon mächtige Bäuche und waren nicht mehr optimal in Form. Ich musste an diesem Match als rechter Verteidiger bei unserem Team einspringen, damit wir elf Leute auf dem Platz hatten. Nach der 1. Halbzeit lagen wir 2:1 zurück. Die Kritik, die Karl Odermatt in der Pause auf uns niederfahren liess, war laut und vernichtend. Ob wir uns nicht schämen würden, gegen diese alten Männer zu verlieren, schrie er uns an. Ich glaubte meinen Ohren nicht zu trauen. Da stand plötzlich ein ganz anderer Karli vor uns. Jeder bekam sein Fett weg und hörte böse Worte. Selbst ich als Nicht-Fussballer wurde gnadenlos zusammenge-

Probleme mit dem Schiedsrichter hatte Karl Odermatt schon zu früheren Zeiten...

staucht. Wir beendeten das Spiel schliesslich mit einem 3:3. Aber Karli konnte es nicht lassen, den Schiedsrichter als ‹Bandido› zu bezeichnen, als dieser einmal ein Offside des Gegners übersah. Beim abendlichen Bankett war bei Karli nichts mehr vom sportlichen Ärger zu spüren. Er brillierte den ganzen Abend mit seiner überbordenden Fröhlichkeit und seinen Sprachkenntnissen.»

Eigens für die Altersklasse ab 40 gab es während der letzten 30 Jahre die Veteranen-Meisterschaft, an der mit der Zeit so viele Mannschaften teilnahmen, dass komplette Meisterschafts-Saisons zustande kamen. 1991 holten sich die Veteranen des SC Baudepartement den Meistertitel für die Nordwestschweiz und den Cupsieg mit den Spielern Willi Laubacher, Kurt Spring, ‹Flaco› Zampoli, Walter Zumsteg, Romano Zolin, Bruno Gatti, Bruno Rahmen, Walter Herrmann, Urban Joseph, Hugo Obergsell, Fritz Gerber, Dieter Lüthi, Mario Donelli, Dédé Bernasconi, Hanspeter Pauli. Der Ex-Nationalliga A-Schiedsrichter und heutige Grossrat Peter Bochsler gehörte ebenfalls jener erfolgreichen BD-Mannschaft an.

Heute spielt Karl Odermatt noch immer im Team der Baudepartement-Veteranen und achtet darauf, dass sich die Mannschaft regelmässig verjüngt. Ab 40 Jahren ist man bei den Veteranen dabei. Die Mannschaft trainiert noch heute jeweils dienstags auf dem Rankhof. Beim SC Baudepartement hat Karl Odermatt nebst dem FC Basel seine zweite sportliche Heimat gefunden:

1. Veteranen-Meistermannschaft Baudepartement. Stehend: Dédé Bernasconi, René Schaedler, Hanspeter Paili, Karl Odermatt, Walter Herrmann, Bruno Gatti, Romano Zolin, Mario Donelli, Rico Bortozzini, Rolf Baumgartner. Sitzend: Fritz Gerber, Willy Laubacher, Eugen Schudel, Peter Bochsler, ‹Flaco› Zampoli, Klaus Decker

«Jeder einzelne von uns hilft mit, diesen Verein, mit all seinen Abteilungen von den Junioren über die Aktiven bis hin zu den Veteranen am Leben zu erhalten. Mit den paar Zuschauern, die die erste Mannschaft bei ihren Meisterschaftsspielen hat, wäre das allerdings schwierig. Deshalb organisiert Hans Fankhauser vor allem Plauschturniere. Wir veranstalten Hallen- und Winterturniere und machen verschiedene Aktionen. An Weihnachten wird Wein verkauft. Wir Veteranen bringen uns da voll ein. Wir sind nicht etwa einfach ein separates Promi-Team innerhalb des Vereins, ohne Beziehung zu den andern. Alle engagieren sich für den SC Baudepartement.»

Weg von der Trainerbank – hin zur Selbstständigkeit

Karl Odermatt bekam Angebote als Trainer von verschiedenen Vereinen. Während der YB-Zeit hatte er die Trainer A- und B-Diplome gemacht und auch den Vorschlag zum Instruktor bekommen:

«Timo Konietzka hatte mir damals den Vorschlag gemacht, diese Scheine zu erwerben. Ich tat das und eine Zeit lang machte es mir auch Spass, als Trainer zu arbeiten. Aber jetzt, in der 1. und in der 2. Liga, gefiel mir die Mentalität, die hier herrschte, nicht. Ich war ein gnadenloser, ehrgeiziger Trainer. Ich wollte den Erfolg.

Ich konnte mit der Feierabend-Fussball-Mentalität nichts anfangen, kam damit nicht klar. Wenn ich Trainer war, dann mussten alle bedingungslos mitziehen. Ich wollte Erfolg. Ich wollte mich nicht über Spieler ärgern, denen das Arbeiten tagsüber im Geschäft wichtiger war, und die dann abends müde oder überhaupt nicht zum Training erschienen.»

Stadtlauf: Die beiden Fussball-Legenden Karl Odermatt und Köbi Kuhn vor dem Basler Rathaus

Karl Odermatt trainierte zwar noch den FC Baudepartement, den FC Nordstern und den FC Olten, aber eine richtig professionelle Trainerkarriere strebte er nicht mehr an. Auch sein Trainer-Engagement beim FC Basel im Jahr 1992 sollte nicht von langer Dauer sein.

Weg vom ‹Holzschopf› – hin zum Wein!

Auf geschäftlichem Sektor hatte sich unterdessen einiges getan. Nach seiner Rückkehr aus Bern war der Holzschopf trotz Karl Odermatts jetzt regelmässiger Anwesenheit nur langsam wieder in Gang gekommen. Es stellten sich bei den Pächtern Karl Odermatt und Otti Baeriswyl auch zunehmend Ermüdungserscheinungen ein. Dazu kam, dass die Brauerei das Haus, in dem der Holzschopf domiziliert war, und auch das Lokal sanieren musste. Karl Odermatt:

Im Holzschopf

«Ich war jetzt rund 13 Jahre lang auf dem Holzschopf. In dem alten Haus hatte es immer wieder Probleme mit den alten Leitungen und auch mit dem Lebensmittelinspektorat gegeben. Jetzt baute die Brauerei das Haus um und wollte hinterher einen viel höheren Pachtzins. Wir gingen über die Bücher und kamen zum Schluss, dass es nicht mehr ging. Deshalb gab ich den Holzschopf schweren Herzens auf.»

Eine Basler Beizen-Ära ging zu Ende, zumal Baeriswyl und Karli zu dieser Zeit – Mitte der 80er Jahre – auch ihr zweites gemeinsames Lokal, das ‹Nathalie› in Binningen, aufgaben.

Karl Odermatt konzentrierte sich wieder auf eines seiner Kerngeschäfte. Er verkaufte Kaffeemaschinen für Carlo Campi. Das tat er bis 1988. Allerdings richtete er sich in diesen Tagen noch ein zweites berufliches Standbein ein:

Karl Odermatt war ein Fan und persönlicher Bekannter von Nathalie Delon und benannte sein Restaurant in Binningen nach ihr

«In vino veritas...»

Heinz Zimmermann (zweiter von links) und Karl Odermatt mit Freunden beim Degustieren

«Wein ist immer schon mein Hobby gewesen. Im Verlauf der Jahre wurde ich zu einem richtigen Fachmann. In diesem Zusammenhang traf ich immer wieder Herrn Gubler, der in Diepflingen eine Weinhandlung besass. Er machte mir den Vorschlag, bei ihm zu arbeiten. Das kam mir gelegen. Ich dachte, ich könnte mit meinen Fachkenntnissen und meiner Popularität gute Umsätze machen. Das Ganze liess sich auch gut an. Wir machten Degustationen im Hof der Weinhandlungen, und ich ging zu den Wirten, um ihnen Wein zu verkaufen. Doch es gab schon bald Probleme. Die Restaurateure zahlten nur schleppend, in kurzer Zeit hatten wir grosse Ausstände. Ich musste einsehen, dass sich der Betrieb nicht rentierte. Wir hatten zu kleine Margen, und schon bald konnte Herr Gubler meinen Lohn nicht mehr regelmässig bezahlen.»

Schwierige selbstständige Zeiten

Für Karl Odermatt begann jetzt die schwierigste Zeit seines Lebens. Das Geld wurde knapp. Die Gubler Weinhandlung machte den Laden dicht. Carlo Campi verkaufte seine Olympia-Kaffeemaschinen-Firma. Die Fussballgagen, die Karl Odermatt bei seinen kleinen Trainer-Jobs bekam, waren sehr klein:

«Ich war auf der Suche nach einem Job. Das war nicht einfach. Ich kam hie und da mit meinen Rechnungen in Verzug. Die Scheidung von Vreny hatte die Reserven aufgebraucht. Die Sorgen häuften sich.»

In dieser Zeit traf Karl Odermatt André Bernasconi, einen alten Fussball-Bekannten. Dédé, wie Bernasconi von vielen gerufen wurde, hatte einst bei den Old Boys als linker Flügel gespielt. Nun vermittelte er Spieler. In der Hauptsache war er allerdings im Liegenschaftsverkauf tätig. Karl Odermatt erzählte ihm von seinen finanziellen Problemen. Dédé Bernasconi machte Karli den Vorschlag, für ihn zu arbeiten. Dieser sagte zu, obwohl ihn viele Leute davor warnten, denn Dédé hatte in der Stadt nicht gerade den allerbesten Ruf: «Mach schriftliche Verträge, sichere dich ab, pass auf.» Karl Odermatt tat, wie ihm geheissen, und machte mit André Bernasconi einen Vertrag: «Er garantierte mir ein Fixum. Er hoffte natürlich, von meiner Popularität zu profitieren. Ich musste Häuser kaufen und verkaufen. Wir haben einige interessante Geschäfte zusammen abgeschlossen. Am Anfang bekam ich regelmässig meinen monatlichen Lohn. Dann aber machte Dédé Bernasconi plötzlich den Vorschlag, keinen Lohn mehr zu bezahlen, sondern alles abzurechnen und halbe-halbe zu machen.» Karl Odermatt stimmte auch diesem Vorschlag zu. Es klappte zuerst auch bestens. Wenn die beiden ein gutes Geschäft lancierten, war Geld im Haus. Mal 50 000 Franken auf einen Schlag, dann wieder 16 000 oder 30 000. Aber zwischendurch gab es auch Wochen, in denen kein Geld hereinkam. Karl Odermatt:

«Dann aber wurde es seltsam. Das war nicht meine Welt. Eigentlich hätte ich lieber ein regelmässiges Einkommen gehabt. So hatte ich zwar zwischendurch relativ viel Geld, dann aber auch wieder plötzlich nichts mehr. Das war mir zu unsicher. Ich war dabei nicht glücklich.»

12 Return to Sender – oder: Zurück zum FCB

Neue Lieben und die neue Familie

Beatrice

Susanne

Auch wenn es geschäftlich und sportlich nicht so gut lief – in Bezug auf die Liebe sass Karl Odermatt schon immer in der ersten Reihe. Die Frauen umschwärmten ihn:

«Neben dem Fussball finde ich eine Frau das Schönste, was es gibt. Ich liebe die Frauen sehr. Sie sind einfach wunderbar.»

So fand Karl Odermatt etwas später Beatrice. Sie besass zusammen mit ihrer Schwester das Restaurant ‹Central› in Pratteln, in dem Karl Odermatt nach dem Training und den Spielen mit seinen Sportfreunden öfter verkehrte. Zusammen verbrachten sie eine intensive und humorvolle Zeit.

Nach der Trennung von Beatrice lernte Karl Odermatt im Fussballkeller des Kinderspitals Susanne kennen. Mit ihr war er nur kurze Zeit zusammen: «Sie war derart hübsch, dass sich die Männer auf der Strasse nach ihr umdrehten – sie hätte jede Misswahl gewonnen!» Karli bekundete Mühe im Umgang mit der Aufmerksamkeit, die seiner Freundin zukam.

An einer der jährlichen, beliebten Gala-Veranstaltungen des Sportclub Baudepartement lernte Karl Odermatt eine junge Frau mit auffallend strahlenden Augen, seine jetzige Gattin Rosmarie Lehner kennen. Nach dem schönen Abend verabschiedete sie sich, ohne dass die beiden ein Wiedersehen verabredeten. Karli konnte die attraktive junge Frau nicht mehr vergessen:

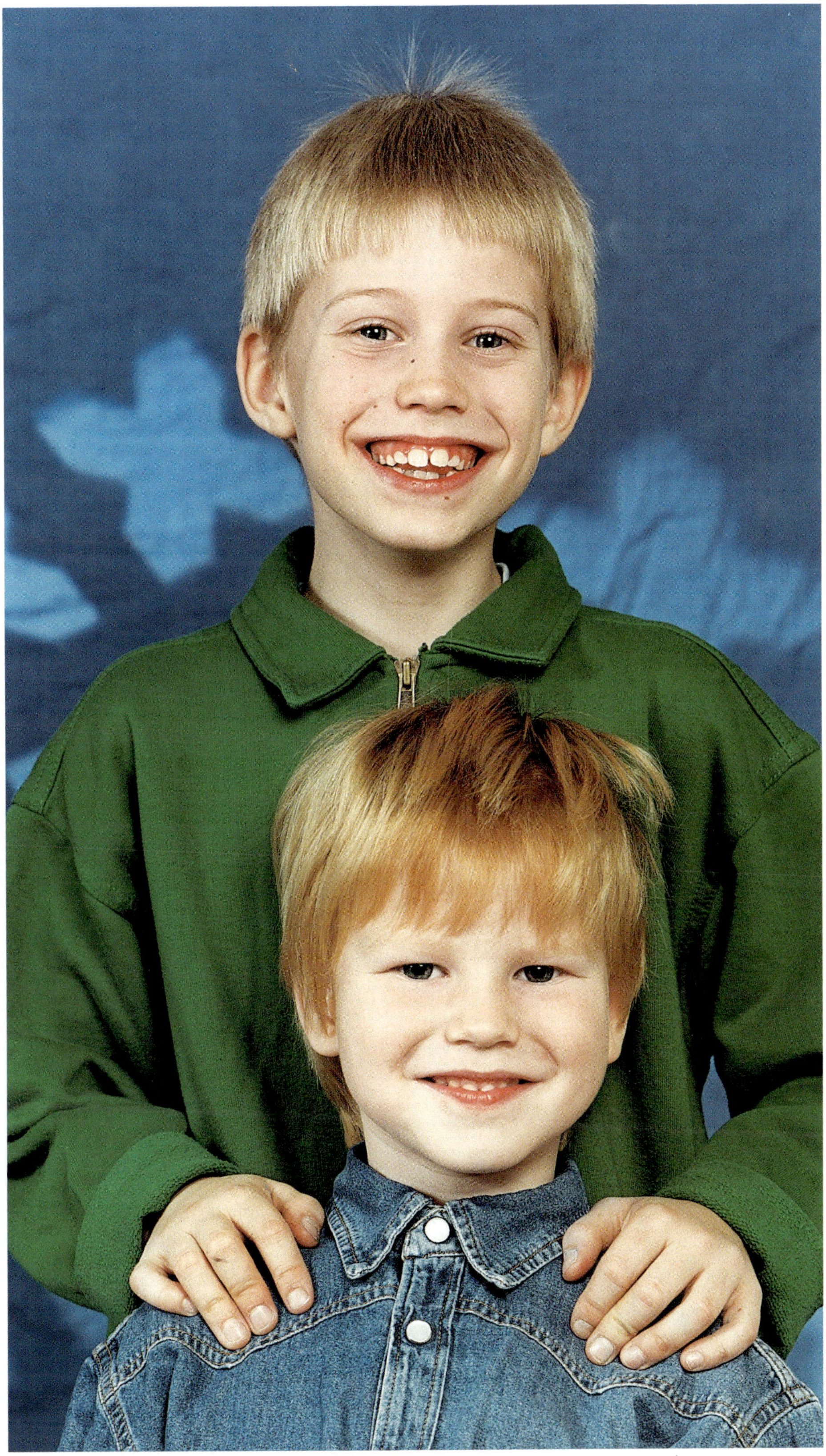

Karli und seine Frau Rosmarie

Rosmarie Odermatt und Andreas

Die Familien Odermatt und Zimmermann

«Ich aber wollte sie wiedersehen und fragte mich, wie ich dies bewerkstelligen sollte. Eines Tages kaufte ich in einer Papeterie eine Karte, die ein lachendes Kind zeigte. Auf die Karte schrieb ich, dass ich wohl so fröhlich wie dieses Kind auf der Karte wäre, wenn ich sie wiedersehen dürfte. Dann besorgte ich einen Blumenstrauss und überlegte, wie ich diesen Blumenstrauss bei der Basler Ärztekasse, wo sie arbeitete, abgeben konnte, ohne dass alle sahen, dass der Strauss von mir kam. Ich gab daraufhin einem Buben auf der Strasse fünf Franken und bat ihn, den Strauss für Rosmarie Lehner abzugeben. Ich wartete draussen, weil ich wissen wollte, ob der Strauss der richtigen Frau überreicht worden war. Der Bub kam zurück und sagte, eine nette Dame habe ihm den Strauss abgenommen. Da war ich beruhigt. Ich hörte dann mindestens zwei Wochen lang nichts mehr. So kaufte ich eine neue Karte, die einen weinenden Knaben zeigte. ‹So geht es mir jetzt, weil ich 14 Tage lang nichts mehr von dir gehört habe›, schrieb ich auf die Karte und bat sie, mich anzurufen. Ich gab einem Mädchen mit Schulsack fünf Franken, einen Blumenstrauss und die Karte, um es meiner Angebeteten zu überbringen. Daraufhin hat mich Rosmarie angerufen.»

Karl Odermatt war bis über beide Ohren verliebt. Rosmarie wuchs auf dem elterlichen Bauernhof auf: «Heute führt mein Bruder den Hof. Ich machte nach der Schule eine Lehre als Krankenschwester und übte diesen Beruf dann einige Zeit aus. Nach rund zehn Jahren fühlte ich mich ausgelaugt und absolvierte eine Weiterbildung bei der Neuen Sprach- und Handelsschule in Basel. Danach fand ich eine Stelle bei der Baselstädtischen Ärztekasse.»

Karl Odermatt: «Nach einem Jahr zog Rosmarie zu mir nach Kaiseraugst. Ich war geschieden und hatte auch schon die eine oder andere Freundin gehabt. Die eine wollte zu viele Kinder, die andere hatte schon ein Kind, die nächste war derart schön, dass ihr alle Männer nachschauten, oder sie sogar anriefen, was ich

Glücklicher Vater

gar nicht lustig fand. Rosmarie ist zwanzig Jahre jünger als ich. Sie hilft immer noch auf dem Bauernhof ihres Bruders mit. Ihr Bruder hat rund 70 Kirschbäume, etwa 30 Kühe und viel Land. Auf diese Weise bin ich mit meiner neuen Familie zum Selbstversorger geworden. Ich hatte eine panische Angst, nochmals zu heiraten. Die Scheidung hatte mich

Ferienfreuden

fast ruiniert. In eine so schlimme Situation wollte ich nie wieder kommen.»

Karl Odermatt und Rosmarie Lehner heirateten am 3. Mai 1991. Am 21. Juli 1991 kam Andreas zur Welt.

«Bei der Geburt war ich dabei. Ich durfte Andreas waschen und habe den nackten Neugeborenen an meine Brust gedrückt. Daran erinnere ich mich sehr gerne. Es war ein enorm einschneidendes, eindrückliches Erlebnis. Während der Geburten meiner beiden Töchter hatte ich wichtige Spiele und konnte nicht dabei sein.»

Der zweite Sohn Daniel wurde am 18. Oktober 1996 geboren. Die Wohnung in Kaiseraugst wurde langsam zu eng, und das Paar beschloss im Jahre 1998, in ein schmuckes Haus im beschaulichen Oberbaselbieter Dorf Rickenbach umzuziehen. «Es ist ein Haus, das mit seinen grossen Räumen viel Luft bietet. Wir haben nette Nachbarn. Ich bin sehr glücklich hier.»

Der Tod von Karlis Mutter

Am 9. Mai 1998 meldete Karl Odermatts Mutter ihren Besuch in Rickenbach an: «Meine Mutter bestand – ganz im Gegensatz zu ihren sonstigen Gepflogenheiten – auf einem Besuch bei uns. Normalerweise war es umgekehrt: Sie lud uns zu sich

Mutter Odermatt mit ihren Lieblingen

nach Hause ein, um uns zu bekochen. Nun kam sie also zu uns, schaute sich um, trank ein Glas Wein und sagte zu mir: ‹Jetzt weiss ich, dass es dir gut geht.› Drei Tage später, am 12. Mai 1998, ist sie gestorben. Sie hatte in den letzten Wochen ihres Lebens öfter gesagt, dass wohl kein einziger Mensch an ihre Beerdigung kommen würde. Als sie dies wieder einmal sagte, versprach ich ihr, dass bei ihrer Abdankung die Kirche voller Menschen sein würde. Als sie starb, erinnerte ich mich an mein Versprechen. Ich rief meine Freunde an – alle kamen. Falls dies meine Mutter von oben gesehen haben sollte, ist sie zweifellos sehr glücklich darüber, dass so viele Menschen ihrer gedacht haben. Sie hat das verdient. Meine Mutter war ein wunderbarer Mensch. Ich vermisse sie sehr.»

Der Kreis schliesst sich – zurück zum FCB

1989 drehte der Regisseur Angelo A. Lüdin mit dem Kameramann Pio Corradi den Film ‹Aufbauer der Nation›. Es entstand ein Fussballfilm ohne Fussball – ein Porträt der beiden Schweizer Fussballstars Karl Odermatt und Heinz Hermann.

Zu Beginn der 90er Jahre kehrte Karl Odermatt zu seinem FCB zurück. Natürlich hatte er immer wieder mit den FCB-Veteranen und -Senioren gekickt, hatte sich FCB-Spiele angesehen und war immer ein legendäres rot-blaues Aushängeschild gewesen. Jetzt aber kam er sozusagen in offizieller Mission zurück.

Karli und Uwe Seeler bei einem Freundschaftsspiel

«Ich wurde für den FCB tätig. Der damalige Präsident Peter Epting entliess Ernst August Künnecke als Trainer. Bruno Rahmen wurde angefragt, ob er den FCB interimistisch als Trainer übernehmen wolle.» Rahmen bat seinen früheren Mannschaftskollegen Karli, mit ihm zusammen das Amt des Trainers auszuüben. Karli sagte zu. «Als Entlöhnung bekam ich 1000 Franken für jeden gewonnenen Punkt.» Er nahm den Job hauptsächlich aus Loyalität zum FC Basel an: «Bruno und mir machte die Trainerarbeit Freude. Es war eine gute Erfahrung mit zahlreichen interessanten Begebenheiten. Mit ein wenig Glück wäre der Aufstieg zu schaffen gewesen. Mit Genugtuung konnten wir feststellen, dass die Zuschauerzahlen wieder von 4000 auf 13 000 hochschnellten.»

Karl Odermatt, Friedel Rausch und Willi Sommer

Karli Odermatts erste Familie heute...

Trotzdem blieb am Ende der Saison auch bei Karl Odermatt ein Fragezeichen: «Wir schienen unsere Arbeit richtig gemacht zu haben. Doch war Bruno Rahmen und mir auch klar geworden, dass keiner von uns Trainer bleiben wollte. Wir schlugen dem FCB-Vorstand deshalb Friedel Rausch als unseren Nachfolger vor. Dieser war in der Innerschweiz im Vorruhestand und Bruno und ich nahmen mit ihm Kontakt auf. Seine Antwort: «Der FCB ist mir das allemal Wert.»

Karl Odermatt mit seinen Töchtern Jacqueline und Patricia

Jacqueline Gassmann-Odermatt mit Karlis Enkel Nicolas

Da der FCB damals in einer finanziell schwierigen Lage war, konnte er dem deutschen Startrainer nicht allzuviel bezahlen. Es mag niemanden wundern, dass Friedel Rausch nach anderthalb Jahren nach Kaiserslautern weiterzog, wo er einen Millionenvertrag unterzeichnete. Karl Odermatt erinnert sich, dass Friedel Rausch ihn spätnachts anrief:

«Sei mir bitte nicht böse Karli, aber dieses Angebot aus der Bundesliga kann ich nicht ablehnen!»

Peter Epting präsidierte den Stadtclub von 1992 bis 1996. Karl Odermatt fungierte zu jener Zeit als ehrenamtlicher Coach beim FC Basel. Er lernte jetzt mit Bernhard Burgener einen Mann kennen, der für sein weiteres Leben als enger Freund bestimmend werden sollte.

Bernhard Burgener

Karl Odermatts Engagement beim FC Basel war mehr von Enthusiasmus und nostalgischer Liebe zum Verein als von Arbeit auf solider geschäftlicher Grundlage geprägt. Karl Odermatt machte beruflich das, was er als Fussballer auf dem Feld nie getan hatte: Er trödelte herum, war zögerlich und unentschlossen. Einige Freunde rieten ihm dies, andere sagten das und weitere schlugen genau das Gegenteil vor. Die Zusammenarbeit mit seinem ehemaligen Partner hatte Odermatt aus einer Mischung von Enttäuschung und Misstrauen aufgegeben. Er war ohne feste Arbeit und liess sich hängen. Das Geld wurde knapp. Er hatte zwar seine neue Familie,

Bernhard Burgener, die bayerische Sängerin Nicki und Karl Odermatt

die ihm privat Halt gab, aber im beruflichen Leben sah es düster aus. Zu dieser unerfreulichen Zeit war Karl Odermatt häufig Gast im Restaurant ‹Giuseppe Verdi›, einem Lokal in Sissach, das auch ein Treffpunkt für Sportler war. Heinz Zimmermann führte das Restaurant und es entstand in jener Zeit eine tiefe Freundschaft zwischen den beiden Männern. Im ‹Giuseppe Verdi› war es auch, wo Karli den Unternehmer und FCB-Fan Bernhard Burgener kennen lernte:

«Ich erzählte Bernhard Burgener von meinen geschäftlichen Nöten und finanziellen Sorgen.» Der Geschäftsmann hörte dem Fussball-Idol seiner Jugend genau zu und bot Karli einen Job an. Fortan arbeitete Karl Odermatt im Unternehmen von Burgener, der ein grosser Freund des FCB war.

«Es gab die Aktionen ‹FCB in aller Munde› und ‹Der FCB baut auf›. Für 5000 Franken bekam man FCB-Souvenirs, wurde im Match-Programm erwähnt, durfte an einem Gala-Abend teilnehmen, erhielt sechs Tribünenkarten und dazu ein Geschenk von Bernhard Burgener. Dieser finanzierte die Aktion und überwies das Geld dem FCB (280 x 5000 Franken in zwei Jahren).»

Romy, Bernhard Burgeners charmante Ehefrau

Bernhard Burgener erinnert sich an einen Karl Odermatt, der sich ausserordentlich engagierte: «Karli hat sich richtig in die Arbeit hineingekniet und mit seinem Charme und seiner Begeisterungsfähigkeit souverän viele Türen für den FC Basel geöffnet. Er ist ein sehr guter Verkäufer und Marketing-Mann und als Frontmann sehr erfolgreich. Seine Stärke ist die Kundenpflege. Karli ist übrigens auch ein hervorragender Koch!»

Karli, René Girod und Egon Jacquemai

Bernhard Burgener bezahlte damals auch Karl Odermatts Lohn, obwohl dieser mehr für den FC Basel als für die Burgener-Firmen tätig war. Mit Burgeners Unterstützung schöpfte Karl Odermatt wieder neuen Mut. Er gewann sein altes Selbstvertrauen zurück. Und er ist seinem damaligen Unterstützer und heutigen engen Freund sehr dankbar:

«Bernhard Burgener machte mich in der Öffentlichkeit wieder salonfähig. Er verschaffte mir Raum für meine eigene Entwicklung und gab mir mein Selbstwertgefühl

Karl Odermatt, Toni Rominger und Bernhard Burgener

zurück. Weil er mich anstellte, habe ich wieder Geld verdient und meiner Familie damit materielle Sicherheit bieten können. Als ich später von Bernhard Burgeners Firma ganz zum FCB wechselte, sagte er mir, dass ich jederzeit wieder zu ihm zurückkehren könne. Es beruhigt mich ungeheuer, diese Sicherheit zu haben.»

René C. Jäggi holt Karli zum FCB

Karl Odermatts Arbeit für den FC Basel im Marketing-Bereich wurde immer erfolgreicher. Sein Name öffnete Türen, die anderen verschlossen blieben. Das sah auch René C. Jäggi so, als er 1996 Peter Epting als Präsident des FC Basel ablöste. Er bot Karl Odermatt eine feste Anstellung beim FCB an. Karl Odermatt:

«Unter den früheren Präsidenten und Vorständen war es nicht üblich, dass verdiente Spieler nach ihrer aktiven Karriere beim FCB angestellt wurden. Mit René C. Jäggi als Präsidenten wurde vieles anders, so auch dies.»

FCB-Spieler im Basler Rathaus

Karl Odermatt ist glücklich, für den FC Basel arbeiten zu können: «Ich bin in den Bereichen Marketing, Sponsoring, für das Clubheft Rot-Blau tätig. Ein wichtiges Gebiet ist die persönliche Betreuung der VIPs, Gönner und Donatoren.» Nicht von ungefähr sagt er: «Nach meiner Familie kommt schon bald der FC Basel als wichtigster Bezugspunkt in meinem Leben.»

Karli im Gespräch mit Giovanni Nanni   Karli betreut Donatoren

Oben: Karli mit Lothar Nepple; unten: Werner Schönenberger, Karli, René Girod

Der Ball bleibt rund

Nachdem sich Karl Odermatt in früheren Jahren geschäftlich auf diversen nicht rutschfesten Parketten bewegt hatte, hat er heute wieder – symbolisch ausgedrückt – den geliebten Rasen unter seinen Füssen. Fussball ist seine Welt, in diesem Umfeld fühlt er sich wohl und zuhause. Sein Wissen als Fachmann ist gefragt. Auch wenn er mittlerweile als aktiver Fussballer etwas kürzer tritt, wird er immer wieder zu Freundschafts- und Benefiz-Spielen in nationalem und internationalem Rahmen eingeladen. Zusammen mit seinen Freunden besucht er häufig internationale Fussballspiele. So war er begeisterter Zuschauer an der Fussball-Weltmeisterschaft in den USA und an den verschiedensten Europa-Cup- und Champions-League-Endspielen. Selbstverständlich war Karl Odermatt auch an vorderster Front dabei, als das alte ‹Joggeli›-Stadion abgerissen wurde. Zusammen mit Helmut Benthaus vollzog er den symbolischen allerersten Anstoss im neuen St. Jakob-Park. Auch die Berner dachten an ihren Käru, als das legendäre Wankdorf-Stadion gesprengt wurde, und zweifellos wird er auch dabei sein, wenn die neue Berner Fussball-Arena eingeweiht wird.

An der Fussball-WM in Amerika: Daniel Jeandupeux, Ottmar Hitzfeld und Karl Odermatt

Als der FC Basel in der Saison 2001/02 unter Trainer Christian Gross nach langer Durststrecke erstmals seit den glorreichen Benthaus-Odermatt-Zeiten zu nationalen Meisterehren und zum Cupsieg kam und so das Double schaffte, war Karl Odermatt bei den Feierlichkeiten an vorderster Front dabei. Er wurde gefilmt und befragt: «Ich finde es wunderbar, dass nach über zwanzig Jahren eine neue rot-blaue Epoche eingeläutet wurde. Diese Wachablösung, auf die die ganze Stadt sehnlich gewartet hat, ist zweifellos nicht nur das Verdienst der heutigen Mannschaft, sondern vor allem auch vom aktuellen Vorstand und ganz besonders von René C. Jäggi und Gigi Oeri.» Nostalgische Gründe mögen durchaus eine Rolle spielen, aber sie erklären die noch immer währende Popularität von Karl Odermatt nicht ganz. Zumal ja auch die jüngsten Fans, die ihn nie ‹live› haben spielen sehen, für ihn schwärmen. Dazu sagt Karlis Freund Egon Jaquemai, für dessen ‹Weller Herrenmode› Karli manchmal sogar Modell steht: «Ich staune jedes Mal, wie viele junge Leute Karli kennen, die ihn nie haben Fussball spielen sehen. Ich habe in Zürich, Aarau und St. Gallen erlebt, wie eine Gruppe jugendlicher Fans das ‹Karli, none Gool›-Lied anstimmten, als sie ihn sahen. Natürlich freuen sich auch ältere Menschen darüber, ihm zu begegnen. Karli spricht mit allen und nimmt sich Zeit. Das mag, neben der Erinnerung an sein

Alois Erath, Dominik Heer, Karli und Werner Zimmermann

Regierungsrätlicher Empfang der FCB-Double-Gewinner im Basler Rathaus

Die FCB-Vorstandsmitglieder Mario Cueni, Gigi Oeri und René C. Jäggi

Staatsschreiber Robert Heuss, RR Ueli Vischer, Gigi Oeri, RR Jörg Schild, RR Carlo Conti

Die Regierung geleitet die FCB-Meisterspieler ins Rathaus

Regierungsrat Christoph Eymann, FCB-CEO Roger Hegi und Regierungsrat Ueli Vischer

grosses fussballerisches Können, mit ein Grund für seine ungebrochene Popularität sein.» Neben Bernhard Russi und Ferdy Kübler ist Karl Odermatt der Schweizer Sportler mit dem grössten Bekanntheitsgrad.»

Karli und die Jugend

Der Koch und der Fasnächtler

Neben all den sportlichen Prioritäten gibt es noch eine andere wichtige Seite in Karlis Leben. «Es macht mir grossen Spass für meine Freunde zu kochen. Ich stehe gerne in der Küche und lasse mir spezielle Gerichte einfallen. Natürlich muss jeweils alles perfekt sein – der Wein, die Vorspeisen, der Hauptgang, das Dessert. Beim Kochen kann ich mich entspannen.» Karli sammelt mit Leidenschaft Pilze: «Ich liebe es, in der Natur zu sein. Da kann ich meinen Gedanken nachhängen und Kraft schöpfen. Ich wurde zum Weinkenner und bin oft und gerne in der Toscana und im Piemont. Dort kaufe ich bei den Winzern Elio Grasso, Theo Costa, Theobaldo Cappellano und Angelo Gaja selbst ein.»

Ein weiteres, intensiv betriebenes Hobby von Karl Odermatt ist die Fasnacht. Die drei ‹scheenschte Dääg› sind auch für ihn jedes Jahr wieder ein aufregendes Ereignis. In früheren Jahren war Karl Odermatt mit der Clique um ‹Büchse› Bürgin, mit den ‹Knille-

Karli – ein Meisterkoch!

Richard Schultz und Karl Odermatt, zwei passionierte Pilzsammler

Pfuuser› unterwegs. Seit einigen Jahren macht er mit den ‹Mittwuch-Pfuuser› die Gassen und Beizen unsicher. Dies ist – ausserhalb des Stadion-Rasens – Karl Odermatts schönste Spielwiese. Hier ist er mit seinem überschäumenden Temperament, seinem eigenwilligen Humor und seiner Fröhlichkeit in seinem Element.

Fasnacht ist seit Jahren Karlis Passion

Odermatts Ausblick

Der Ex-FCB-Präsident Charles Röthlisberger

Franco Riccardi sorgt für Karlis leibliches Wohl

Jahrhunderttalent im Fussball, Offsetdrucker, Aufbauer der Nation, Kaffeemaschinenverkäufer, Liegenschaftsmakler, Mittelfeldstratege, Beizer, Spielertrainer, Inseratenverkäufer, Koch, Fasnächtler. Karl Odermatt war in seinem bisherigen Leben in vielen Arenen zu Hause. Dabei hat er sich seinen speziellen Charme, seine (baslerischen) Eigenarten und eine erfrischende Jugendlichkeit bewahrt:

«Wenn ich Gleichaltrigen begegne, komme ich mir oft viel jünger vor. Das liegt vermutlich daran, dass ich viel mit jüngeren Menschen zusammen bin – das erhält einen selbst jung. Natürlich merke ich, wenn ich etwa gegen Jüngere Fussball spiele, dass ich älter werde. Aber ich bin immer noch agil.»

Karl Odermatt begegnete in seinem Leben manches Mal falschen Freunden und hörte auf Schulterklopfer. «Man muss den Leuten richtig zuhören können. Ich merke es heute, wenn mich jemand für eigene Zwecke benutzen will. Vor dreissig Jahren habe ich das nicht immer bemerkt. Ich habe einen Lernprozess hinter mir.»

In diesem Zusammenhang sieht Karl Odermatt den Sport im Allgemeinen und den Fussball im Speziellen als ‹Schule des Lebens›: «Der Mannschaftssport ist sensationell – ohne Kameradschaft geht nichts. Man lernt teilen und verlieren. Man muss auch das Siegen lernen – das ist ebenfalls ein wichtiger Prozess. Als Fussballer auf dem Platz und als Mensch muss man eine Mischung aus Egoismus und Gruppendenken, aus Mannschaftsdienlichkeit finden – eine Symbiose zwischen Nehmen und Geben. Das ist wichtig für die Karriere, aber auch für das Leben.»

Karli mit Sandra und André Dosé

Egon Jacquemai, Karl Odermatt, Bruno Zeller

Hab oft im Kreise der Lieben…

Karlis Freund Egon Jacquemai: «Karli ist ein sehr positiver Mensch. Wenn ich daran denke, wie hoch oben er gestanden und wie tief er zeitweise gesunken ist, dann fühle ich uneingeschränkte Bewunderung für ihn. Er liess eigentlich nie den Kopf hängen und arbeitete sich mit Willen und Stärke immer wieder hoch. Heute erlebe ich ihn so, wie er damals Fussball spielte: verspielt, lustig, auch unberechenbar, zielgerichtet, lieb, aggressiv und kollegial. Wer diese Eigenschaften von Karl Odermatt in der besonderen Mischung akzeptiert, kann auch Karlis Freund sein!»

Nachbetrachtung von Helmut Hubacher

Karl Odermatt hatte mir einen klugen Rat mit auf den weiteren politischen Lebensweg gegeben.

Wir trafen uns zufällig im Café Frey beim Bahnhof. Das Gespräch drehte sich natürlich um Fussball. Karl Odermatts Zeit als aktiver Spieler lag bereits ein paar Jahre zurück. Plötzlich überraschte er mich mit einem verbalen Steilpass: «Politik und Fussball haben etwas gemeinsam», begann er. Und erzählte, was damit gemeint sei.

«Zehntausende jubelten mir im Joggeli zu», kramte er in den Erinnerungen. «In solchen Momenten hast du das Gefühl, alle seien deine Freunde. Dabei brauchen die Fans einfach ein Idol. Eine Zeit lang war ich es. Aber Ruhm ist bekanntlich vergänglich. Mir war klar, dass es stiller um mich sein würde, wenn ich vom Rasen abtreten werde. Deshalb pflegte ich meine paar Freunde auch dann, als meine Popularität am grössten war. Diese paar persönlichen Freunde sind mir geblieben, auch nach meinem Rücktritt.»

Dann zog er den Bogen zu mir, zum Politiker: «Du bist als Nationalrat eine bekannte Persönlichkeit. Die Leute kennen dich vom Fernsehen, Radio oder von der Zeitung. Du bist ein politischer ‹Star›. Gegner hast du genug. Aber viele mögen dich. Ihnen gefällt, was du im Bundeshaus machst. Sie klopfen dir auf die Schulter. Aber auch du wirst einmal zurücktreten. In unserer schnelllebigen Zeit ist man schnell vergessen, das gilt für Fussballer und Politiker. Dann brauchst du Freunde. Pflege sie auch in der Zeit, solange du politisch oben stehst. Denn sonst wirst du später keine haben. Freunde kann man nicht jahrzehntelang vergessen und dann meinen, sie stünden automatisch zur Verfügung.»

Ich habe Odermatts Worte nie vergessen. Ich hätte sie ihm, ehrlich gesagt, kaum zugetraut. Für mich war er einfach ein begnadeter Fussballer. Ein Stratege auf dem Rasen, einer, der das Spiel ‹lesen› konnte, der die gegnerische Abwehr mit einem ‹genialen› Pass aufzureissen vermochte. Als er zuletzt noch zu den Berner Young Boys wechselte, wussten wir nicht so recht, ob das eine Verratshandlung von Odermatt, oder ein Versagen des Clubs war. Es soll, hörten wir dann, zwischen ihm und dem legendären Trainer Helmut Benthaus Misstöne gegeben haben. Karl Odermatt fackelte nicht lange, sondern suchte eine neue Herausforderung. Er wollte es «denen» nochmals zeigen. Gemeint waren die FCB-Verantwortlichen. Odermatt bestand den Test. Trotz kann hilfreich sein. Die neuen Clubfarben schienen ihn motiviert zu haben. Karl Odermatt avancierte auch bei YB zur Leitfigur.

In Basel blieb er eine Kultfigur. Bis auf den heutigen Tag.

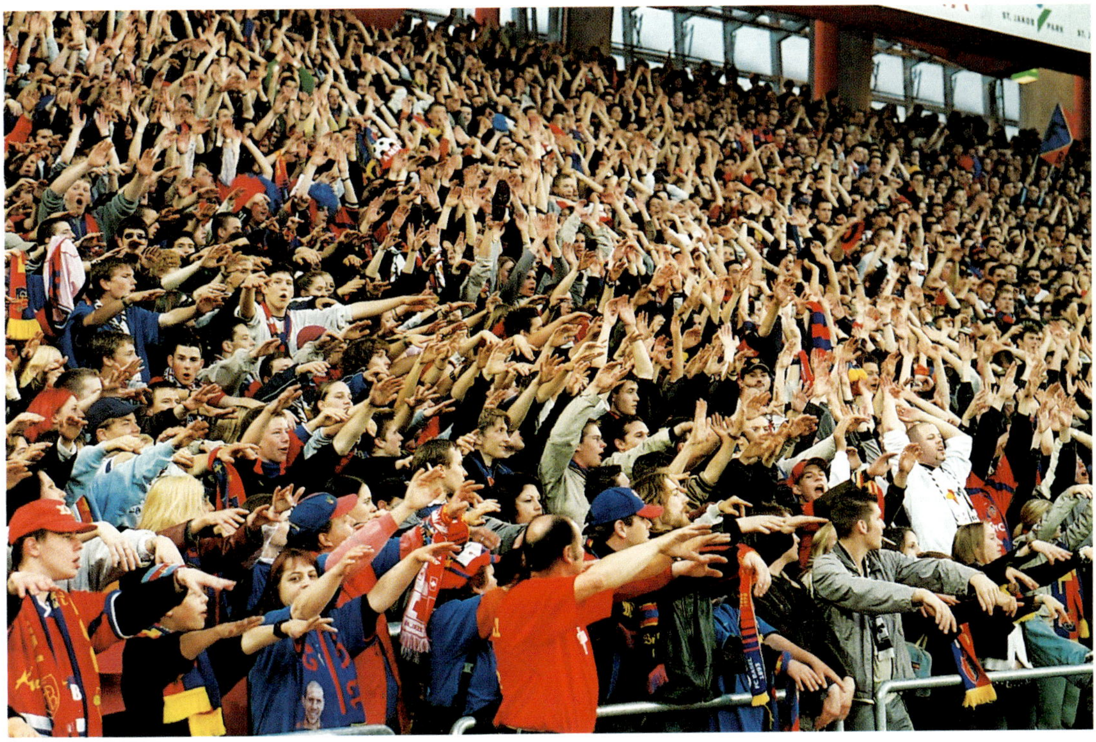

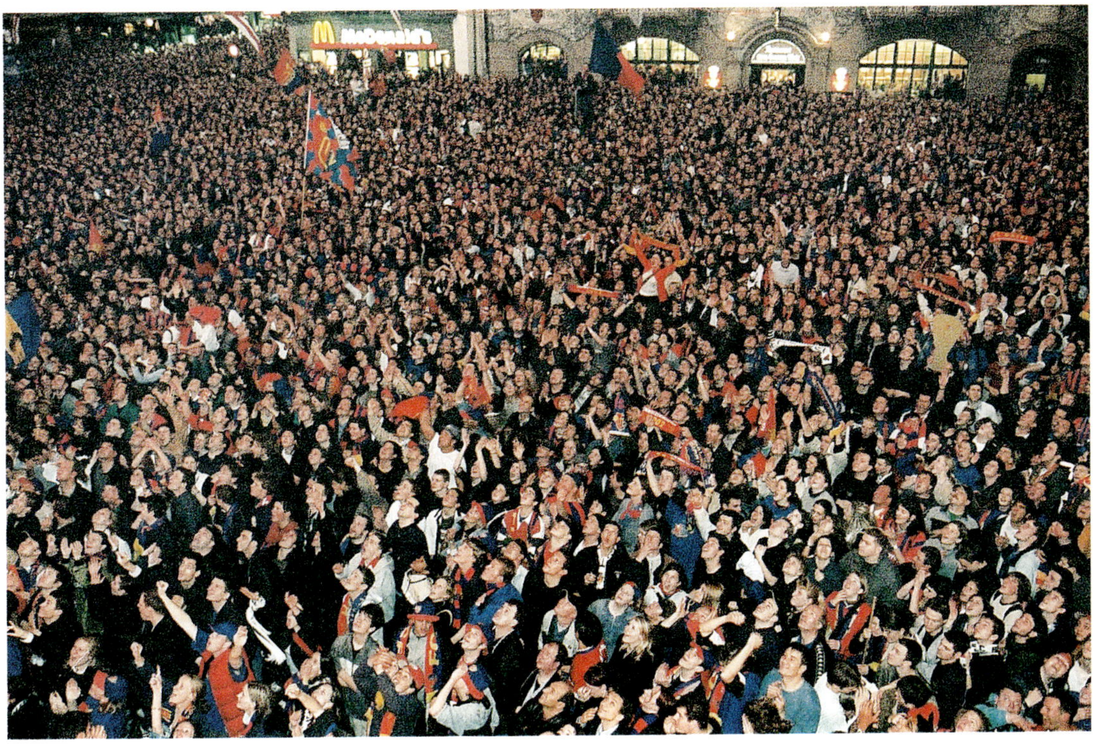
McDonald's

Die sportlichen Erfolge

FC Concordia
1956 bis 1957   Junioren-Regionaltitel
1982/83   Aufstieg in die 1. Liga als Spielertrainer

FC Basel
1962   erstes Nationalligaspiel mit dem
FC Basel gegen Lugano
Über 100 Tore in 400 Meisterschaftspartien
1962/63   Cupsieg
1966/67   Double (Cupsieg und Meister)
1968/69   Meister
1969/70   Meister
1971/72   Meister
1972/73   Meister
1974/75   Cupsieg
1969/70, 1971/72, 1972/73   Cupfinal-
Teilnahmen (drei Niederlagen gegen den FC Zürich)

BSC Young Boys
1976/77   Cupsieg
1977/78   Cupfinal-Teilnahme
(Niederlage gegen Servette im Wiederholungsspiel nach Unentschieden im ersten Match)

Nationalmannschaft
50 A-Länderspiele unter den Trainern Karl Rappan, Alfredo Foni, Erwin Ballabio, Louis Maurer, Bruno Michaud, René Hüssy; 13 Tore. 15 Siege, 14 Unentschieden, 21 Niederlagen. Die Schweiz spielte gegen:

Jahr	Gegner	Ergebnis
1963	England	1:8
1963	Frankreich	2:2
1964	Norwegen	2:3
1965	Holland	2:1
1966	UdSSR	2:2
1966	Mexiko	1:1
1966	Deutschland	0:5
1966	Belgien	0:1
1966	Rumänien	2:4
1967	Mexiko	0:3
1967	CSSR	1:2
1967	Rumänien	7:1
1967	UdSSR	2:2
1967	Zypern	5:0
1967	Italien	2:2
1967	Italien	0:4
1968	Israel	1:2
1968	Zypern	1:2
1968	Deutschland	0:0
1968	Österreich	1:0
1968	Griechenland	1:0
1969	Spanien	0:1
1969	Portugal	2:0
1969	Rumänien	0:1
1969	Türkei	0:3
1969	Griechenland	1:4
1969	Portugal	1:1
1970	Spanien	0:1
1970	Frankreich	2:1

1970	Italien	1:1
1970	Ungarn	0:1
1970	Griechenland	1:0
1970	Malta	2:1
1971	Malta	5:0
1971	Polen	2:4
1971	Griechenland	1:0
1971	Türkei	4:0
1971	England	2:3
1971	England	1:1
1972	Schweden	1:1
1972	Polen	0:0
1972	Dänemark	1:1
1972	Italien	0:0
1972	Deutschland	1:5
1973	Luxemburg	1:0
1973	Türkei	0:0
1973	Schottland	1:0
1973	Luxemburg	1:0
1973	Italien	0:2
1973	Türkei	0:2

Europacup
5 Teilnahmen mit dem FC Basel

Cupsieger-Cup
3 Teilnahmen mit dem FC Basel
1 Teilnahme mit dem BSC Young Boys

UEFA-Cup
1 Teilnahme mit dem FC Basel

Messestädte-Cup
4 Teilnahmen mit dem FC Basel

Alpencup
12 Teilnahmen mit dem FC Basel

Weltauswahl
1970 Europa–Südamerika 4:4 – die Europa-Auswahl gewann das anschliessende Penaltyschiessen dank einem Treffer von Karl Odermatt

FC Birsfelden
1981/82 1. Liga-Regionalmeister als Spielertrainer

SC Baudepartement (Veteranen)
1988/89	Aufstieg in die Elite-Klasse
1989/90	Veteranen Cupsieg
1990/91	Double
1991/92	Meister
1993/94	Meister
1996/97	3. Rang
1997/98	Meister
1998/99	Veteranen Cupsieg
1999/00	Meister, Veteranen Cupsieg

Dank

Ohne die bedingungslose Unterstützung von Karl Odermatts Freunden und Bekannten läge dieses Buch heute nicht vor. Mit grosser Bereitschaft haben zahlreiche Menschen während der letzten Monate Fotoalben und Dokumente aus Keller und Estrich geholt und uns viel Zeit geschenkt, damit wir die vergangenen Karli-Jahre so lückenlos wie möglich aufschreiben und dokumentieren konnten.

Unser besonderer Dank geht an:
Karl Odermatt und seine Familien, die uns vertrauensvoll unterstützt haben;
Evi Matti und Klaus Sidler, unsere Lebenspartner, die unsere Sorgen und Nöte während Monaten getragen haben, sowie an Molli und O'Murphy;
Heinz Zimmermann, den fliegenden Postboten;
Gisela Kutter und Markus Kutter, Ingrid Zink und Alex Zink sowie Peter Wirz, die offene Herzen in schwierigen Zeiten hatten;
Gigi Oeri und René C. Jäggi für das einfühlsame Vorwort;
Doris Tranter, die unseren Text sorgfältig lektorierte;
Peter Affolter und Otto Rehorek, die Grafiker und ‹alten› FCB-Fans, die das Layout mit Herzblut gestalteten;
Dr. Beat von Wartburg, den Verlagsleiter, der sich für unser Projekt von Anfang begeisterte und es engagiert unterstützte;
Claus Donau, den Produktionsleiter, dank dessen umsichtiger Präsenz und grossem verantwortungsvollen Einsatz unser Buch die äussere Gestalt bekam,
sowie an die übrigen Mitarbeiterinnen und Mitarbeiter des Christoph Merian Verlags.

Herzlich danken möchten wir speziell und namentlich all jenen, die sich Zeit für Gespräche mit uns genommen haben. Wir nennen sie in der Reihenfolge der Kontaktnahme: Ruth Wahl, Schwester von Karl Odermatt; Marcel Dogor, Komödiant und Freund; Carlo Porlezza, ehemaliger FCB-Spieler; Dieter Hosp, Hotelier, damaliger Congeli-Spieler, Jugendfreund; Roby Hosp, ehemaliger Congeli- und Lausanne-Spieler; Prof. Dr. med. Werner Müller, spezifischer Kenner von Karlis Lauf- und Schusswerk; Heini Degen, ehemaliger Congeli-Goalie und Jugendfreund; Anna Mastel und Bruno Zolin, ‹Schliessi›-Wirtepaar in der Langen Erlen, dessen butterzarte Schweinshaxen oftmals den nötigen Boden schufen; Kurt Eisenring, Schulkollege; René Jeker, ehemaliger FCB-Torhüter und Jugendfreund; Mike Speidel, ehemaliger FCB- und EHC Basel-Spieler; Robert A. Jeker, damaliger Hüter und Anlageberater von Karlis ersten fünfzig Franken; Toni Eisenegger, den eine Stunde Schutten mit Karli auf dem Schulhof eine Studentenschnitte kostete; Sven Jürgensen, Sohn einer Jugendfreundin; Edgar Egge Gilgen, Fotograf und Kumpel; Helmut Benthaus, Karlis bester Trainer; René Schmidlin, Sohn des ehemaligen FCB-Präsidenten Lucien Schmidlin; Susy Michaud, damalige Ehefrau des Karli-Freundes Bruno Michaud; Hans-Jörg Hofer, damaliger PdA-Grossrat und Fussballkenner; Werner Düggelin, der das Basler Theater mit dem FCB verkuppelte; Vreny Hefti-Odermatt, erste

Ehefrau und Mutter seiner beiden erwachsenen Töchter; Jacqueline Gassmann-Odermatt und Patrizia Odermatt, seine Töchter; Ruedi Reisdorf, Fussballkenner und Cubillas-Transferierer; Werner Decker, ehemaliger Congeli-Spieler; Carlo Campi, Freund der damaligen Familie und Arbeitgeber; Dr. Andreas Gerwig, damaliger SP-Nationalrat und Fussballkenner; Gebrüder Heini und Werner Büchler, lebenslange enge Freunde; Gilberto Versari, ehemaliger Binningen-Goalie; Dänu Siegrist, Berner Rock-Musiker; Dr. Lukas ‹Cheese› Burckhardt, beliebter damaliger Regierungsrat und Jazzmusiker; Roland Vögtli, heutiger Grossrat und damaliger jugendlicher Karli-Verehrer; Elio Tomasetti, der Freund, der eine Woche vor Karli Geburtstag feiert und die berüchtigten Karli-Feste mit inszenierte; Bruno Gatti, ehemaliger Black Stars- und FCB-Spieler; Otto Baeriswyl, Wirt und Benefiz-Veranstalter; Bernhard Burgener, enger Freund und Berater; Roland Stark, SP-Politiker, der sich im Basler Parlament schon früh für ein neues Stadion einsetzte; Robert Stalder, der kreative Geist, Organisator des sagenhaften Döggeli-Turniers und damaliger GGK-Texter der FCB-/Basler Theater-Lotterie-Inserate; Helmut Hubacher, damals wie heute prominenter, kritischer Politiker, Zeitgenosse und Fussballfreund; Heinz Buess, Karlis ehemaliger Arbeitgeber; Egon Jacquemai, Modefachmann und enger Freund; Ralph Zloczower, damaliger YB- und heutiger SFV-Präsident; Gigi Oeri, die strahlende erste Frau im FCB-Vorstand; Roberto ‹Mucho› Frigerio, damaliger umschwärmter FCB-Stürmer; Felix Musfeld, damaliger FCB-Präsident; Ottmar Hitzfeld, damaliger FCB-Spieler und heutiger Bayern-München-Trainer; Dr. Ueli Vischer, Regierungsrat und Aktivmitglied des SC Baudepartement; Dr. Christoph Eymann und Dr. Carlo Conti, Regierungsräte und gelegentliche SC Baudepartement-Spieler; Moritz Rapp, YB-Archivar; Louis Moser, damaliger YB-Sportchef; Herbert ‹Bobby› Kaufmann, Freund und ehemaliger Trainer; Otto Rehorek, langjähriger Stadionsprecher; Rosmarie Odermatt-Lehner, heutige Ehefrau und Mutter seiner beiden Buben; Marcel Kunz, damaliger FCB-Torhüter; Romano Zolin, akribischer Fotoarchivar und damaliger Fussballer; Walter Herrmann, ehemaliger SC Baudepartement-Präsident; Willi Erzberger, Verfasser unzähliger Sportberichte; Hans-Jörg Schepperle, Fussball-Kenner; Heinz Zimmermann, Wirt und enger Freund; Franco Riccardi, Freund und Beizen-Übervater des damaligen und heutigen FCB; Markus Sutter, Journalist; Peter Bochsler, heutiger Grossrat, Baudepartement-Fussballer und ehemaliger Nationalliga A-Schiedsrichter; Hans-Peter ‹Büchse› Bürgi, Freund und Aufsteller in allen Lebenslagen; Bruno Zeller, Freund und fotografischer Dokumentator wohliger Lebenssituationen; Werner Schönenberger und Lothar Nepple, grosszügige Freunde; René Girod, der Karli kulinarische Freuden bereitet; Victor Werren, ‹Fussball-Enzyklopädie›.

Hinweise, Dokumentationen und Unterstützung verdanken wir: Sport-Museum Basel, Dr. Max Triet; Museum Jean Tinguely Basel, Claire Wüest; Bea Häring und Hannes Flury; BaZ-Archiv; FCB-Archiv; Sport-Toto; Hans-Dieter Gerber; Stefan Holenstein; Josef Zindel; Peter Ramseier; Jeannot Bertschy; Hans-Peter ‹Bölle› Börlin; Teddy Riedo; Franco Riccardi; Heidi Stohler; René Matti sen.; Rolli Dreher; Felix Musfeld; Phillip Karger; Bruno Besserer und Guido Tröndle vom Apollo Gym sowie Sportler-Treff High Speed in Binningen.

Susanne Haller und René Matti

Bildnachweis

Peter Armbruster S. 57 unten, 128 oben, 142. **Armee-Photodienst** S. 56, 57 oben, 157, 158, 160, 161. **ASL** S. 54, 170, 209, 236 oben. **Otto Baeriswyl** S. 144–145. **Kurt Baumli** S. 44 oben, 45, 46 unten, 47, 51, 52 unten, 54 unten, 63 unten, 70, 71, 73, 74 oben, 78 unten, 80 oben, 87, 88, 89, 90, 96, 97, 98, 99, 102, 112 Mitte, 115 unten, 120 links unten, 122 unten, 131, 137, 138, 140–141, 154 oben, 156, 164 oben, 166, 167, 168, 172, 182 oben, 189 oben, 190, 192, 236 unten, 237 unten. **Roger Benoit** S. 85, 159. **Hans Bertolf** S. 50, 84 oben, 92 oben, 93, 118. **Bild + News** S. 197, 198. **Burell Pressebild** S. 169. **Heini Degen** (Privatalbum) S. 30, 31, 38 unten, 41 oben. **Hans Estermann** S. 178. **Foto Fiorenza** S. 104. **Foto Häsler** S. 119. **Foto Wenk** S. 33 oben, 43, 48, 49 oben, 59 unten, 60, 72 unten, 76, 77, 200 unten. **Hannes-Dirk Flury** S. 126, 128. **Roberto Frigerio** (Privatalbum) S. 59 oben. **Peter Gaechter** S. 129, 135 unten. **Bruno Gatti** (Privatalbum) S. 207. **Edgar Gilgen** S. 26 unten, 27 oben, 42 oben, 46 oben, 49 unten, 52 oben, 53 unten, 58 oben, 62 unten, 64, 65 oben, 75, 79, 81, 86 unten, 92 unten, 94, 95, 101, 103 oben, 105 oben, 106, 107, 108, 109, 112 unten, 113 unten, 115 oben, 116, 117, 122 oben, 123, 130, 147, 148, 149 oben, 162, 163, 174, 175 oben, 177, 185, 193, 196 unten, 199 unten, 216 unten, 222. **G. Goldstein** S. 199 oben. **Franz Grossenbacher** S. 124, 125, 132, 133, 134, 135 links oben, 136, 139, 171. **R. Grossenbacher** S. 72 oben, 86 oben, 111 unten, 120 rechts unten, 121 unten, 146 oben, 180 unten, 183 unten, 237 oben. **Vreny Hefti-Odermatt** (Privatalbum) S. 61, 74 unten, 80 unten, 142, 154 unten, 164 unten, 165, 179, 205, Umschlagbild. **Stefan Holenstein** S. 208 oben, 215, 221. **Horvath Pressefoto** S. 173, 183 oben, 184. **Roby Hosp** S. 32, 33, 35. **René Jeker** (Privatalbum) S. 24, 29, 39, 40 oben, 53 oben. **Rolf Jöhr** S. 105 unten. **Bobby Kaufmann** (Privatalbum) S. 200 oben, 202, 203. **Kaugummibildband** «Die wunderbare Welt der Fussball-Spieler», Nimbus AG, S. 27, 152. **Beat Marti** S. 182 unten. **René Matti** S. 232 Mitte. **Susy Michaud** (Privatalbum) S. 58 unten. **Alain Mottet** S. 26 oben, 62 oben. **André Muelhaupt** S. 128 Mitte. **Felix Musfeld** (Privatalbum) S. 135 oben links. **Esther Pfister** S. 128 unten. **Neue Presse AG** S. 82–83. **Karl Odermatt** S. 10 unten, 14 unten, 16; (Privatalbum:) S. 10 oben, 11, 12, 13, 14 oben, 17, 19, 20, 21, 22, 25, 28, 34, 36, 37 oben, 38 oben, 44 unten, 54 oben, 63 oben, 100, 110 oben, 120 oben, 175 unten, 213, 214, 216, 217, 218, 219, 220, 221, 223, 224, 227, 232 oben, unten. **Photopress** S. 84 unten. **Teddy Riedo** S. 103 unten. **Ringier Bilderdienst** S. 113 oben. **Charlotte Rueff** S. 150, 212 oben. **Julietta Schildknecht** S. 6. **Kurt Schollenberger** S. 189 oben. **SDA** S. 78 oben links. **Mike Speidel** S. 37 unten. **Sport-Toto** S. 91. **VSK** S. 65 unten. **Matthias Werder** S. 78 oben rechts. **M. Windischauer** S. 153 unten. **Felix Widler** S. 188. **YB-Archiv** S. 190, 194, 195, 196 oben. **Bruno Zeller** S. 176, 200, 206, 208 unten, 210, 211, 231. **J. Zimmermann** S. 3, 110 unten, 146 unten, 149 unten, 225, 226, 228, 229, 234, 235. **Romano Zolin** (Privatalbum) S. 40 unten, 41 unten, 42 unten. – Einige Fotografen von älteren Bildern konnten nicht eruiert werden. (S. Haller, R. Matti)